本书由中共辽宁省委宣传部、辽宁大学新闻与传播学院
"部校共建新闻学院"专项经费资助

国家社科基金重大项目"清代新闻传播史料整理与史料学建构"
（19ZDA334）
国家社科基金项目"清代新闻传播史史料学研究"
（19BXW008）
阶段性成果

清末宣讲
与演说研究

程丽红 /著

RESEARCH ON PREACHING
AND PUBLIC SPEAKING
OF QING DYNASTY

社会科学文献出版社
SOCIAL SCIENCES ACADEMIC PRESS (CHINA)

目　录

导　论

　　在语言产生之后、文字出现以前，人类的信息传播主要借助于言语，即所谓的口头传播或言语传播。传播者通过有声语言，同时运用各种辅助手段向接受者进行信息输送，是人类最原始的传播方式之一。除去不拘于时空的流言传播，在纵向的神话传说，小范围的聚议、游说，单对众的授课、宣讲、演说，以及鼓儿词、评书等诸多言语传播渠道中，新闻性较强、宣传效应较强、应用最为广泛的，莫过于宣讲和演说。

　　作为面对面、一对多的传播形式，学堂授课、聚众演说与宣讲最为接近，但学堂授课因注重系统的知识传授而明显区别于宣讲；聚众演说则因时间、场地、传播主体及内容的不确定性，与宣讲略有差异。总体看来，宣讲和演说更为相似，故晚清人常常将二者混为一谈。赵尔巽就视“中国之宣讲即外国之演说”[①]；彭翼仲提出开民智要“多作对众演说，照着讲圣谕的办法”[②]，在他眼里，演说与传统的圣谕宣讲亦是难分彼此。现实中两相混用者，比比皆是。宣讲所开展的言语传播活动称作演说，或者报刊演说栏目列载宣讲文，都再正常不过，如题《十二月初十日天津河东地藏庵

　　① 《湖南巡抚赵通饬宣讲章程公文》，邓实辑《光绪癸卯政艺丛书·内政通纪》卷5，沈云龙主编《近代中国史料丛刊续编》第28辑第272册，文海出版社有限公司，1976，第368页。
　　② 彭望苏：《北京报界先声——20世纪之初的彭翼仲与〈京话日报〉》，商务印书馆，2013，第176页。

宣讲所开讲唐县尊演说》①、《光州宣讲所开讲演说》②，《四川官报》演说栏则频刊宣讲文③。显然，时人眼中两者并无二致。1903 年《申报》刊登了一则《湘抚批示》，其中演说和宣讲即为混用，"该绅等拟仿东西各国社会章程定期演说，延聘讲生八名，轮赴城乡各处，宣讲《圣谕广训》，并刊刻通俗报章，一并于城乡演说"④。后来出任教育总长的傅增湘言："外国有一种演说会，每日夜晚或礼拜日，趁各处放工众人闲空时候，拣那好报纸，与一切新闻，向众演说。所以外国虽是下等之人，于国家事情、普通道理，没有不晓得的。故尔人人有爱国之心。……我今奉劝诸君，如喜看这种白话，有钱人家，可以请人按时演说"⑤，可见他对于讲报和演说，也没有清晰的界限。有人则更加直截了当地指出："这宣讲二字，也就是演说的别名儿。这宣讲所主讲的诸公，担着一个开通民智的极大的责任。"⑥ 当然，两者之不同，也引起了注意。因考虑到二者差异而相互窜改者，亦不乏其例。1905 年，《广益丛报》就刊登一篇题为《论某省改宣讲为演说之宜仿行》的论说⑦；同年，《教育杂志》载有《本处奉院批饬威县广育演说会更名为宣讲所札》⑧。

　　那么，何谓宣讲，何谓演说？二者有无关联，差别何在？

　　所谓宣讲，按字面含义，就是宣读讲解，意即通过口语言说对特定的思想内容进行面对面的传播，以收影响之效。宣讲的形式非常丰富，诸如讲学授课、说书、讲圣谕、讲善书，特别是演说，都可算作宣讲范畴。而作为本书研究对象的宣讲，特指政府、组织、团体或者个人出于教化、宣传等目的，在特定场所——宣讲所、阅报讲报社，定期向听众讲读特定书

---

① 《十二月初十日天津河东地藏庵宣讲所开讲唐县尊演说》，《敝帚千金》1905 年第 9 期，第 42～44 页。

② 卢懋功：《大同报》（上海），第 7 卷第 8 期，1907 年，第 6～8 页。

③ 《绥定府儒学周奉饬宣讲戒烟说》，《四川官报》1908 年第 27 期，第 69～71 页；《绥定府学周宣讲禁止赌博白话》，《四川官报》1910 年第 5 期，第 71～74 页；《绥定府学周宣讲禁止缠足白话》，《四川官报》1910 年第 3 期，第 83～86 页。

④ 《湘抚批示》，《申报》1903 年 5 月 20 日。

⑤ 《敝帚千金第二集序》，《大公报》1904 年 5 月 25 日。

⑥ 《敬告宣讲所主讲的诸公》，《大公报》1905 年 8 月 16 日。

⑦ 《论某省改宣讲为演说之宜仿行》，《广益丛报》1905 年第 19 期，第 3 页。

⑧ 《本处奉院批饬威县广育演说会更名为宣讲所札》，《教育杂志》1905 年第 14 期，第 9 页。

刊、文稿的活动。清末特有的讲报，当属宣讲范畴。

演说，或称演讲，也是一种运用口语言说对众宣传鼓动的重要方式，形式上与宣讲极为接近。1900 年，冯自由以"冯懋龙自由氏"的笔名在《开智录》上发表署名文章指出："演说学之义，英文名之曰 Elocution，即雄辩博言之意。"① 实际上道出了演说与宣讲截然不同的特性，前者往往较后者更具煽动力。此外，虽有个别演说是临时铺排、即兴发挥，但大多需要事先组织，规模也要比宣讲大。演说往往没有固定的场所，或借剧场戏院，或利用街市通衢、花园酒肆；而清末宣讲所开办演说又比较常见，如南开私立一中开通俗演说会便假借西马路宣讲所，由学生演说，劝导国民人人自治。② 定期举办演说，也是某些阅报、讲报社的重要活动内容。如直隶宣化县阅报研究所"名曰阅报所，则演说其附设也"，每月朔望定期演说，如有急需，则另定讲期。③ 据悉，"运署奎星阁上新创设启智阅报社一区，每星期演说一次，已于十一日开社，是时有课吏馆员项君演说立宪宗旨"④。

宣讲与演说并非一式，清末人早有认知，如云："讲报是讲报，演说是演说，抬杠又单是抬杠，三样事大不相同。"⑤ 对此，学者杜春燕也曾做过细致观察："相比较而言，宣讲更类似于近代的演讲，但还不是演讲。演讲一般脱稿为之，一场演讲只有一个核心主题，它采取评论、呼吁、富有情感的阐述等多种方式，表达出明确的呼吁诉求；宣讲内容庞杂并非单一事件，以讲述为主要传播形式，内容多是社会上的新闻、故事等。"⑥ 认为两者无论在主题、内容设置，还是在讲述方式上，都有明显之不同。其根本区别在于有无讲稿，以及表演性的强弱。演说往往要求演讲者脱稿发挥，运

① 冯懋龙自由氏：《论演说之源流及其与国民之关系》，《开智录》，1900 年 12 月 22 日，第 3 页。
② 《中学开通俗演说会》，《北洋官报》1909 年 11 月 18 日，第 11 页。
③ 《宣化县呈送阅报研究所暨附设半日学堂章程清折》，刘瑞兴：《连续出版物管理史料选》，中国统计出版社，1994，第 22 页。
④ 《官设阅报社》，《大公报》1906 年 10 月 29 日。
⑤ 高子江：《奉劝诸位讲报的先生》，《京话日报》1905 年 12 月 30 日。
⑥ 杜春燕：《声音·报刊·小说——论晚清新小说在下层社会的传播》，《中国文学研究》（辑刊）2009 年第 2 期。

用逻辑说理，通过富有感染性的语言、语调，配合丰富的面部表情和肢体语言，达到说服、打动，进而影响听众的目的。可以说演说是一门表演的艺术，具有强烈的表演性和现场感，对演讲者的口才、表演技巧等素质要求极高，未经特殊的训练恐难胜任。恰如清末人表示："讲报不同演说，演说的口才，可不是随便就能会的。那也是专门的学问。"① 宣讲则是当众宣读特定的文稿，讲报选读报载文章，发挥的空间有限；虽不免存在一定的朗读技巧要求，但只要略通文字且口齿清晰者，便大致可以胜任。宣讲和演说在功能诉求上也各有偏向，尽管二者的终极目标都是通过宣传、鼓动争取同情，但演说似乎更追求立竿见影的效果，需要极强的煽动性，宣讲却重在润物细无声的影响。演说常常是一场一主题，宣讲的主题则往往是同场多元，依靠持续定期举办保持连贯性。综上，针对两者的研究需分开缕述。

宣讲与演说活动古已有之，尤其是演说，早在先秦口语传播时代，便作为信息传播的主要手段，上自王廷发布政令，下至被压迫阶级起义，都主要借重演说动员与鼓荡。当文字产生以后，宣讲与演说之类言语传播虽然以其截然有别于文字的特质得以存续，甚至在某些特殊历史时期发挥重要作用，但其主体地位终究被文字载体所取代，成为文字媒介的辅助传播手段。这种文字为主、言语为辅的传播格局在清末却发生了令人意想不到的变化。宣讲与演说等言语传播骤然勃兴，与新兴传媒近代报刊并驾齐驱，主导了当时的传播领域。对这一特殊媒介文化现象的关注，成为促发本书选题的直接动因。

一

本书聚焦清末，即从 19 世纪末 20 世纪初言语传播渐兴之际到 1912 年民国建立清王朝最后十几年间的宣讲与演说活动，以清末社会变局与转型为背景，探究言语传播兴盛之致因，以及这种媒介现象本身所蕴含的时代

---

① 《劝立讲报处》，《京话日报》1905 年 6 月 2 日。

征象。在客观展现清代前中期与后期不同历史时期宣讲与演说内容、面貌及特点的基础上，揭示其发展的内在规律和趋势，进而探究其生成的社会机理及其所传达的社会征象。当然，宣讲与演说的盛况并未随清王朝覆亡而式微，民国年间依然畅行，但已不作为本书探讨的内容范畴。

清末言语传播引起笔者的兴趣，不只缘于爬梳清代史料时所发现的大量有关宣讲与演说的记载，更由于长期以来传播史学界对这一领域普遍的漠视与忽略。在文字成为贵族精神特权的时代，言语传播大多作为文字载体的辅助手段，通常应用于特定场合或底层社会。清末言语传播的勃兴，是一个值得关注的媒介文化现象，它绝非新闻传播发展史上一次寻常的异动，也并未攀缘媒介技术革命的便车，却从独特的角度和窗口透露出丰富的社会变迁讯息，具有深远的社会史意义。然而迄今为止，学界的视线大都集中于晚清的新兴媒介——近代报刊，对于报刊之外丰富多彩的新闻传播现象，特别是言语传播，关注不多，相关研究极其薄弱。清朝演延近三百年，处于由古代向近代转型的关键时期，其新闻传播活动极为丰富驳杂，既包括古代新闻传播，又有新兴的近代传媒活动；在报刊之外，还有流言、告示、宣讲与演说等传播形式。而几乎在所有清代新闻传播史著作中，它们都成为严重缺失的部分，未得到应有的反映。

二

目前，对清末言语传播的研究业已展开，但成果多限于零散篇章，侧重传播内容分析及其社会功能发掘，研究同质化现象比较严重。

仅就宣讲活动而言，相关的研究成果已然不少。如胡全章所著《清末民初白话报刊研究》[1]，从清末白话文运动辅助手段的角度，分析了阅报社和讲报所高潮时期的状况；刘晓云的《清末北京地区宣讲所述评》[2] 一文，对清末北京地区宣讲所的创办、宣讲内容、宣讲员的培训及宣讲的场合与

---

[1]　胡全章：《清末民初白话报刊研究》，中国社会科学出版社，2011。
[2]　刘晓云：《清末北京地区宣讲所述评》，《兰台世界》2010 年第 11 期。

地点等问题，做了详细的钩沉；杨晓的《晚清新政社会教育及其影响初探》①，则把宣讲作为新政社会教育的主要手段之一来考察，着重论述宣讲的教育功能。类似主题的，还有裴文玲的硕士学位论文《清末新政社会教育述论》②，将宣讲所作为社会教育的渠道之一置于清末新政教育改革背景之下进行审视，梳理了 1907 年至 1909 年全国宣讲所的设立、经费收支状况，呈现其数量变化的趋势，对三年间全国宣讲所的开办情况进行全景扫描；徐冬的硕士学位论文《民国通俗讲演所述论》③，也涉及了宣讲活动，主要考察民国时期通俗讲演所的前身机构。该文的独到之处在于详细列举了宣讲书目。在知网中以"清代宣讲"为主题进行搜索，检索出的相关论文达数十篇之多，但总的看来，多是在探索清末新政、教育改良、开民智运动、阅报社以及社会公共空间的建构等主题之下，对宣讲活动有所旁涉，少有专题考察。而针对圣谕宣讲制度的研究，则与清末的宣讲活动截然割裂开来。总体看来，有关清末宣讲的研究尚处于支离、零散的状态，缺少系统的探索与宏观审视。比较而言，对清末演说活动的研究更为匮乏，且大多与宣讲活动混为一谈，专题性的文章为数甚少。袁进的《中国近代演说与传教》④ 一文，将圣谕宣讲与近代来华传教士的宣教活动进行了细致比较，着力探寻两者之间的渊源关系；刘秋阳的《清末民初的演说活动》⑤，对清末重要的开民智手段——演说的场所、内容及接受情况，做了简单的勾绘；亓丽的《试论晚清政治小说中的演说》⑥，着力于厘清演说在清末政治小说中的各种形态，意在从演说这一特定视角入手探索晚清政治小说的特质，演说传播无疑只是作为观测的视角；苏全有、张超的《新清末演说补议》⑦，在已有研究的基础上，补充呈现了清末演说宣传军政改革与时事、改良经济及发展实业、改良社会陋俗、革新教育四个方面的内容，并对其特征及影响进行了评述。二人合作的另一篇论文《清末宣讲所探析》，全面

---

① 杨晓：《晚清新政社会教育及其影响初探》，《学术研究》2000 年第 10 期。
② 裴文玲：《清末新政社会教育述论》，硕士学位论文，山东师范大学，2000。
③ 徐冬：《民国通俗讲演所述论》，硕士学位论文，河南师范大学，2012。
④ 袁进：《中国近代演说与传教》，《浙江大学学报》（人文社会科学版）2010 年第 2 期。
⑤ 刘秋阳：《清末民初的演说活动》，《档案》2007 年第 6 期。
⑥ 亓丽：《试论晚清政治小说中的演说》，《名作欣赏》2012 年第 17 期。
⑦ 苏全有、张超：《新清末演说补议》，《大连大学学报》2014 年第 1 期。

细致地梳理了 1906 年《学部奏定各省劝学所章程》颁布后，清末宣讲所在各地的设立情况、宣讲书目与内容，集中论述其影响及局限。① 张谦的《"戏中演说"成因考论》②，深入剖视了 20 世纪初近代早期戏剧中的演说现象，发掘其渊源，展现其在清末时代环境下得以进一步孕育发展的多方面因素。显然着力点极其分散，尚无法反映清末演说活动的基本轮廓。

迄今为止，对清末宣讲与演说活动进行系统研究的，唯见台湾学者李孝悌所著《清末的下层社会启蒙运动：1901—1911》③。该书运用大量报刊史料揭示了清末宣讲、演说等诸多言语传播形式的发展规律、运演轨迹及其所蕴蓄的深刻社会历史内涵，全面呈现了清末最后十年知识精英的社会启蒙运动。研究相当深入，然而演说和宣讲活动只作为其考察的部分内容，虽说各种言语传播的相互关联参照，更能展现清末启蒙社会思潮的整体和真实风貌，但其侧重点在言语传播的内容实质，所关注者乃知识精英的"开民智"运动，因之不可避免地落入从传播内容剖视、展现社会变迁的传统研究思路，与上述其他研究别无二致，皆属于历史学角度的审视，观测点与旨归在于传播内容及其社会意义，对传播形制之变迁、媒介形式变革本身所蕴含的社会意义，并未留意。王东杰的《口头表达与现代政治：清季民初社会变革中的"言语文化"》④，正如其所言，没有对近代"言语文化"诸现象作一罗列式的描述，亦不涉及其对近代中国文化走向的具体影响，而是从"交流模式"变革的视角，把这些现象视为彼此相关的一组文化，探讨其兴起和清末民初整体社会转型（特别是其中的政治变革）之间的关联。首先注意到白话文、演说、宣讲等不是孤立的传播活动，而这一系列变化，是特有的文化现象。其次，避开老生常谈的内容与功能，把现象本身视为观测对象，探讨社会关系，属前所未有的尝试，但偏重于语文方面的考察，对言语传播的追根溯源，对政治与言语文化勃兴之互动关系的探究，都缺少传播学理的支撑。因之，从传播学视野，运用传播学理论

---

① 苏全有、张超：《清末宣讲所探析》，《河南理工大学学报》（社会科学版）2014 年第 2 期。
② 张谦：《"戏中演说"成因考论》，《广西大学学报》（哲学社会科学版）2011 年第 3 期。
③ 李孝悌：《清末的下层社会启蒙运动：1901—1911》，河北教育出版社，2001。
④ 王东杰：《口头表达与现代政治：清季民初社会变革中的"言语文化"》，《学术月刊》2009 年第 12 期，第 122 页。

与方法对清末言语传播盛况进行全面系统研究者，尚未见著。麦克卢汉曾言"媒介即讯息"，20世纪八九十年代以来，文学界率先抛开将媒介视为容器的狭隘视阈，关注媒介自身衍化给文学生产所带来的根本性变化，相关研究成果层出不穷；史学领域亦注意到近代报刊的"公共空间"属性在清末社会变革中所隐含的象征意义；而唯独传播学者们依然对媒介的内容、样貌及社会功能情有独钟，完全忽略其作为传播载体本身所具有的讯息价值。媒介的承载物，可以作为时代的镜像，记载、表达、反映社会状貌与时代气息；而传播媒介实际上也以其自身的衍化折射出时代变迁的音讯。从这个意义上讲，清末言语传播之勃兴，在迎合下层社会启蒙的时代思潮之外，一定别有深意。

三

本书选取言语传播中贯穿有清一代发展历程的宣讲以及清末异军突起的演说为观测对象，在宏观系统梳理清代宣讲与演说传播的基本轨迹与发展规律的基础上，透过这两种言语传播形式在清末的剧烈变革，揭示转型时期社会结构及人际交往关系之变，进而探索传播媒介进化与社会结构、社会关系重构之间的互动机理。

言语传播在清末的勃兴究竟具有怎样的媒介文化意义，透露了什么社会讯息，一直是传播史学界从未触碰的领域。首先，本书尝试对清代的宣讲与演说活动进行独立的整体考察与系统梳理，追溯其源流，探索其发展演变轨迹，揭示这种媒介文化现象的社会致因，进而深入剖视媒介文化运演与社会变迁之间的内在联系；其次，尝试引用西方流行的"底层研究"的相关理论，借鉴风俗史、社会史的研究路向，突破以往新闻史单纯描述官方新闻传播的局限，重点探索清末宣讲与演说等言语传播活动，不仅有助于完整呈现清代新闻传播的风貌，还可以为此后的相关研究提供新的理论框架和视阈；最后，当前新闻传播业面临的诸多问题，可以从探索历史中寻求答案。清代跨越中国古代和近代两个历史分期，处于社会转型期，总结这样一个非凡历史时期重要的媒介文化现象，对同样处于社会转型过程中，不断面临国际化、新媒体挑战的当今新闻传播业，无疑具有重要的借鉴和启示意义。

　　本书研究力争突破传统史学以描述、解释历史为主的叙事模式，运用传播学、社会学以及心理史学等理论，对清末宣讲与演说进行分合有致的论述。主要遵循以下研究思路：首先，在启蒙、救亡的时代主题下揭示清末言语传播兴盛的社会历史根源，从媒介选择角度切入，展现知识分子简化繁复思想向下层社会传播、落实的途径与过程，揭示清末知识分子由"开官智"、"开绅智"到"开民智"的观念嬗变，从而有效解析社会思潮与媒介嬗变之间的内在关联；其次，对清末宣讲与演说活动分而论之，力图打通清古代、近代言语传播史彼此独立、相互疏离的研究模式，勾连清前、后两期，建构清末宣讲与演说等言语传播活动的整体脉络。具体涉及各自的源流、内容、组织形式、社会效果等，特别是其在清前、后期发生的深刻变革。此外，着重发掘媒介衍化所表达的社会征象与社会意义。

第一章

清末言语传播之兴

宣讲与演说在清末的勃兴，有其深刻的社会历史根源。由民族危机所激发的清末下层社会启蒙运动，带来了传媒领域的剧烈变革，宣讲所、讲报处蔚然兴起，读报讲报、聚众演说成为开启下层社会智识的重要渠道。从攀附官方权威，到援引民众力量，这种变革体现了晚清知识分子对社会变革动力的最终觉悟；由关注民众力量遂致对更为通俗的大众媒介形式的器重，造就了晚清言语传播的繁荣。

第一节　宣讲与演说在清末

清末媒介技术的进步促生了传媒领域的巨变，近代报刊迅速勃兴，完成了媒介发展史上的一次重大飞跃。在清末急剧的社会转型中，传播媒介发挥了无与伦比的作用，文学流派、社会思潮、政治运动，无一能脱得开各色传媒的策动。所以，作为那一时代的"新媒体"，近代报刊备受推崇，几乎吸引了学界所有视线，以致广播电视问世前的新闻传播史被单线条书写为报刊史。当然，在推动近代社会文化变迁、政治变革方面，近代报刊无论承载何种赞誉和光环都不为过；但是，把传播工具的特殊助力完全归功于报刊，实在不够公允。殊不知，清末思想文化领域的流变迁衍，远非仅凭近代报刊一种载体，其中蜂舞并起的言语传播，是一支不容忽视的生力军，亦是考察清末社会变革的重要窗口。对文化传播领域稍加留意就会发现，19 世纪末 20 世纪初，宣讲、演说、改良戏曲，甚至街头说唱等言语传播现象异常兴盛，特别是可以作为时代景观的宣讲与演说，展现出前所未有的繁荣景象。知识精英的锐意提倡为其先导，1901 年梁启超主张效仿日本实行"宪法之政"时，便充分认识到言语传播的重要性，他将演说和著书、登新闻纸相提并论为宪政草案传播的主渠道。如其言："草稿既成，未即以为定本，先颁之于官报局，令全国士民皆得辨难讨论，或著书，或登新闻纸，或演说，或上书于立法局，逐条析辩，如是者五年或十年，然后损益制定之。"① 撷拾民间生活的点点滴滴，更可见讲演风尚之炽烈。据记载，蔡元培就曾用举办演说会来代替闹洞房，大胆改革婚礼旧俗。② 而清末民初杭州的新式结婚，又称"文明结婚"，其仪式的变更之一，就是"易闹房而为演说"。③ 演说场景亦不时为小说家所捕捉，20 世纪初的作品如《学究新谈》《负曝闲谈》《文明小史》等，都不约而同出现过演说之描写。演说练习会之开办，也不鲜见。如载："苏州诸同志订于七月初五日于元妙观之方丈静室开学习演说会，以为习练演说起见。"④ 根据《大公报》的报道，"本月初十日为第二次演说会开会之期，届时来会者计有百四五十人"⑤，参会者显然不在少数。清末新兴的各种社团，大都将演说作为主要的宣传手段，甚至专设演说员。据桑兵先生统计，1901～1904 年苏、浙等18 省先后建立 271 个社团（不含分会），其中冠以演说会的便达 25 个，其他亦有不少附有演说机构与演说部。⑥ 奉天农务总会在各县所立农务分会设置的若干干事，"讲演"员也赫然名列其中。⑦ 集会演说蔚然成风，许多社团都"定期集会，邀请名流演说各种致富图强之要旨，期增进群众知识"⑧。

---

① 梁启超：《立宪法议》，李华兴、吴嘉勋编《梁启超选集》，上海人民出版社，1984，第154 页。

② 高平叔：《蔡元培年谱长编》，人民教育出版社，1998，第 227 页。

③ 周峰：《民国时期杭州》（修订版），浙江人民出版社，1997，第 639 页。

④ 《纪学习演说会》，《大公报》1902 年 8 月 21 日。

⑤ 《再纪学习演说会》，《大公报》1902 年 8 月 31 日。

⑥ 桑兵：《清末新知识界的社团与活动》，三联书店，1995，第 274～276 页。

⑦ 《农会及农事演说会》，王树枏等总纂《奉天通志》第 113 卷"实业志·实业一·农业"，1934 年铅印本，页二。

⑧ 李平书等：《李平书七十自叙·藕初五十自述·王晓籁述录》，上海古籍出版社，1989，第109 页。

僻处内地的湖南长沙，新设的商务总会在新造议厅尚未竣工的情况下，仍要举办演说会，第一次演说会借用苏州会馆，第二次则拟定于坡子街的福禄宫举行。① 1907 年，农工商部奏定《农会简明章程》，其中规定，在"分会分所地方应设农事半日学堂一区，农事演说会场一所，招集附近农民，授以农学大意，以开风气"②。甚至出现了专门研究演说的组织，"京师各报社于十五日会议于爱国阅报社，以各社演说员甚为乏人，故拟择地设立研究会一区，每届星期齐集研究，借以造就多数讲员，以免遇事不敷分布，已由文石泉君拟定章程，定于三十日再为开议"③；又"京师各报议立之演说研究会已纪本报，兹闻其所定办法系由本月十六日起至二十八日止，每社各投一函公举某君为会长，某君为副会长，某某君为评议员，送至日新阅报社，三十日正午齐集日新报社拆函会议。兹将其研究章程照录如左。一、本会集多数人之思想学识而研究之，以便各处演说，故取名曰演说研究会……"④。不只是演说，清末言语传播活动的兴盛表现在诸多方面，有学者注意到它远非一种传播方式的复兴，而是一种媒介文化的崛起，如云："作为中国文化中的核心因素之一，文字也塑造了中国文化的若干特征，其中一个主要特征便是重'眼学'轻'耳学'。不过，这一传统自 19 世纪末 20 世纪初开始发生了重要变化，一系列围绕着口头表达展开的文化现象迅速兴盛。"⑤

言语传播稍纵即逝，其在清末所呈现的奇光异彩很难以精准的数据捕捉，却可以通过丰富多彩的社会生活窗口去窥探。

一　晚清时讲演场所无处不在

晚清时，无论是官方宣讲所，还是民间讲报处，在在皆是。庙宇、学校、茶馆、戏院、私家花园，甚至街道通衢，人来人往的公共场合皆可见

---

① 《商务总会举行第二次演说》，《申报》1906 年 3 月 12 日。
② 《大清光绪新法令》第 3 册，商务印书馆，1910，第 39 页。
③ 《议设演说研究会》，《大公报》1906 年 8 月 8 日。
④ 《再纪演说研究会》，《大公报》1906 年 8 月 12 日。
⑤ 王东杰：《口头表达与现代政治：清季民初社会变革中的"言语文化"》，《学术月刊》2009年第 12 期，第 122 页。

热闹的演讲场面。旧时宣讲所之首选——人流汇聚的庙宇，仍为演说之重地自不在话下，赵州无极县农会就"以城北不入祀典佛寺为演说场"①；四川保路同志会则在义庙、火神庙、延庆寺和文昌宫举办演讲会②。街头辐辏交集，能够吸引更多听众，因而也是演说的好去处，广州一些地方志士"以该处演说，囿于一隅，未能普及，特联合同志另行组织一演说会，每日手持喇叭，沿途号众"，到城厢内外选择宽阔处所，开坛演说，"演毕，又往别处"。③ 五方杂处，三教九流聚集的茶馆，亦为演讲群体所青睐。茶馆中备报，甚至增设义务讲报，蔚为风气。1905 年 8 月，北京"果子巷茶馆新添讲书讲报，每日自下午一钟至六钟止，于应收之茶资外不加分文"④。镇江商船公会开特别大会，也是"借宝安新街富贵茶园"，"发起人招商总办朱君西亭及道府县暨文武印委均莅会场，次第演说航业之关系、公会之责任。自午后一点钟至五点半钟，始摇铃散会"⑤。戏院各类人群汇集，不可避免成为清末言语传播的重要舞台，在演出间穿插演讲尤为便利。北京"乐群阅报社约集子弟八角鼓自初五日起每日在朝阳门外半亩园演唱各种改良新曲，以尽义务，所收进款一律归入国民捐，并联合各报社每日轮流至该处演说以资提倡"⑥。大型集会更是演说的绝佳时机，直隶农务总局在保定西关农事试验场举行首届农产品评会，"是日，除官绅外，农民赴会者二百余人，公推布政司辐为会长，演说开会宗旨及直隶农业应行振兴改良各事，复由洋教员演说东西洋农业。农民闻所未闻，欢欣鼓舞，莫可名言"⑦。向为思想前沿地带的学校，自然也成为演说的活跃之区。恰如《申报》刊文所称："环顾各学堂中才识俱优、磊磊落落者，虽亦不乏其人，然甘心革命流血，主张平权自由意气嚣陵，动以立会演说为事者，亦所在多有。"⑧

---

① 《直隶劝业道呈覆查赵州无极县农会履历并改正规则清册》，中国第一历史档案馆藏档，全宗代码：20，案卷号：122。
② 隗瀛涛：《四川保路运动史》，四川人民出版社，1981，第 226 页。
③ 《实行演说会》，《大公报》1905 年 3 月 6 日。
④ 《文明茶社》，《大公报》1905 年 8 月 17 日。
⑤ 《商船公会开会演说》，《申报》1906 年 6 月 8 日。
⑥ 《提倡国民捐》，《大公报》1906 年 7 月 26 日。
⑦ 《农工商部奏直隶保定设立农务总会请予立案并饬各省仿办折》，《东方杂志》第 4 年第 12 期，1907 年 12 月，第 178 页。
⑧ 《整顿学堂议》，《申报》1903 年 7 月 16 日。

而最能说明清末言语文化之盛者，莫如私家花园的专设演说台。地处上海这样一个近代化的先锋区域，各式开放的私家花园作为新兴现代城市重要的公共活动空间，在承载商业、消闲和娱乐功能的同时，必然肩负起文化媒介的使命，因而集会演说成为其不可或缺的景致。据熊月之先生研究，作为晚清上海公共活动空间，著名的张园最突出的一点，就是它作为上海各界集会、演说的场所。1900 年以后，集会、演说成为张园一大特色。张园演说成为上海人生活中习以为常的事，每遇大事，诸如边疆危机、学界风潮、地方自治、庆祝大典，张园准有集会。熊先生根据《申报》、《中外日报》、《时报》及《近代上海大事记》等资料统计，从 1897 年 12 月到 1913 年 4 月，张园举行的较大的集会有 39 起。不只张园，还有顾园、颐园、怡园等小花园，也对社会开放，零星地有过一些集会演说。愚园是举行集会演说仅次于张园的地方。① 1883 年，寓沪浙江丝商徐鸿逵所建的徐园，亦称双清别墅，甚至有专为演说与演戏而设的戏台，台前有联云：“莫道戏为嬉，却是现身说法；请观歌以可，无非借口宣言。”② 演说之于时尚，由此可见一斑。

二　清末宣讲与演说主体空前广泛

与戊戌变法的宣传队伍仅仅局限于少数维新派精英截然有异，清末最后十年的言语传播主体空前广泛，身份极其多元，已不限于士绅阶层，或者某一政治派别。官、绅、学、商各界，包括城市新兴职业人士、小手工业者等三教九流在内的市民阶层；无论革命派、立宪派，还是民间志士，都卷入世纪初这场波澜壮阔的言语启蒙大潮，或组织参与，或奋力呼号，“开民智”成为普遍的社会共识。固然，作为传播主体人群，知识分子无疑是运动的擘画者、发起者和倡议者，在清末这场由言语合奏的“交响乐”中，活跃于政治舞台的硕学鸿儒弹奏的乐章格外嘹亮，梁启超、章太炎、孙中山、陈天华、邹容……没有谁不精通演说术，登台演说已成为其重要

---

① 熊月之：《晚清上海私园开放与公共空间的拓展》，《学术月刊》1998 年第 8 期，第 74、77 页。

② 闻野鹤等：《上海游览指南》，中华图书集成公司，1919，第 23 页。

的活动方式。梁启超连出席共和党普通的欢迎会，都要即席演说。① 著名的立宪派人物雷奋亦是"工于演说"，"口齿明快"，议事"剖析毫芒"；易宗夔则"声如洪钟"，"演说时震撼全院，人譬其为水浒传中的李逵，有'李大哥'的诨号"②。蔡元培明确表示"今后学人，领导社会，开发群众，须长于言语"③，所以特别设立小组会，练习演说和辩论。革命派林森"每逢例假，则广购报纸，携赴近郊各地，举行通俗演讲，向民众灌输革命思想"。1905 年，组织成立"福州阅报书社"，"凡有革命之书报，皆寄由该社秘密散布，社员每星期轮值讲时事，借以唤醒民众"④。知书识礼的教师、学生积极策应，当属情理之中。吉林"南关小学教员周君殿侯等在省创设集报公所，兼附宣讲所，借开风气"⑤。北京"八旗高等学堂学生湍松高君联合同人，于安定门内组织安定阅报社一区，附设宣讲所"⑥。南开私立第一中学堂借用东马路宣讲所举办通俗演说会，演讲人员除该堂监督张伯苓先生，宣讲员唐荫卿、张绍三外，该堂学生陈福洪、白焱南、福源、俞文濬等亦登台演说。⑦

　　知识分子的观念最终得以落实，"开民智"的主张与实践由涓涓细流汇成惊涛骇浪，要仰仗其他各个社会阶层的鼎力支持与配合。其间，一个不容忽视的事实是，清廷的各级官员成为这场运动的生力军，他们的介入，无疑扩大了运动的阵容和声势。如顺天府凌京兆"通饬所属各州县一律于城乡各地方迅速设立宣讲所，每州县至少亦须设立四处，派员按日宣讲，以期开导愚氓。不得以风气不开四字敷衍搪塞，致使无知愚民永无增长智识之日"⑧。山东巡抚袁树勋"通饬各州县选派士绅，于朔望在市集，将吸烟之害编为演说，分投劝诫"⑨。"浙嘉桐乡腹居内地，风气未开，近自徐汉

① 《梁任公莅共和党欢迎会演说词》，《大公报》1912 年 10 月 28 日。
② 张朋园：《立宪派与辛亥革命》，上海三联书店，2013，第 70 页。
③ 陶英惠：《蔡元培年谱》，台北中研院近代史研究所，1976，第 88 页。
④ 郑存毅：《林森与阅报社》，《黑龙江史志》2009 年第 21 期，第 42~43 页。
⑤ 《教育·各省报界汇志·吉林》，《东方杂志》第 5 年第 1 期，1908 年 1 月，第 43 页。
⑥ 《组织阅报社》，《大公报》1907 年 9 月 7 日。
⑦ 《演说详志》，《大公报》1909 年 11 月 30 日。
⑧ 《通饬设立宣讲所》，《大公报》1909 年 1 月 17 日。
⑨ 《奏东省办理禁烟情形折》，《顺天时报》1909 年 6 月 15 日。

澄太令莅任后，于创办学堂与举兴工艺外，复捐廉购备各种新书报章，于学宫东斋设一阅报处，派仆承备茶点以便士民取阅。又选公正士绅组织一演说会，日就市鏖繁盛区域演讲地方应行兴革各事宜及忠孝故事，励民志而开智识，亦今之贤令尹也。"① 即使身处边远的地方官，支持演说也毫不落伍。东北营口廖司马积极为宣讲所筹款，据载，他到任以来"凡关于新政事项无不热心，年前开办宣讲所听讲颇形拥挤，今年经总执事魏绅绍征慎选讲员以重其事，但欲维持久远必当先筹的款，因于日内设立专渡事务所抽收舢板船捐，约计月收之数足敷应用云"②。警员在公职之外设立宣讲所，早已司空见惯。北京"内城中局警巡乐斌、巡长锡琛，……新近约请同志，在内西华门创立讲报处，宗旨在劝巡警尽职"③。天津宁河县南埋珠庄警勇韩凤筠，粗通文字，受本村蒙学教员许筱林开导，"颇有热诚，且知爱国，每日习字母官话"，不久即能演说白话报，向村民劝募国民捐，"乐从者，颇不乏人"。④ 而高官大吏参与演讲，亦不足为奇。据载，张百熙"尝在大学堂登坛演说，词旨激昂，闻者咸为鼓舞"⑤，其到天津视学，亦登台发表演说。⑥ "修订法律大臣沈家本在法律学堂演说。"⑦ 赵尔巽巡抚湖南，"一日命驾至高等学堂，演说民权自由之理"⑧。天津县劝学所订定日期，"特请省视学陈蔗浦先生，在西马路宣讲所内演说私塾改良要理，无论已否认作改良之私塾均可往听，俾增知识"⑨。1909 年 7 月 29 日，《大公报》的报道《奉抚演说纪闻》称："奉抚程中丞以提学司在学务公所开学务第一次例会，特于初七日早八钟命驾亲莅，为各属劝学所总董等演说学务

① 《县令开通士民新智识》，《申报》1905 年 9 月 6 日。
② 《宣讲所筹有的款》，《盛京时报》1910 年 3 月 21 日。
③ 《警员创立讲报社》，《京话日报》第 712 号，1906 年 8 月 20 日。
④ 《巡警特色》，《大公报》1906 年 8 月 18 日。
⑤ （清）李伯元：《南亭笔记》卷 11，《民国笔记小说大观》第 4 辑，山西古籍出版社，1999，第 251 页。
⑥ 《学务大臣张尚书天津视学演说》，《申报》1905 年 8 月 13 日。
⑦ 《沈侍郎在法律学堂之演说》，《大公报》1908 年 1 月 22 日。
⑧ （清）李伯元：《南亭笔记》卷 14，《民国笔记小说大观》第 4 辑，山西古籍出版社，1999，第 299 页。
⑨ 《演说纪闻》，《大公报》1909 年 11 月 3 日。

及地方自治一切事宜，演说毕并合拍一照以作纪念。"① 宋恕的履历表中也自称"演说学"为其专长之一。② 更不用说，地方县令亲力亲为，相当普遍。木兰县令辛天成为劝办森林公司而登台演说。③ 吉林民政司巡视地方，即席演说亦成为必不可少的环节。他出巡榆树县时，分赴商会④、自治会⑤演说，甚至对巡警做过演说⑥。而《申报》1906 年刊登的一则消息《江督周玉帅仍准演说告示》，最能说明问题。该告示以周帅口吻，在历陈演说的诸多益处后，宣达了对个别"无赖之辈托名公义"，借演说"煽乱酿祸"、"淆惑民听、干犯法纪者"，唯有执法严惩、绝不宽贷的决心，但也表示不能"因噎废食"，而鼓励准许"有品望之人各抒意见，演说义理，以期开通民智"的心愿。⑦

传统士绅虽然随着社会变迁身份转换更迭，却士人遗风犹存，率先垂范。1905 年，曾随薛福成出使英、法、意、比各国多年的苏绅汪子阶、观察林伯伦等人，因深谙西方"演说会之裨益非浅"，特于苏州各城门设立演说会，"聘定二人，凡三县贡廪增附有志于开通民智者，均可入会演说"⑧。上海学界"前曾鸠资购电光活动写真一具，拟四出试演，以期设法开通下流社会。现已定名通俗教育社"⑨。同在上海，望仙桥镇的几位绅士为抵制美约，"开会演说，镇人到者二百余人"⑩。"汉阳学绅李君逢年等，因省垣宣讲所开通下等社会成效昭著，爰筹集经费禀准提学司在汉阳仿办一所，以为士民之倡。"⑪ 在东北，奉天绅士荣贵"拟备具经费，诚集地方明白士绅各尽义务，创设宣讲所以启发民智而广知识。已将所拟简章及办法呈请提学司核办，学宪以该绅等热公益事属可行，惟照章应赴承德县劝学所监

---

① 《奉抚演说纪闻》，《大公报》1909 年 7 月 29 日。
② 宋恕：《履历与专长》，《宋恕集》上册，中华书局，1993，第 417 页。
③ 《木兰县辛天成大令劝办森林公司演说》，《京话日报》第 637 号，1906 年 6 月 4 日。
④ 《吉林民政司巡视榆树县至商会演说》，《大公报》1909 年 1 月 31 日。
⑤ 《演说》，《大公报》1909 年 2 月 1 日。
⑥ 《演说》，《大公报》1909 年 2 月 16 日。
⑦ 《江督周玉帅仍准演说告示》，《申报》1906 年 1 月 12 日。
⑧ 《演说会将次开办》，《申报》1905 年 5 月 6 日。
⑨ 《提倡通俗教育》，《申报》1907 年 4 月 27 日。
⑩ 《望仙桥镇会议抵制美约》，《申报》1905 年 8 月 18 日。
⑪ 《绅士提创宣讲所》，《申报》1908 年 7 月 15 日。

督处明白声请，听候核夺云"①。"营口东青堆子村有王仙桥者，不知为何许人，旅居斯地殆数十年，家道丰足，行为忠厚。近在海防分府呈请设立宣讲所，以期化导编氓转移风俗，所用经费均系自筹。兹蒙厅丞朱司马批准，并示以聘请讲员务须持论公正者，演说必用白话，庶人地相宜，收效乃速，一面出示晓谕以资保护。王君现正措办一切，以期不久即可开讲，亦热心公益者之盛举也。"②

民间志士投身言语启蒙，亦绘就了晚清社会一道亮丽的风景线。在东北开原，"北京特别义务宣讲员朱寿臣君于八月下旬抵开，经吴翰章君招待，已志本报。现闻朱君每日助讲，犹恐乡间野叟村童未能一律来城听讲，遂不辞劳瘁步游各乡到处宣讲，以期大开民智而副预备立宪之资格，且闻日前西路巡警分局巡官杨秀翘君，差马巡迎接朱君往庆云堡提倡宣讲云"③。1906 年初，陈翰于陆军学堂肄业后，至辽阳创设讲报所一处。④ 北京志士铁珊"以宣讲之目的原以补教育所不足，尤须逐渐推广，藉得速收成效"，遂联络同道，在西城设立了一处宣讲所。⑤ 在东四牌楼会友堂药铺行医多年的卜广海，"兹因街上贴有京话日报，顿发感情，谓说书不如说报之有益"，遂将自家药铺旁的房子由茶馆改为讲报处，"并订购京话日报一份，馆主人念其为公益起见并出自药铺之人，因送给订本之京话日报一册，以便逐日讲说"⑥；"罗圈胡同在理会领袖人何来平跟大众一齐商量"，在本公所里头设立了一处讲报社。⑦ 豆芽菜胡同住户赵某，天天看《京话日报》，街坊邻居都识字不多，不能看报，赵某就念给大家听。"又约俊、刘二君，就在门口儿讲报，还带讲《圣谕广训》。"街坊们说："我们看不下报来，听着倒也很痛快。"⑧ 洋行职员也不乏投身公益者，北京前门外洋药行贾西瀛等多人，

---

① 《请设义务宣讲所》，《盛京时报》1910 年 3 月 19 日。
② 《创设宣讲所》，《盛京时报》1908 年 11 月 12 日。
③ 《热心志士赴乡宣讲》，《盛京时报》1908 年 11 月 12 日。
④ 《热心教育之效果》，《大公报》1906 年 2 月 27 日。
⑤ 《设宣讲所》，《大公报》1906 年 10 月 25 日。
⑥ 《医生演说报章之创闻》，《大公报》1905 年 5 月 15 日。
⑦ 《在理公所要立讲报社》，《京话日报》第 684 号，1906 年 7 月 22 日。
⑧ 《来函》，《京话日报》第 726 号，1906 年 9 月 3 日。

"打算立一处讲报社，择地在琉璃厂"①。四川"绵竹陈象山、彭温如诸君纠合同志开设益闻阅报公所，所办报章无论何人均可售阅。取价甚廉，并拟轮流演说，以开民智"②。

启蒙运动中更不乏以行业营生为计的商界人士。北京骡马市讲报处的主办者程启元便是个买卖人，白天忙生意，夜晚去演说，风雨无阻。③ 同在骡马市大街，一个叫刘瀛东的创设讲报说书处，附设国民识字义塾。④ 前门大街开清真茶馆的刘域真，"听了几天讲报，激动热心，情愿尽点义务"。"每天早晨十点钟到十一点钟，请人在茶馆讲报，完了功课，再做买卖。"⑤ "东安市场讲报处房屋窄小，听讲报的人一天比一天多，汗气熏蒸，于卫生大有妨碍。北池子恒顺棚铺掌柜关子厚情愿捐助凉棚一架。风气渐开，各项人都知道办公益事。"⑥ "北京观音寺昇平楼茶园主人穆子光在楼上每日宣讲报章，以开商人之智，自十五日起每日晚间讲演，往听者颇不乏人。"⑦ "南城第一宣讲所现因天气寒冷，于十二日晚假观音寺宾宴楼开讲。楼主人穆君子光日备茶水灯火，不取分文，意在开通民智，以表同情。其伙计亦伺候殷勤，同尽义务，既非藉端渔利，亦非有意沽名，似此一体热诚，亟登之以为有心公益者劝。"⑧ 1907年江北水灾，"天津南市东永顺茶园主人沈万和、张玉华以李金桂校书发起卖座一天不收茶资，劝座客随意捐助，入款全数充赈。是日昼间数场曲艺后，由英敛之登台演说灾民情状及激劝座客尽力助捐。次由刘子良演说后，李金桂、徐兰芬两校书随同收捐"⑨。

尤其值得关注的是，下层社会人士亦前所未有地走上前台。靠说书糊口的底层艺人，主动加入演讲者的大军。北京西四牌楼永顺轩之著名说书人张智兰原以讲演聊斋著称，"近被报纸激动热诚，故拟每日演讲报纸两小

---

① 《洋药行创立讲报社》，《京话日报》第715号，1906年8月23日。
② 《教育·各省报界汇志·四川》，《东方杂志》第3年第5期，1906年5月，第103页。
③ 《商人敬烈士》，《京话日报》第492号，1905年12月30日。
④ "时事·北京"，《大公报》1905年12月27日。
⑤ 《好明白的刘域真》，《京话日报》第482号，1905年12月20日。
⑥ 《棚铺的掌柜热心》，《京话日报》第626号，1905年5月24日。
⑦ 《茶楼讲报》，《大公报》1906年7月12日。
⑧ 《开楼宣讲》，《大公报》1906年12月2日。
⑨ 《纪永顺茶园倡办赈捐》，《大公报》1907年3月17日。

时，不取书资，并愿将每天末一回书资全行报效国民捐云"①。山东济南府学门前车夫李凤林在"以推车所得之钱充作经费"设立简字学堂之后，又开办了一处义务宣讲所，定期请讲员宣讲。② 在清末启蒙运动的大潮中，甚至闪现着出家人的身影，北京"地安门外帽儿胡同真武庙闲着好些房子，有志士多人，大家凑钱，要开办一处讲报所，起名叫通志讲报社。讲报比阅报的效验还大，就是演说的人难得"③。北京宣武门内的宣明阅报社，系由觉先和尚开办。每天下午一点到四点，聘请专人讲解报章。④ 觉先甚至亲自登台演说，据报："闻京师阅报各社于十三日在西河沿大宛试馆首善阅报社开研究会。是日，觉先和尚曾依次登台演说，语语中肯，痛切时弊，在座诸君皆称许焉。"⑤ 又据悉："太清宫监院葛铭新日昨赴议事会，向议长等提议，谓该教拟筹款在省城各街设立宣讲所数处，聘请讲员演说时事，并购备各种报纸，任人入社披阅，以期开通民智。请该会帮助提倡，庶几于宗教、社会两有俾益，闻该会议长议员等甚为赞成云。"⑥ 可谓佛道中人俱全。

来华外人也置身其中，竞相登台演说。北京"灯市口集成阅报社宣讲所朱芷沅君为改良社会起见，特邀万国改良会丁义华君于昨二十六日午后七钟开会演说关于改良事宜及中国自强之要法。一时商学各界前往倾听者实繁有徒"⑦。据《申报》报道："美国进士李佳白先生每逢礼拜四晚，必在上海六马路格致书院讲明新学，用以诱掖后进，启发颛蒙。"其宣讲内容非常新颖别致，竟为"中外官场会晤之礼仪，并各国钦使觐见中国大皇帝之规制"⑧，"民教相安之方"⑨。李佳白所到之处，亦随时安排演说。如他到杭州避暑期间，即"晋谒各大宪，自愿为课吏馆人员演讲条约"⑩。作为

① 《教育·各省报界汇志·京师》，《东方杂志》第 3 年第 5 期，1906 年 5 月，第 103 页。
② 《车夫兴学之特色》，《申报》1910 年 9 月 21 日。
③ 《又开讲报处》，《京话日报》第 447 号，1905 年 11 月 15 日。
④ 《闤桥听讲》，《大公报》1906 年 4 月 25 日。
⑤ 《觉先和尚之开通》，《大公报》1906 年 2 月 10 日。
⑥ 《道教拟组织宣讲阅报社》，《盛京时报》1911 年 7 月 27 日。
⑦ 《演说改良社会》，《大公报》1910 年 5 月 6 日。
⑧ 《宣讲盛仪》，《申报》1904 年 5 月 18 日。
⑨ 《贤堂定期演说》，《申报》1905 年 11 月 24 日。
⑩ 《美儒演说》，《申报》1905 年 8 月 9 日。

尚贤堂督办，李氏还定期组织尚贤堂演说，1905 年 9 月的两次讲期，就分别邀请商约大臣吕星使和美总领事罗思治讲解"中外之和好"与"中美之邦交"。① 尚贤堂新学舍落成后，李氏第一次演说邀请的，则是曾奉使柏林的吕镜宇尚书。② 该堂第三次讲期本拟邀请商约会办大臣李伯行主讲"日俄合约与中国之关系"③，却因李京卿未能成行，荐沈仲礼观察代劳，讲演中国面临的危机形势及力图富强之道。④ 第五次讲期邀请电政大臣吴仲怿侍郎，主讲"调和新旧学界之成见"⑤。"第七次讲期题为《中国官商通气联合之情》，敦请朱道葆三首座。"⑥ 第八次"敦请西国商务会总董及英商中和董家首座"，演讲题为《中商、洋商联络和睦之情》。⑦ 该堂开办演说比较稳定持久，此后，不断在报上刊登演说公告，意图吸引有志意诸君往听。⑧ 延请外人演说，似乎可以抬高活动的声价，如载："十八日考工厂开演工商务要理，并延有日本佃君演说理财学，以每期分演化学制造等各项商学。"⑨ 天津法界中国青年会是延请外人比较频繁的组办方，如"定于礼拜六日即今晚七句半钟，特请北洋大学堂西教员裴君，演讲巴拉玛腰挖通之工程。闻巴拉玛土为南美二洲相接之处，通商往来颇为阻碍，现今开通之法及将来之裨益，想裴君定有一番阔论也"⑩。丁义华是 19 世纪 90 年代初期到广东传教的美国牧师。1908 年，他被美国万国改良总会派为驻华代表办理改良分会事务，以推进中国改良，移居天津，从此开始致力于各项改革工作。而此时"正值中国朝野励志禁烟的时际"，丁氏也义不容辞地卷入了这股洪

---

① 《贤堂定期演说》，《申报》1905 年 9 月 14 日。
② 《吕镜宇尚书尚贤堂之演说》，《申报》1905 年 9 月 17 日。
③ 《贤堂定期宣讲》，《申报》1905 年 10 月 13 日。
④ 《贤堂第三次讲期主席之言》，《申报》1905 年 10 月 17 日。
⑤ 《贤堂定期演说》，《申报》1905 年 11 月 9 日。
⑥ 《贤堂定期演说》，《申报》1905 年 12 月 7 日。
⑦ 《贤堂定期演说》，《申报》1905 年 12 月 21 日。
⑧ 如单是 1906 年《申报》就陆续刊有《尚贤堂第八次演说》（1906 年 6 月 23 日）、《尚贤堂定期讲演》（1906 年 10 月 11 日）、《尚贤堂第二次讲演》（1906 年 10 月 19 日）、《尚贤堂定期讲演》（1906 年 10 月 25 日）、《尚贤堂第六次讲演》（1906 年 11 月 23 日）、《尚贤堂第九次演讲》（1906 年 12 月 13 日）、《尚贤堂演讲教育》（1906 年 12 月 21 日）。
⑨ 《考工厂之演说》，《大公报》1906 年 2 月 12 日。
⑩ 《特别演说》，《大公报》1909 年 4 月 24 日。

流中。① 1910 年 5 月 31 日晚，他在天津"河东祖师庙公立小学堂内登台演说，略谓鸦片烟、香烟、洋酒等物为害中国难以枚举，今设万国改良会，须劝我中国人民将此三宗害处全行去尽。……演说既毕后，又唱歌词曰我们爱中国……"②。此外，从北京到热河、兰州、唐山等地，都可见他的足迹。③ 1911 年 6 月，他又从山东恩县的庞家庄起，到济南潍县、兖州、泰安等各地演说。所到之处，掀起各地组织国民禁烟会的热潮。④ 同在天津，租界内的演说活动尤其热烈繁密，"中国青年会今晚七句半钟，特请由英伦敦来游中国之达布二君莅会演说，二君系饱学名士，下榻新学书院赫总教习家，届时想必有高谈阔论倾人听闻也"⑤。事实上，仅从天津青年会举办的一次演说大会，就可见演说者身份之多元："二十三日晚七点半钟，青年会在英工部局戈登堂举行第九次年会，中外官绅士女到者甚多。兹将其演说之秩序录列如左：一、祈祷开会；二、本会会正钟君演说；三、德国军乐部奏乐；四、美国驻京钦使委来汉务参赞卫君演说；五、直督所委四品顶戴李君演说；六、铁路总办梁观察用；七、再奏军乐；八、署理中韩香港青年会总董来君用华语演说；九、本会董理人格林君及某某君二英语演说，十、三奏德国军乐。散会维时已十点半钟矣，洵盛会也。"⑥ 从"美国驻京钦使"委派的"汉务参赞"到"直督所委四品顶戴"，以至"铁路总办"、"香港青年会总董"，从官员到民间机构绅董，从国人到外人，仅一场演说会所容纳之讲员，已如此丰富。

没有什么比妇孺加入言语宣传大军，更能凸显清末社会启蒙运动的实绩了。中国妇人会会员钟英、黄铭训、庆哲英诸女士当街"演说江民惨状"，听众纷纷解囊为江北灾民捐款。⑦ 扬州"郭坚忍女士醉心欧化，鼓吹

---

① 《丁义华君对于山东恩平国民禁烟会之演说词》，《大公报》1911 年 6 月 23 日。

② 《演说纪闻》，《大公报》1910 年 6 月 2 日。

③ 《唐山志士之热心》，《大公报》1911 年 5 月 25 日；《未见一株烟苗》，《大公报》1911 年 5 月 25 日。

④ 《恩平禁烟会之成立》，《大公报》1911 年 6 月 16 日；《丁义华君游行演说》，《大公报》1911 年 6 月 16 日；《丁义华君鼓励改良》，《大公报》1911 年 6 月 23 日；《泰安府成立国民禁烟会》，《大公报》1911 年 6 月 23 日。

⑤ 《特别演说》，《大公报》1908 年 11 月 28 日。

⑥ 《青年大会纪盛》，《大公报》1905 年 4 月 29 日。

⑦ 《女士售图助振》，《顺天时报》1907 年 2 月 19 日。

自由，其议论颇堪发噱。前日在丁家湾女学堂开会演说，云近来女权已渐发达，凡我女界同胞须知丈夫二字不可误会。所谓丈夫者，不过如农夫、樵夫、车夫、马夫、挑抬等夫而已。况男女无分重轻，女既以男为天，男即以女为地。人居室中，可以终日不见天，问谁能片刻离地乎？是日，来宾甚多，为之哄堂大笑"①。京师"福寿堂演戏助赈，闻有葆夫人淑舫登台演说，提倡赈济江北灾民，言词激烈，声泪共下，听者皆感动，捐者颇形踊跃"②。李斯颐所掌握的 10 家女子阅讲报所的资料显示，"它们均以妇女为对象，创办者亦为女界中开通之人，如北京北新桥女子讲报社，就是由日新、采众、正俗三家阅报社主人之妻联袂筹办的"③。

从"被启蒙者"到"启蒙者"，一些名不见经传的小人物亮相前台，包括城市新兴文化人、小商小贩，甚至最底层劳动者在内的整个市民社会。他们在启蒙救亡风潮的感染下，竞相利用茶馆、说书场、公所、会馆、寺院、公园，甚至当街演讲；或疏财，或出力，各尽其能，足见晚清言语传播之主体身份已远非智识阶层所独揽。有如熊月之先生的发现，上海私家花园集会演说的发起人与参加人，"有学界，有商界，有政府官员，有民间人士，不分男女老少，不分士农工商，有时还有些外国人，从思想、主张看，不分革命、改良，不问激进、保守"④。李斯颐也对清末 220 家阅讲报所中以捐资、集资、担任宣讲员等方式直接参与的人员身份做过分类统计：最多的为士绅，占比为 38.46%；其次为官吏和民间社团，各占 18.93%；再次为政府机构，占比为 16.57%；市民为 7.10%。⑤ 这些是对那一时代言语传播主体空前广泛的恰切反映。

三　清末言语传播之时空分布细密辽远

清末言语传播的热浪并非转瞬即逝，作为一种媒介文化现象，它不仅发展迅猛，而且为时经久，从 20 世纪初年渐兴，直到民国时期仍然延续不

---

① 《女士演说自由》，《申报》1908 年 10 月 19 日。
② 《葆夫人演说劝捐》，《顺天时报》1907 年 3 月 19 日。
③ 李斯颐：《清末 10 年阅报讲报活动评析》，《新闻研究资料》1990 年第 2 期，第 105 页。
④ 熊月之：《晚清上海私园开放与公共空间的拓展》，《学术月刊》1998 年第 8 期，第 77 页。
⑤ 李斯颐：《清末 10 年阅报讲报活动评析》，《新闻研究资料》1990 年第 2 期，第 106 页。

衰。即使 1911 年 7 月，武昌起义即将爆发之前的东北卡伦，宣讲活动依然异常活跃，"东卡伦选举所管理员田君荫轩提倡在卡伦设立宣讲所一处，以开民智，情愿担任义务，现在各镇绅士闻风兴起者颇觉不少，惟筹设若干处一时尚难预定云"①。民初党派林立，演说传播之强大影响力，使它不可避免地成为各党派争相利用的宣传工具。《大公报》就报道了社会党举办的一次演说会，内中所倡导之"人道主义"、"平等自由之原理及共和国民应尽之义务"等思想，在今天看来也并不落伍："社会党初九日下午一时，假中正街易安精舍宣讲，首由庄君汉诚讲演，赞成共和大意，人人有自立之能力，顾君奎讲演人道主义及实行贫民教育之利益，汤君湘涛讲演尊重个人破除阶级，徐君杰讲演平等自由之原理及共和国民应尽之义务。男女宾到者百人，本党党员到者四五十人。"② 1912 年 4 月，北京西门内大街美以美会内启民阅报演说会开幕之期，"中外各界来宾异常踊跃，首由会长曾君栋臣报告本会宗旨，随有成美学堂十余人合唱共和凯歌，继由本会员刘君锡三徐君汇川，演说共和大义及共和国民应负之责任，复唱爱国新歌众皆鼓掌，又由张君伯苓演说并赞扬发起此会之热诚，又有天民报社李君仲韬演说。本会定名启民二字之解释及报纸之价值，并共和人民有平等之权利以及南北之时势，凡我同志若非注重演说，使人民趋向共和思想，不足以挽时艰，言论颇为动听，鼓掌之声达于户外，终由本会致谢来宾，时至六钟振铃闭会"③。美以美会的演说非常活跃，据 1912 年 6 月《大公报》载："近来每晚八钟，即有白君雅名、刘君俊卿、曾君栋臣各宗教家演说倡导国民道德、思想增进、国民共和知识等问题，各界入听者异常踊跃，颇极一时之盛。"④ 说明其演说非临时所为。清末有名的天津东宣讲所，即使在民国成立后依然举办演说如故，并未受社会变革影响："南开私立第一中学校诸师生对于中下等人改良风俗起见，定于阳历十一月三十日仍在东宣讲所开办第三次冬季通俗演说会。其演说门类有普通演说、问答演说、实验演

---

① 《四乡拟设宣讲所》，《盛京时报》1911 年 8 月 2 日。
② 《社会党开会宣讲》，《大公报》1912 年 2 月 5 日。
③ 《演说会开幕》，《大公报》1912 年 4 月 2 日。
④ 《演说志闻》，《大公报》1912 年 6 月 30 日。

说等，并有军乐助兴。"① 虽演说之内容未予报道，然演说形式显然大有进化。该所 1912 年 9 月举办的一次有关"振兴实业抵制外货"的演说，"是晚听讲者约二百余人"②，"阴历十月二十九晚八时，上海中华国货维持会宣讲假钱江会馆第二十六次宣讲会，到者二百余人，首由部长演说"③，可见其影响力未衰反盛。但随着时代变革，演说内容的调整在所难免："学部旧定宣讲各书大都圣谕广训之类，于民国宗旨不合，前由涂学使通行宣讲临时约法及美国政要、法国公民教育，林奎腾登坛讲华盛顿传尤为爽朗。"④ 1912 年底，甚至有新创设的《演说报》专为演说而办。正如该报创刊时通告各界："立国之计最要者莫如教育，教育亦多术矣。最普通者莫如社会教育，社会教育其途千万，最著功效者莫如演说与报纸。而本报则以演说为报纸，以报纸代演说，一举两得，事半功倍，计无善于此矣。本报社既附设演说会，并多派专员分赴全国各大铁路及工场、市集等处，随时随地广为宣传。"⑤ 1915 年杭州《教育周报》刊文称："修辞学、雄辩术、演说术、论理学皆与文学有莫大之关系。演说词、报纸、小说、解释法令等类，亦为社会教育之事业。"欲"陶铸交际之国民"，就必须注重"养成言语之基础"⑥。同一年，杭州女子职业学校成立"道德演讲会"，并标榜此举的益处之一是"可以练习口才，为异日女界扩充职业之地步"。显见对言语传播之推重。1920 年左右，上海南市仍有少年宣讲团每星期邀约各界名人前往演说，像黄炎培、汪精卫这样的社会名流都曾出现在他们的讲台上，且追捧者众。⑦

　　非唯演说，即是传统的圣谕宣讲，在清亡之后仍然余续不绝。恰如戴宝村的评断，清代圣谕教化的推行，"绵延有清一代，甚至民国之后仍保留

----

① 《演说会又开》，《大公报》1912 年 11 月 28 日。
② 《工商演说志闻》，《大公报》1912 年 9 月 5 日。
③ 《国货维持会演讲》，《大公报》1912 年 12 月 16 日。
④ 《宣讲改良》，《大公报》1912 年 6 月 25 日。
⑤ 《演说报通告各界》，《大公报》1912 年 12 月 10 日。
⑥ 王世栋：《师范国文教授上之商榷》，载《教育周报》（杭州）第 81 期，1915 年 4 月 15 日，第 5 页。转引自王东杰《口头表达与现代政治：清季民初社会变革中的"言语文化"》，《学术月刊》2009 年第 12 期，第 127 页。
⑦ 陈存仁：《抗战时代生活史》，广西师范大学出版社，2007，第 133 页。

讲约的方式，其宣讲对象涵盖各阶层各种族人民，用力不可谓不勤"①。李孝悌也说："这个运动并非及身而止，在十年内就倏然消亡；而是整个二十世纪中国'走向民众'运动的起点和第一波。在二十世纪第一个十年内所发展提倡的各种启蒙方式和主张，象白话报刊，演说，戏曲改良和现代化的戏剧学校、团体，以及半日学堂等，在以后三四十年间波澜壮阔的民粹运动中，扮演了更积极的角色。"② 以上都说明这一文化现象的绵远流长；而其分布，亦表现不俗。

李斯颐曾总结清末阅讲报所的地域分布特征：大体以京师为中心，向周边地区散射，越靠近中心，密度越高。辇毂之下的北京最为活跃，先后开设阅讲报所近 40 处。③ 1905 年《大公报》号召天津加以仿效。④ 讲报与宣讲活动次第展开，由内向外，恰似石激水波，层层推进。据悉，仅就阅讲报所而论，京师加上近畿的直、奉、晋、豫、鲁 5 省，数量占全国的 63.8%。⑤

宣讲所、阅讲报处不仅密集于京津沪等经济与文化发达的都市，而且覆盖了大大小小的内地城镇乃至边陲区域。1910 年，"长沙县筹办自治，现在境内设宣讲所三处"，"又派员分往各处宣讲，都从二月起"⑥。常德府武陵县拟定"城厢内外分十六区，各区各设一个宣讲所"⑦。风气蔓延，以至于偏远地区宣讲与讲报蔚然成风。1907 年，阿城县设私立宣讲堂一处，1909 年改为公立。⑧ 1908 年，呼兰府黄维翰创办宣讲所，派宣讲员赴乡对民众进行爱国主义、维护祖国尊严及领土完整的教育。⑨ 西北、西南等偏远

---

① 戴宝村：《圣谕教条与清代社会》，《台湾师范大学历史学报》1985 年第 13 期，第 16～17 页。
② 李孝悌：《清末的下层社会启蒙运动：1901—1911》，河北教育出版社，2001，第 241～242 页。
③ 李斯颐：《清末 10 年阅报讲报活动评析》，《新闻研究资料》1990 年第 2 期，第 107 页。
④ 《天津也应当设立阅报处》，《大公报》1905 年 5 月 30 日。
⑤ 李斯颐：《清末 10 年阅报讲报活动评析》，《新闻研究资料》1990 年第 2 期，第 108 页。
⑥ 《长期宣讲》，《湖南地方自治白话报》1910 年第 1 期，第 1 页。
⑦ 《武陵开办宣讲所》，《湖南地方自治白话报》1910 年第 5 期，第 1 页。
⑧ 阿城县志编纂委员会办公室：《阿城县志》，黑龙江人民出版社，1988，第 593 页。
⑨ 哈尔滨市地方志编纂委员会：《哈尔滨市志·人物附录》，黑龙江人民出版社，1999，第 19 页。

少数民族区域，宣讲所之设置也并不落伍。新疆的塔尔巴哈台库尔喀喇乌苏于 1904 年设立宣讲所和自治研究所。[1] 诺羌县于 1910 年修建宣讲所、劝学所、官话讲习所，又在夜密苏设立第二汉语学堂兼简易识字学塾，并修东区、西区、北区宣讲所。[2] 1907 - 1910 年，拜城县的赛里木乡和察尔齐乡均设立了宣讲所。此外，叶城官府在波斯坎巴扎也设立了宣讲所。[3] 1908年，张之洞提议为内外蒙古添设学堂，电致该蒙地将军大臣与各蒙藩婉商办法，其中明确指出："宜附设宣讲所，以期蒙人速臻开化。"[4] 即使地处边隅，风气一向极为闭塞的山西归绥，1909 年也有"绥远满旗武备学堂毕业生多人倡议集资在绥远城创办阅报社一处，兼带宣讲。日前，禀知本管将军蒙信留守大加奖许，并允拨助经费"[5]。1908 年，广西的"马平、来宾、天河、新宁、天保、怀集（今属广东）等 10 多个县建有 42 所'宣讲所'，开展社会教育，演讲'国民教育、修身、历史、地理、格致等浅近事理'及国内新闻等"[6]。在云南，滇督令各属各就城乡要地设立自治宣讲所，要求每署至少设六处，于宣讲自治外，并将咨议局章及注释之选章逐条讲解。[7] 至 1910 年，各属宣讲所由本届推广设立及继续开办者，凡一百七十余所。[8] 或许上述资料仅能显示清末言语传播的分布之广，而周振鹤的观察则一定程度上反映其细密程度："清末民初大到一省有宣讲总局，而小到一县有宣讲所，善书与宣讲活动的无孔不入由此可见一斑了。"[9]

如果上述事实尚不足以反映清末言语文化之波澜壮阔，那么以数据来呈现，会更加直观清晰。从李斯颐所能辑佚到的资料看，清末阅讲报所"最早的兴办于 1901 年夏，最晚的创设于 1911 年夏，其高峰期在 1904 年 7

---

[1] 党东颉：《塔城地区志》，新疆人民出版社，1997，第 695 页。

[2] 全国图书馆文献缩微复制中心：《中国边疆史地资料丛刊·新疆卷》之《新疆乡土志稿》，1990，第 550 页。

[3] 泽普县志编纂委员会：《泽普县志》，新疆大学出版社，1992，第 377 页。

[4] 《电商蒙地设学办法》，《申报》1908 年 5 月 14 日。

[5] 《风气从此开通矣》，《大公报》1909 年 11 月 16 日。

[6] 《壮族百科辞典》编纂委员会：《壮族百科辞典》，广西人民出版社，1993，第 278 页。

[7] 《滇督奏报筹办咨议局情形》，《申报》1909 年 5 月 3 日。

[8] 《云贵总督李经义奏陈第三届筹备宪政情形折》，《申报》1910 年 6 月 21 日。

[9] 周振鹤撰集：《圣谕广训：集解与研究》，顾美华点校，上海书店出版社，2006，第 625 ~ 626 页。

月至 1908 年 6 月之间"①。显然清覆亡前夕仍有新办,且从 1902 年间《大公报》有关演说的报道,如"大学堂中文系教员唐咏裳讲关于大学的事"②,可见类似的活动已不稀奇。尽管尚无法对清末宣讲所的总量进行准确的统计,却可以通过其发展高峰期的峰值来做大致估量。有资料显示,1907 年全国有宣讲所 1627 处、宣讲员 1751 名;1908 年有宣讲所 3214 处、宣讲员 3875 名;1909 年有宣讲所 3867 处、宣讲员 4608 名。③ 三年连续递增,且增幅相当大,尤其这仅仅是宣讲所一项。比较同时期的报刊数量,史和等编著的《中国近代报刊名录》辑录了整个晚清时期出版的近代报刊,其中算上外文报刊,将近 1900 种④;而据参与大清史编纂的方汉奇先生等最新的《清史·史表·报刊表》统计,尚不止这个数量,加上 255 种海外华文报刊,总计约 2680 种。⑤ 如此看来,即便一个宣讲所比不得一家报刊,但是其最高峰值的近 4000 所,也是一个比较惊人的数字。更何况,其间还不包括数以百计的讲报处,以及散布各大城市戏院、公园乃至街区的演说场所。由此,就能够理解何以台湾学者李孝悌惊呼:"二十世纪简直就是演说造成的时代!"⑥ 不言而喻,口语言说已成为清末各界表达思想、传播观念的重要渠道,与新兴传媒近代报刊一起,谱写了新闻传播史一段辉煌的乐章。

第二节　启蒙时代与口语传播的复兴

清末宣讲与演说之勃兴并非孤立的媒介文化现象,而是言语传播盛世来临的重要表现。言语传播作为文字产生前的主要信息渠道,并未随文字载体的出现而衰亡,却作为物质媒介必要的补充和辅助手段得以存续延演。尽管有清一代圣谕宣讲一度成为朝廷宣教的主要手段,与书籍出版、邸报

---

① 李斯颐:《清末 10 年阅报讲报活动评析》,《新闻研究资料》1990 年第 2 期,第 113 页。
② 《教习演说》,《大公报》,1902 年 11 月 13 日。
③ 裴文玲:《清末新政社会教育述论》,硕士学位论文,山东师范大学,2000,第 21 页。
④ 史和、姚福申、叶翠娣编《中国近代报刊名录·前言》,福建人民出版社,1991,第 1 页。
⑤ 方汉奇、谷长岭、叶凤美纂辑之未刊稿《清史·史表·报刊表》,其中包括海外华文报刊 255 种。
⑥ 李孝悌:《清末的下层社会启蒙运动:1901—1911》,河北教育出版社,2001,第 103 页。

发行等共同构筑整合社会的信息通道，但大多情况下，在文字为统治阶级所垄断的时代，言语传递信息主要用于下层社会，始终居于整个社会信息系统的辅助地位。这种以文字传播为主、言语传播为辅的社会传播格局一直持续至清末，传播领域发生了剧变，社会变迁的历史激流赋予口语言说这种古老的传播形式以新的使命和内涵，使它迅速崛起、骤然复兴，一改辅助与次要的面貌，成为报刊之外最重要的传播手段，而与文字载体并驾齐驱、风头强劲。聚众会议、游说宣教、戏曲说唱、宣讲与演说等，几乎能够动用的、富有成效的言语传播形式都派上了用场，形成了有文字传播以来前所未有的言语传播高峰。

一　清末言语启蒙的思想资源

言语传播在清末勃兴，当然得益于有识之士的大力提倡。1902 年，《大公报》即刊文倡导："天下有甚急之事，而其势若缓；有甚重之物，而其系若轻。惟先觉之士能见之而流俗不暇察也，则'演说'一事是已！今夫吾国士无智愚贤不肖，莫不以开瀹民智为最亟之务矣！""乃今欲奋其自力而为其开瀹之事……则三物尚焉：曰译书、曰刊报、曰演说"[1]，而"演告一事为思想言论自由根苗，……其激扬群情较之徒事文书悬帖国门者，其感通迟速之机必不可同年语耳"；"须知古今天下国民，从未有纯由书册报篇能使一律晓然于所当之危险，所短之知能，所可乘之事机，与其所应享之权利者。今欲作其上下之气，皋其通国之魂，则死文字断不及生语言感通之为最捷。此后起爱国之贤，不可不讲演说之术，且必有一律通行语言以为演说之器用也"[2]。该报类似的倡议一直不绝于耳，"如今最于开通风气有大力量的，就是演说。因为这演说一道，对着众人发明真理，听的入在耳朵里，印在脑子上，可以永久不忘。日子长了，可以把人的心思见解变化过来"[3]。当时许多仁人志士认为："我国风气未开，实由人民知识不广，转

---

[1] 《说演说》，《大公报》1902 年 11 月 5 日。
[2] 《说演说·续前稿》，《大公报》1902 年 11 月 6 日。
[3] 《敬告宣讲所主讲的诸公》，《大公报》1905 年 8 月 16 日。

移之术在广开宣讲所而已。盖欲使愚而明，柔而强，惟演说之感化力甚大。"① 民众智识不开，办阅报处固然有效，但只"是与认字而无余款买报者有益"，而"其不识字者，尚难知其风气"，所以主张开办讲报处所，宣讲白话报。② 而白话告示效果不著，亦因"吾国愚民，并此不识"，因有种种违警行为，所以白话演说极为迫切和必要。③ 有的针对具体事件，提出演说在开导下层民众的重要性。1905 年，在全国抵制美国禁止华工续约运动中，高公一写信给天津商务总会，鉴于了解、支持此运动者，即"惟谙此诣者，多在于上等社会及中等社会之人；所最难开导者，惟此下等社会之人"，进而建议"此无他，盖其时局一无所知，而报章亦不常阅如此辈，欲望其力行，不亦难乎？……不如广立演说会，或多出劝示，渐为开导，务使下等社会人等深悉此义，自为警勉。则其为力广，而收效愈速"④。有的报纸干脆对讲报的具体方式提出设想："立几处演报所，仿照宣讲圣谕似的，天天的演说，各报上的时事，工艺，商务，洋务，都编成白话，送到京话日报馆，请他登上报，我们就照着报上说。"⑤ 清廷官员中也不乏倡导者，直隶总督袁世凯认为："教育家谓学校教育不如社会教育之普及，欲改良社会非演说不为功。"⑥ 赵尔巽强调"宣讲之足以开民智、裕民德、正民俗者，其功较之立学堂，阅报章尤胜倍蓰"⑦。河北保定"优贡知县谷钟秀、举人刘宝慈、廪生韩德铭、王金绶等试办茶话所，请直隶学务处立案"。提倡援引日本通俗演说之例，"以浅显之词，阐文明之化。或用俚言，或加趣语，感人最易，入人最深。开智牖明，此为至便"⑧。官员职责所在，锐意倡导尚在情理之中；而民间的呼喊，则尤是对清末社会启蒙心理的真实写

① 《魏允文等关于成立公立第一宣讲阅报所的呈》（附：《普通教育宣讲所规则》《京师督学局的告示》等），1906 年 4 月 1 日，北京市档案馆藏档案。
② 《来函》，《大公报》1905 年 6 月 6 日。
③ 《朱太史上警部徐尚书书——请仿周制设置训方员》，《大公报》1906 年 6 月 11 日。
④ 《高公一上天津商务总会书》，《大公报》1905 年 6 月 17 日。
⑤ 《要叫不识字的朋友明白》，《京话日报》263 号，1905 年 5 月 3 日。
⑥ 刘瑞兴主编《连续出版物管理史料选》，中国统计出版社，1994，第 34 ~ 35 页。
⑦ 《湖南巡抚赵尔巽通饬宣讲章程公文》，邓实辑《光绪癸卯（二十九年）政艺丛书·内政通纪》卷 5，沈云龙主编《近代中国史料丛刊续编》第 28 辑第 272 册，文海出版社有限公司，1976，第 367 页。
⑧ 《试办茶话所禀稿并批照登》，《大公报》1904 年 12 月 31 日。

照。一位自称"不善文，稍能说几句白话"的"野蛮子"曾致函《大公报》，以自己的亲身经历，大讲阅报讲报的益处，"所以报不可不看，阅报处不可不立，往往儿有看报为难的，虽一日花钱有限，就有力量不能的。无知的人明白最难。若是有了阅报处，听人家说看报好，他必偷闲儿去看看、听听，到底儿好不好。阅报处里头再有人演说时事及卫生的话，他耳朵里所听的，眼睛所看的，都是开心破愚的事，再想想自己那从前的事都不对，日子久了，他心里自然就有一点儿明白意思了。他不怕明白一件事、一句话，他必向与他同类的人说说，一可传十，越传明白人越多"。① 1907年，天津自治研究所修业生朱凤章认为民智不开，地方自治就必定受阻而无法推展，所以上书自治局，请求推广演说，"再四思维，惟有推广演说之一道最能开导下等社会之知识，即能破除反对之阻力。组织团体，莫善于斯。查前各宣讲所，虽亦添讲地方自治，然限于时，又限于地，恐愚民未及周知。嗣后，凡举办一事，必先宣布于前。仍可白昼间在各宣讲所特开演说会，并于城厢内外冲要各处，或择公地，或假会所，分派长于演说之各课员，讲演切于地方自治之各种书报及宪法浅说，俾人人皆晓地方自治利益，则风气自易开通，于将来实行宪政，自然收效矣"②！1907年，"黑省旧时有阅报处两处，开办将及一年，其余下等社会之不识字者多，民智不能开通，兹有营务处总理寿庆、高等学堂监督谢锦春禀请留守设一宣讲会，每日各同志分讲新政、新学及有关于立宪等事，已经留守批准，在城内铁路公所开讲。日前林提调到场专讲黑省乡土历史，并演说爱珲、庚子之难，江北旗屯五十余所，男女七千余人，尽为俄人驱而投诸黑龙江，一时听讲者莫不鸣咽垂涕，击胸顿足。可见演说时事，足以感动社会之国家思想云"③。

相较于官方倡导，民间的呼号更为直接热烈。1905年，《顺天时报》刊文《论中国宜遍设白话演说所》，对推广演说的重要、推展遭遇的挫折、推广的办法及成效，做了痛彻精要的论述："近者各省设立官报，以开通风

---

① 《说看报的好处》，《大公报》1905年7月7日。
② 《禀请推广演说》，《大公报》1907年4月21日。
③ 《黑省阅报处宣讲事》，《顺天时报》1907年3月13日。

气，足以补学堂之所不备。而不知乡僻之民，识字者恒少，除都府繁盛之地，阅报者仍属寥寥，如以人数计之，又不过千中之一也。然则中国教育，竟无普及之一日乎？执笔人再四筹之，泽飞白化验说不为功，尤非遍设白话演说不为功。""以演说代教授，期其人人能听解。无论商贩、农夫、梓人、匠石、白叟、黄妇、女子，下逮舆台走卒之伦，皆莫不心领而神会，闻言而感发。""而天津学界中人，如严修氏，素热心于教育，近且邀集士绅，创设讲演所，以为开通风气起见。虽未悉其章程若何，亦足见白话演说之易于流行也。然既行于天津，而他省又独不可以行之乎？前者海内志士，倡为演说，以开民智，启民识者，原不乏人。然措词每涉于激烈动挟平等自由之说，以劝告不明道德、不解法律、素无智识之人民，宜乎其背道而驰也！于是大吏严禁之，而顽固之地方官，常以此为借口，演说一事，遂为政界所诟病。"演说既有传播新思想、开通风气之优长，又具有鼓动反叛思想的功能，因此"是在主持其事者，先设讲演研究所，以造就演说之人才；明订所讲学科，以为演说之资料。如所谓修身伦理、中外时政、现行法律以及各种实业，以白话演之。凡未经如学校者，听其演说，即无异入学校也；未曾阅报章者，听其演说，即无异阅报章也；是补学校之所未备，报章之所未及，其莫要于白话演说乎"！"白话演说乎，可以为铸造国民之原料，开发人群之先锋矣。世界文明强国，其国民皆具有普通知识，而演说会之设，则比比皆然。我东邻之日本，在今日已跻身一等强国之地位。当维新之始，其国之伟人，若木户孝允、大久保利通，皆提倡演说以唤醒国民。我国而欲自强也，则须开人群之智识；欲开人群之智识，则须教育之普兴；欲教育之普兴，则以白话演说为基础也可。"① 作者也提到中国传统的乡约宣讲徒具虚文，显然，国外的演说与中国传统的宣讲并没有分别，只是内容实质不同罢了。同日刊载的《论中国宜普兴演说会》一文，则从中国古代演说所发挥的作用——"演说之于社会，在旧时代已足验其最大之效力"，谈到20世纪西方国家演说的非凡功能——"而演说之关系于国家人民，非浅鲜也！"② 全文近千言，全面深刻地阐释了演说之重要性，

---

① 《论中国宜遍设白话演说所》，《顺天时报》1905 年 8 月 25 日。
② 《论中国宜普兴演说会》，《顺天时报》1905 年 8 月 25 日。

是当时较有代表性的观念。《申报》论说《论开民智以演说为最要》，单是其立题，抬举演说的意思已相当明确。文中称："维演说一事，能将新思想、新学问输入人群，于上中下等社会皆可对病发药，……其感动之能力，较之书报、戏剧尤为神速也！"随之列举拿破仑和华盛顿的例子来说明演说的功效："昔拿破仑兵败回都，聚国人而演说，人人皆同仇敌忾，兵势复振，而成战胜之功。华盛顿苦英虐政，以演说歔动众人，遂叩自由钟而成独立之国。演说之有功于家国，其明效大验也！"①

那么，如何能推动讲报事业的发展？为此建言献策者大有人在。1904年《京话日报》刊文倡议："昨阅贵报有劝多立阅报处，是与认字而无余款买报者有益，可以知其风气；其不识字者，尚难知其风气。愚拟按宣讲圣谕，或请学里老师，或请老学究，多立处所，每日午后至两点钟，宣讲近时白话报。不能人人听，而工艺人等听去者，喝茶时即作为闲谈，庶可人传人，亦系熏陶渐染之一方。"②还有人请求北京工巡总局统计说书场，令说书人增讲白话报刊数段。③"各处说平书的，日以说书糊口，感人最易，误人亦最易。不如招此项人，限一个月，教以新小说，令其各处随便演说。……这等人，最有口才，比立一座师范学堂的关系，不相上下。"④显见，阅报社、宣讲所的重要性已得到普遍的社会认同，朝野的呼声无疑助长了宣讲与演说成为风尚。

二　官方对言语传播的扶持与利用

清末言语传播之兴盛，离不开官方的推动。与对新生近代报刊的漠然，乃至敌对态度截然不同，在认识到言语传播的强大威力后，清廷面对晚近骤然勃兴的口语宣讲采取了积极的应对措施，一方面并未打压民间宣讲活动，只是通过限定其内容予以控制；另一方面，充分利用官方资源开展宣讲，建立官方言语传播网络，最终占领主动权。如规定："每村百户筹设小

---

① 《论开民智以演说为最要》，《申报》1905 年 4 月 21 日。
② 《来函》，《大公报》1905 年 6 月 6 日。
③ 《志士热心》，《大公报》1905 年 7 月 3 日。
④ 竹园：《移风易俗议》，《大公报》1904 年 1 月 2 日。

学堂一区，宣讲所一处，并严定视学章程，勉力实行，以期教育普及。"①
各地官员纷纷响应，直隶候补州判彭述士在递交民政部的呈文中明确提出，
"普设宣讲所以为实行教化之地"，建议"选举绅士以襄义务"，"责成州县
以期实行"②。1907 年，"湘省道州车直牧拟在蜀中开设宣讲所，专为开通
下等社会智识起见，并阐明朝廷预备立宪、兴学化民、振兴实业之宗旨"③。
1908 年，"鄂督赵次帅前日传见自治局梅观察，面谕谓筹办地方自治，须多
设宣讲所为入手办法，惟讲员最为难得，讲解稍有谬执，贻误匪浅。亟宜
将关于自治事件分课编辑后，再演白话，发交各讲员遵照宣讲，以昭画一。
而编辑此稿，尤以参照各国已著之成效，按照中国近今之情势为要义云
云"④。宣化县令称，"演说一事，最足以发人深省"，故特呈文直隶督宪，
请求在师范学堂内添立阅报演说一班。督宪袁某批示，"该县师范学堂应添
立阅报演说一课，使师生皆洞悉中外情事。以后，散处四乡，广兴演说"。
"可按照天津宣讲所办法，以为社会教育之基"，并要求直隶学务处"通饬
各州县一体仿照办理"。⑤ 特别是到了清末的最后几年，言语宣传的重要性
已经得到普遍认同，随着立宪运动的推行，设置宣讲所与讲报处，被明确
登载在政府的各种章程中，成为各级地方政府推行的要政之一。⑥ 1906 年颁
布的《学部奏定教育会章程》，把开办宣讲所定为教育会的职责，其第十一
条《会中应举事务》中第七项提出，"择地开宣讲所，宣讲《圣谕广训》，
并明定教育宗旨之上谕及原奏，以正人心而厚风俗，他如破迷信、重卫生、
改正猥鄙之戏曲、歌谣等事，均应随时注意设法劝戒，并可采用影灯油画
之法以资观感"⑦。1907 年 3 月，"学部荣尚书日前谕饬督学局咨照顺天府
转饬大宛两县，责令乡董广购报纸存储劝学所内，逐日演讲以开民智"⑧。

① 《推广教育》，《大公报》1909 年 3 月 1 日。
② 《直隶候补州判彭述士呈民政部稿》，《大公报》1908 年 10 月 22 日。
③ 《拟定开设宣讲所章程》，《申报》1907 年 8 月 22 日。
④ 《鄂督谕饬筹办宣讲所》，《申报》1908 年 1 月 1 日。
⑤ 《请于师范堂内添立讲究阅报演说一班禀并批》，《教育杂志》1905 年第 12 期，第 15 ~
16 页。
⑥ 《敬告乡镇绅富试办自治》，《大公报》1909 年 4 月 25 日；《自治局附设宣讲所》，《大公
报》1908 年 11 月 8 日；《新订城镇乡地方自治章程》，《大公报》1909 年 1 月 29 日。
⑦ 《学部奏定教育会章程》，《浙江教育官报》1909 年第 8 期，第 47 页。
⑧ 《学部谕饬演说报纸》，《申报》1907 年 3 月 23 日。

10 月，预备立宪公会发布《致各处教育会论各地方亟宜遍设宣讲所书》。① 1909 年，"学部堂宪以强迫教育现在尚未实行，亟宜预先筹定办法，咨行各省转饬各属府厅州县，先将户口切实调查，每村约住户百家筹设小学一区、宣讲所一处"②。执行不善，则要受到处罚。湖南巡抚赵尔巽为了保证宣讲章程真正贯彻落实，明令："教官下乡宣讲，尤赖地方官竭力振兴，视为要务，则民气自振，化导较易为功。若其稍涉漠视，甚或从而掣肘，定惟各该地方官是问。如教官承办不力，亦准由各地方官禀明撤换。"③ 1910 年颁布的《京师地方自治章程》，开具地方自治事宜所应包括的项目，宣讲所和阅报社赫然列于其中。④ 京师督学局有关宣讲的推动，比较集中地反映了各级官府的努力。1906 年 10 月，该局在大栅栏广德楼茶园设立第一处宣讲所——南城第一宣讲所，除了妇女外，人人都可以进入，时间则从每天晚上七点到十点。⑤ 1907 年，该局又在升平茶楼开设了一处宣讲所。⑥ 随后，该局相继开办了一些讲演处所。据统计，1908 年开办 10 所，有职员 23 人，年经费共计 1980 元。1909 年开办 19 所，有职员 65 人，年经费 1846 元。⑦ 仅仅一个京师督学局，其在宣讲方面的作为已然不容小觑。

清廷甚至计划利用演说提振军队士气。据报，1905 年在某国公使的建议下，清廷开始筹划在军队中添设演说官。如载："日前政府会议中国近来兵气不奋，皆由于兵士不知讲求尊君亲上之义。拟于各军中添设演说官，时加训导，亦练兵之要务也。"⑧ 显然这个建议不久便得到推广，第二年正月，"闻政府王大臣议商整军经武，为今日要图，现虽力加整顿，已著成效，恐各军不知讲求尊君亲上，用命王事之义，拟即通饬各军中添设演说

---

① 《预备立宪公会致各处教育会论各地方亟宜遍设宣讲所书》，《时报》1907 年 10 月 28 日。

② 《振兴教育之计划》，《申报》1909 年 3 月 21 日。

③ 《湖南巡抚赵通饬宣讲章程公文》，邓实辑《光绪癸卯政艺丛书·内政通纪》卷 5，沈云龙主编《近代中国史料丛刊续编》第 28 辑第 272 册，文海出版社有限公司，1976，第 369 页。

④ 《京师地方自治章程》，《大公报》1910 年 2 月 16 日。

⑤ 《设宣讲所》，《顺天时报》1906 年 10 月 19 日。

⑥ 《记升平楼最近佳现象》，《顺天时报》1907 年 6 月 11 日。

⑦ 《京师督学局一览表》，京师督学局制，1907—1910。转引自刘晓云《清末北京社会教育述论》，《北京社会科学》2011 年第 5 期，第 85 页。

⑧ 《各军拟添演说官》，《大公报》1905 年 4 月 3 日。

官，随时训导，俾期各具血诚，咸思报国云云"①。另外，练兵处也拟派选司员详采古今效命疆场英勇军人的事迹、各国战史、军营中应行的军律及交涉文牍，演成白话，编成《行军要义》一书，颁发给各营，按日为众兵演说，"以开知识而资晓畅军律"②。"驻镇南洋常备第六标龚统领，遵照练兵处奏定新章，拟于各军队中添设演说一门，撰成演说书，责成营书等按期分班登坛演说。晓以有勇知方之义，并将军中应行法律及外国战争一一讲演，以期开通兵士知识。"③ 天津南段五局一个叫王景福的巡官，1905 年奉总办委充为四乡巡警，"尝因中国人格太低，警兵尤宜随时训迪，乃与该局巡记史君……编拟训条，分行政、爱民、修身、克己及谋公益、重公德、谨私德等，类皆演成最浅白话，逐日聚集各长丁演说而告诫之"④。为了消除人们对宣讲的顾虑，天津南段巡警局特出白话告示，"教众人都知道这讲报的人是奉官的，不同说书敛钱的……教你们众百姓都知道知道，讲报的人专为教你们多明白点事情，千万不可懈怠"⑤。显然，官方之扶持推动，更多的是出于利用，宣讲与演说在清末毫无疑问已成为清廷政治传播的主要渠道。

三　启蒙时代对言语传播的召唤

由于社会下层经济困难，无钱买报，正像时人所言："你劝他花钱买报看，他是不肯的，就是买报看的，也不能买得许多"⑥，尤其"因为我中国教化不讲，识字者十人中只好得一人，此书纵然浅显，也要识得字，才念得过"⑦，故纵然是免费阅报，因识字有限也无济于事，"特是阅报社一事非为城邑所不可少，乡镇之间亦宜同时举办，但乡民识字者少，识字而能阅报者尤少，非惟有人焉为之明白讲解，则阅报社亦同饩羊之虚设。为开通

---

① 《请饬军营添演说官》，《大公报》1906 年 1 月 19 日。
② 《拟编行军要义书》，《大公报》1906 年 3 月 15 日。
③ 《龚协戎演说练兵》，《申报》1906 年 2 月 17 日。
④ 《奉委四乡提调》，《大公报》1905 年 6 月 7 日。
⑤ 《示谕照录》，《大公报》1905 年 12 月 15 日。
⑥ 《天津也当设立阅报处》，《大公报》1905 年 5 月 30 日。
⑦ 《敝帚千金第二集序》，《大公报》1904 年 5 月 25 日。

乡民计，自以广立讲报社尤为切实而有效"①。所以，无论是民间还是官方，都注意到口语言说的种种好处。从媒介特征来看，言语传播最明显的优势就是接受门槛低，它摒除了文字障碍，使文化层次较低的下层民众亦能接受，因而备受推崇。山西晋报局程凊总办在建议广设讲报所的禀呈中便说："日本明治维新开通风气有三大端：一学堂，二报馆，三演说。学堂之设收效最迟，报章之布仅及士流，演说则无智愚贤不肖皆能感动，故日本人民之开化，实得力于演说者多。""尤当以演说济白话之穷。"② 有报道亦称："殊不知告诫明文只能开导识字之人，而非所论于目不识丁之乡愚。"③《大公报》则盛赞："北京志士纷纷设立阅报处、讲报处，诚于下等社会及寒士有大裨益。"④

众所周知，中国知识分子对强国救亡道路的认知，经历了从器物革新到制度改良，再到文化变革三个不断推进的层次。1898 年，继倡导器物改良的洋务运动失败后，资产阶级维新派尝试制度改革的努力，又以慈禧发动政变，六君子人头落地惨淡落幕。戊戌变法的失败，证明未能深入民心的外在形式改革，根本无法扭转国势倾颓的局面，它最终促使中国知识分子超越制度层次的认知，转而以国民改造为目标。梁启超就意识到，"苟有新民，何患无新制度，无新政府，无新国家"，新民才是"今日中国第一急务"⑤。遂于 1902 年在横滨创办《新民丛报》，以"中国之新民""新民氏""新民子"自号，发表《新民说》，拉开了启蒙运动的序幕。

为了有效落实"新民"思想，梁启超在早期倡导诗歌、戏曲等文艺形式改良的基础上，强烈呼吁小说革新，提出"欲新一国之民，不可不先新一国之小说"⑥，创办《新小说》杂志。在他的带动下，清末小说期刊迅速发展，《新新小说》《绣像小说》《新世界小说报》《小说七日报》《竞立社小说月报》《月月小说》《小说林》等纷纷问世，盛极一时。由钟情酣畅淋

---

① 《推广阅报社之益》，《大公报》1910 年 4 月 2 日。
② 《山西晋报局总办程守凊上山西巡抚张遵拟白话报并演说简章禀附批》，《东方杂志》第 2 年第 8 期，1905 年 8 月，第 183 页。
③ 《论化导人心为今日地方绅士之责》，《申报》1910 年 4 月 17 日。
④ 《又一阅报处》，《大公报》1905 年 6 月 12 日。
⑤ 梁启超：《饮冰室合集·专集之四》，中华书局，1936，第 2 页。
⑥ 梁启超：《饮冰室合集·文集之十》，中华书局，1936，第 6 页。

漓的议论，到倡导富有感染力的小说，透露出梁启超扩大接受群体的思量，形象生动的小说所能启发的社会阶层，当然不会仅止于官绅士夫。改良派报刊终于摆脱了维新时期"开官智"的思维范式，将视野投向整个知识阶层。

观念决定形式，尽管梁氏等维新领袖已不再幻想通过影响朝廷大员来实现政治理想，所预设的启蒙对象有所扩大，但其对开民智手段的思考，仍停留在文体形式的变革上。注重文字体裁的接受效果，是因为他们所观照的接受群体，尚未超越士绅阶层，远非一般大众。毕竟，新式报刊的读者对象显然是受过教育的知识分子。直接参与过维新运动的德国传教士李提摩太就表示，"时务文体"、"文章的格式是介乎仅为少数学者所懂的古文，及劳动者所能了解的俗语之间"①，因而无论是对"时务文体"有所改良的"新民文体"，还是形象感性的政治小说体式，其相对于古文略显通俗的半文半白，都只有具备相当文化水平的知识阶层才能读懂。《无锡白话报》创办人裘廷梁曾对《时务报》的社会接受程度做过较为细致的估计："诸君子创开报馆，曾未及岁，每期销至万四千册，可谓多矣，然犹不逮中国民数万分之一。""他郡县吾不知，以无锡言之，能阅《时务报》者，士约二百分之九，商约四五千分之一，农工绝焉。推之沿海各行省，度不甚相远。其力足以购报，才足以阅报者，罔不购阅之矣，自今以往，阅报之人所增无几矣。"② 如此说来，买得起报且能阅报者都购阅，数字也相当有限。开启民智需要符码，社会底层民众识字率极低，无法接受深奥难解的文化符号，启蒙者唯有改变表述方式，顺应民众的接受水准。而表述方式的变化，势必导致传播形式的连锁反应，所以，启蒙运动从理论层次落实到实际行动，社会思潮由知识分子的观念转化为世俗价值，在召唤文字革新的同时，也必然引发一场传播媒介的变革。

由《辛丑条约》激发、革命思潮促动的大规模的社会启蒙运动，就带来了这场传播媒介领域的巨大变革。义和团运动的失败让许多有识之士看到了盲目排外的危害，意识到底层民众的愚弱和普遍的不觉醒，著名报人

---

① 中国史学会编《戊戌变法》（三），上海人民出版社，1957，第 560 页。
② 上海图书馆编《汪康年师友书札》（三），上海古籍出版社，1986，第 2625 页。

彭翼仲就是有感于民众智慧不开，连办《启蒙画报》《中华报》《京话日报》三报，其从"开童智"到"开官智"再到"开民智"的设计理念，可谓用心良苦；素享盛誉的《大公报》亦以"挹彼欧西学术，启我同胞聪明"为宗旨，对民众进行广泛的思想启蒙成为时代主题。紧随其后，革命思潮的涌荡越发助长了清末下层社会启蒙运动的势头。比改良派出身低微的革命派，在心理上与底层民众更为接近，将影响力向广泛的社会底层拓展的政治诉求，也促动他们对媒介形式进行有效的改良。而清廷争夺意识形态阵地的需求，也迫使他们不可让渡从来就驾轻就熟的口语宣讲。为此，晚清启蒙者，无论是革命派还是立宪派，抑或是民间志士，乃至清廷官员，都争相经营通俗浅近的传播媒介，对小说、戏曲、大鼓、说书、宣讲、演说、画报等民间喜闻乐见的教化形式，无所不用其极。其中，为晚清各界精英所最早注目的，是白话报刊。

浅显、俚俗的白话文借重近代报刊媒介，成为晚清知识精英唤醒民众的主要工具。裘廷梁所提"白话为维新之本"[①]，在维新时期还应者寥寥，不数年，便得到了革命志士的普遍认同："白话报者，文明普及之本也。白话推行既广，则中国文明之进行固可推矣。"[②] 陈独秀1904年在安徽安庆创办《安徽俗话报》，其目的也在于"好教我们安徽人无钱多读书的，看了这'俗话报'，也可以长点见识"[③]。为了"叫识字不深的人，也能明白"，《大公报》创办不久也开始刊登白话文。[④] 创办人英敛之甚至"每日俱演白话一段，附于报后，以当劝诫。颇蒙多人许可，实化俗之美意"[⑤]。由于知识精英大力提倡，白话报刊迅速崛起，1876年至1901年共创办白话报刊14种，1902年后则"骤然兴起，并左右了晚清大众媒介的存在形态"[⑥]。清末十几

---

① 裘廷梁：《论白话为维新之本》，《清议报全编》卷26，横滨新民社，1907。
② 《论白话与中国前途之关系》，《警钟日报》1904年4月25日。
③ 《开办安徽白话报的缘故》，《安徽俗话报》1904年3月31日。
④ 《讲看报的好处》，《大公报》1902年6月22日。
⑤ 方豪编录《英敛之先生日记遗稿》，沈云龙主编《近代中国史料丛刊续编》第3辑第22册，文海出版社有限公司，1974，第516页。
⑥ 刘增合：《媒介形态与晚清公共领域研究的拓展》，《近代史研究》2000年第2期，第245页。

年间，竟有 111 种之多。① 其分布之广，亦令人惊叹，北起黑河、哈尔滨，南到广州、番禹，甚至偏远的西藏、新疆等地，都曾发行过白话报。白话报刊受到如此推崇，以致一些具有重要影响的民间大报，如天津《大公报》、北京《顺天时报》及革命派的机关报《中国日报》与《民立报》等，皆长年附刊白话。难怪时人慨叹："近年京师及东南各省，无不盛行白话报，可见白话之益久已。"②

晚清白话报刊的创办人身份不一，除去有志启蒙的各路知识精英，甚至还出现了政府官员。借由更为通俗的媒介形式向社会底层灌输官方意识的考量，使得 1905 年以降，官办白话演说报兴起。1906 年，《山西白话演说报》《河南白话演说报》《海城白话报》先后创刊；1910 年，又有《湖北地方自治白话报》《湖南地方自治白话报》问世。与此同时，许多非白话的官报，也有相当比例的白话文章。

白话报刊使得初识文字者皆可阅读，即便如此，在清末那个教育普及率极低的时代，还有相当大的社会群体被排除在它的接受范围之外。彻底的社会启蒙运动，显然不会轻易放弃占据社会大多比重的底层民众。由于意识到"要开通下等社会，非用口说不行"③，为了"以演说助白话之力"④，清末启蒙者们不约而同地选择了非文字传播，经过改良的文明戏、大鼓辞，具有近代气息的画报和月份牌等，而应用最为广泛、最行之有效的媒介形式就是宣讲与演说。言语讲读、宣教，在清末极为鼎盛，几乎成为与近代报刊比肩的信息传播渠道和启蒙方式。张玉法便认为："同盟会时期的宣传媒介有口语、报刊、书册、宣传文件等种。口语作为宣传媒介最为简便，有讲演、谈话、演戏等方式。"⑤ 显然，他把演讲列在首位。1905年 8 月 25 日，《顺天时报》上的《论中国宜遍设白话演说所》谈到"我东邻之日本，在今日已跻于一等强国之地位。当维新之始，其国之伟人，若

---

① 李孝悌：《清末的下层社会启蒙运动：1901—1911》，河北教育出版社，2001，第 17 页。
② 《山西晋报局总办程守清上山西巡抚张遵拟白话报并演说简章禀附批》，《东方杂志》第 2 年第 8 期，1905 年 8 月，第 183 页。
③ 《第二讲报处广告》，《京话日报》第 280 号，1905 年 5 月 30 日。
④ 《论政府宜利用报馆并推广白话演说》，《东方杂志》第 2 年第 8 期，1905 年 8 月，第 166 页。
⑤ 张玉法：《辛亥革命史论》，三民书局，1993，第 325 页。

木户孝允、大久保利通，皆提倡演说以唤醒国民。我国而欲自强也，则须开人群之智识；欲开人群之智识，则须教育之普兴；欲教育之普兴，则以白话演说为基础也可"①。

如果说戊戌时期的报刊主要在聚拢和集结知识阶层，为知识精英提供建言渠道，进而与官方相沟通的话，1900 年以后则无论是报刊媒介还是言语传播，皆志趣相同。启蒙救亡的时代主题使各种倾向不同的媒体，大都表现出相当一致的追求，批判旧伦理秩序和陋俗，张扬科学精神与国族意识，破旧立新以开启民众的智识。从寄望官方垂青，到援引民众力量，体现了晚清知识分子对社会变革动力的最终觉悟。由重视民众力量遂致对更为通俗的大众媒介形式的器重，造就了晚清白话报刊及作为口语传播手段的讲报处、宣讲所的繁荣。

口语言说区别于其他传播方式的种种优势，恰恰迎合了清末下层社会启蒙运动对于有着巨大宣传效应的传播形式的强烈需求。通过言语艺术手段来感染听众，将抽象深奥的义理文字以通俗生动的语言表达，更容易引起共鸣。首先就是其异乎寻常的煽动力和感染力。演讲不仅是一门语言的艺术，还是一门表演的艺术，乃兴之所至，有感而发，配合口头语言，演讲者的肢体语言、语气和表情参与传播，将浓烈的情感注入态势语言，是单纯的文字描述所无法比拟的。其次，演说具有强烈的现场感，讲者与听众共处一处，这无疑避免了报刊由于出版周期而造成的时效性问题，传播途径短，干扰信息少，传播主体与受众面对面交流，影响更加直接，便于及时沟通反馈，信息接受的程度大为增强。再次，言语传播只需一块空地，一座高台，即可聚众而讲，又无须报刊传媒必备的纸张、机器等物质设备，免去了复杂的工序流程和人力资源，大大降低了成本。尤其是以白话演讲，使那些没有文化、无钱买报读报的底层民众亦能接受，因而受众范围进一步扩大。晚清中国内忧外患、亡国灭种的危机在即，各路政治精英与仁人志士争取社会底层首先需要广 "开民智"，清廷力挽颓势推行新政更不乏向底层拓展的诉求，讲读言说遂作为一种启蒙救亡的新工具应运而生。清末言语传播文化也因而富有 "启蒙" 的精神内涵，表现出近代化的气质特征。

---

① 《论中国宜遍设白话演说所》，《顺天时报》1905 年 8 月 25 日。

可见，口语言说作为人类社会传播技术不发达时期的重要媒介手段，在清末近代报刊勃兴的同时大放异彩，远非追随了技术近代化的脚步，却迎合了启蒙主义时代思潮的脉动，它印证了社会思潮对于有着巨大宣导效应的传播形式的强烈需求。虽然很难具体考量在清末卷起的一波波思想浪潮中，哪些是由讲演所激发，哪些又是由报刊所鼓动，科学的理解当是各种传播的合力所至，但是毋庸置疑演说的作用不容忽视。李孝悌所言："演说无所不在，无往不利。二十世纪简直就是演说造成的时代。"① 对讲演传播在清末思想变革中曾散发的巨大能量堪为最恰切的说明。而恰如麦克·卢汉所言"媒介即讯息"，传播媒介在清末的跃动迁变，同样向我们展现了那一时代社会启蒙运动的波澜壮阔与气度恢宏。正是缘于清末启蒙的社会思潮，社会教育运动才普遍兴起，进而促使言语传播的兴盛。

---

① 李孝悌：《清末的下层社会启蒙运动：1901—1911》，河北教育出版社，2001，第 103 页。

第二章

清末的宣讲活动

作为本书研究对象的宣讲，主要是指清末新兴的由政府组织或民间自发的宣讲与讲报活动。因其与传统的圣谕宣讲血脉相连，特别是两者在清末的冲汇交融更是反映社会变迁的绝佳窗口和渠道。所以，体察清末新式宣讲的真实风貌，尚需从清代的圣谕宣讲制度说起。

第一节　清代的圣谕宣讲制度

宣讲活动由来已久，盖从古时的"乡约"衍生而来。有如学者所云："举凡民居互相告诫，以教化条例加以约束，均可称为约。"① 常建华则认为，"狭义的乡约就是指设立约正，宣讲六谕"②。乡约本来是邻里乡人互相劝勉共同遵守，以相互协助救济为目的的一种制度。乡约顾名思义指乡规民约，是由因缘地域、血亲关系的乡村、城镇民众自订互守的一种民间自治组织。乡约滥觞于北宋吕大钧、吕大临几兄弟在家乡创立的《蓝田吕氏乡约》。③ 该约以"德业相劝""过失相规""礼俗相交""患难相恤"为旨归④，"每月一聚具食，每季一会，……遇聚会则书其善恶行赏罚。若有不

---

① 陈宝良：《中国的社与会》，浙江人民出版社，1996，第 157 页。
② 常建华：《明代宗族研究》，上海人民出版社，2005，第 200 页。
③ 谢长法：《乡约及其社会教化》，《史学集刊》1996 年第 3 期，第 53 页。
④ （宋）吕大钧、和叔甫：《吕氏乡约》，南陵徐乃昌影宋嘉定本重雕，第 1~5 页。

便之事，共议更易"①。确立了成员个人及其人际交往的行为规范和善恶准则。公推一、二品行端正、刚直不阿者为约正，"专主平决赏罚当否，直月一人，同约中不以高下，依长少轮次为之，一月一更，主约中杂事"②。可见，最初乡约主要承担正风俗、厚人伦、安里弥盗等职责，发挥着稳定乡村社会的作用。至明清时期，乡约得到普遍推广。

明王朝开国之君朱元璋雄才大略，充分认识到乡约的利用价值，因而大力提倡和推广，发展出一套以乡约、保甲、社学、社仓互相配合的乡治系统。为了促进封建伦理道德的传播，加强教化，朱元璋还设计了圣谕宣讲制度。洪武三十一年（1398）颁布《教民榜文》，规定："每乡每里，各置木铎一个。于本里内选年老或残疾不能生理之人，或瞽目者，令小儿牵引，持铎循行本里。如本里内无此等之人，于别里内选取。俱令直言叫唤，使众闻知，劝其为善，毋犯刑宪。其词曰'孝顺父母，尊敬长上，和睦乡里，教训子孙，各安生理，毋作非为'。如此者，每月六次。"③ 其所宣诵之词，即通称的《圣谕六言》、《圣训六谕》、《太祖六谕》或《六谕》等。《圣谕六言》言简意赅，涵盖了士庶生民应遵循的日常伦理规范，成为明廷教育民众、传输官方意识形态的纲领要义。它不仅用于类似上文之"游走的宣讲"④，还逐渐成为地方官绅乡约宣讲的主要内容依据。由此，乡约作为民间规约的意义渐行淡化，逐步变成政府推行的一种活动；作为一种组织实体，它也越来越失去了民间自治的性质，逐渐成为乡村基层行政机构的名称。⑤ 所以，有学者认为乡约的制度化，始于明中叶。⑥ 实际上，明朝的乡约诵谕通常由地方官参酌执行，并未形成制度。乡约的教化功能得以进一步强化，乡约的制度化，是在清朝。清朝建立后，为了巩固统治，仿照明代实行乡约和宣讲制度。清代乡约已不再是民间组织，转而为官方政治体制下的一种正式制度。"推行乡约是清代普及乡村儒学教化的重要途

①　（宋）吕大钧、和叔甫：《吕氏乡约》，南陵徐乃昌影宋嘉定本重雕，第6页。
②　（宋）吕大钧、和叔甫：《吕氏乡约》，南陵徐乃昌影宋嘉定本重雕，第8页。
③　《教民榜文》，杨一凡点校《皇明制书》第2册，社会科学文献出版社，2013，第728页。
④　李孝悌：《清末的下层社会启蒙运动：1901—1911》，河北教育出版社，2001，第65页。
⑤　刘笃才：《中国古代民间规约引论》，《法学研究》2006年第1期，第138页。
⑥　游子安：《从宣讲圣谕到说善书——近代劝善方式之传承》，《文化遗产》2008年第2期，第51页。

径，乡约朔望讲读圣谕成为清代乡村儒学教化的重要形式。"①

一　圣谕宣讲制度之确立

清廷以外族统治，为了维护封建秩序，巩固政权，清统治者尤推重社会教化。尚未入关之前，努尔哈赤便强调："为国之道，以教化为本，移风易俗，实为要务。"② 康熙帝也清醒认识到："朕维至治之世，不专以法令为亟，而以教化为先。其时人心醇良、风俗朴厚，刑措不用，比屋可封，长治久安，茂登上理。盖法令禁于一时，而教化维于可久，若徒恃法令而教化不先，是舍本而务末也。"③ 所以清朝建立伊始，便因袭明代乡约宣讲之制。顺治九年（1652），世祖"颁行六谕卧碑文于八旗及直隶各省"④；顺治十六年（1659），正式设立乡约制度，要求每乡设"乡约正、副"⑤，专门负责每月朔望两次讲解六谕原文。奉行教化的圣谕宣讲遂成为朝廷的规定动作。而随着乡约制度的推进，宣讲内容不断丰富深化。康熙九年（1670），太祖将"六谕"思想进一步扩充发展为"上谕十六条"，予以颁行并责令定期宣讲。所谓"上谕十六条"，主要内容如下："敦孝弟以重人伦；笃宗族以昭雍睦；和乡党以息争讼；重农桑以足衣食；尚节俭以惜财用；隆学校以端士习；黜异端以崇正学；讲法律以儆愚顽；明礼让以厚风俗；务本业以定民志；训子弟以禁非为；息诬告以全良善；诫窝逃以免诛连；完钱粮以省催科；联保甲以弭盗贼；解雠忿以重身命。"⑥ 也是从这一年开始，"'讲圣谕'即形成一个地方官之一种活动名称，抑且亦为其地方施政一项要目。""地方州县村里宣讲圣谕，经长期推行，早已形成固定之礼仪步骤，往往备录于地方志，以见典要。"⑦ 雍正二年（1724），世宗以康

① 段自成：《论清代的乡村儒学教化——以清代乡约为中心》，《孔子研究》2009 年第 2 期，第 86 页。
② 《太祖高皇帝实录》卷 6，《清实录》（一），中华书局，1986，第 85 页。
③ 《圣祖仁皇帝实录》卷 34，《清实录》（四），中华书局，1985，第 461 页。
④ 《世祖章皇帝实录》卷 63，《清实录》（三），中华书局，1985，第 490 页。
⑤ 素尔纳纂修《钦定学政全书》卷 74《讲约事例》，《近代中国史料丛刊》第 30 辑第 293 册，文海出版社有限公司，1968，第 1552 页。
⑥ 《圣祖仁皇帝实录》卷 34，《清实录》（四），中华书局，1985，第 461 页。
⑦ 王尔敏：《清廷〈圣谕广训〉之颁行及民间之宣讲拾遗》，《明清社会文化生态》，广西师范大学出版社，2009，第 8、9 页。

熙的十六条圣谕"遵行日久，虑民或怠，宜申诰诫以示提撕，乃复寻绎其义，推衍其文，共得万言，名曰《圣谕广训》"①。按照雍正帝的说法，此书"悉本先师孔子之道，以为是训是行之本，并无一语出乎圣教之外也"②。因"颁发直省督抚学臣，转行该地方文武各官及教职衙门，晓谕军民生童人等，通行讲读"。《圣谕广训》是清王朝以程朱理学为核心价值的观念体系在世俗生活中的通俗表述，"它从道德、伦理、风尚、法律等方面规范了封建行为准则，是清代的道德总目，因而也成为清代学校道德训练的标准"③。从此，《圣谕广训》成为"清朝的圣经，为郡县学训练士子的标准，教化全国人民的法典"④。"实际上，自康熙九年起，'讲圣谕'即形成一个地方官之一种活动名称，抑且亦为其地方施政一项要目。'讲圣谕'原未规定主讲人为谁，而地方高官往往亲自客串几场，以示隆重，以为倡率。"⑤《圣谕广训》的宣讲范围逐步扩大，雍正七年（1729）谕令"直省各州县大乡大村人居稠密之处俱设立讲约之所"，"每月朔望齐集乡之耆老、里长及读书之人，宣读《圣谕广训》，详示开导，务使乡曲愚民共知，鼓舞向善"。这次下令设立的讲约所，"于举贡生员内拣选老成者一人以为约正，再选朴实谨守者三、四以为值月"⑥。每月朔望这两天将全乡老少全部召集到讲约公所，宣读《圣谕广训》及有关律令。可见，圣谕宣讲早在清初便实现了制度化。并经此后历朝之发展精进，愈趋完善，影响不断扩张。据王尔敏先生的研究，"清代二百余年统治，事实上宣讲圣谕已普遍推展至乡镇村里"，"《圣谕广训》在清代历朝帝王利禄之制约引诱，官绅士庶之推广，实深入各地，下及于乡村间里，无处不到。对于平民生活信持，信仰习惯，有浸渍之功力，当已发生重大社会安定功能"。"由于清廷提倡推行，'宣讲圣谕'日久成为民间习惯名词，家喻户晓，人人俱知。""在清代二

---

① 《世宗宪皇帝实录》卷16，《清实录》（七），中华书局，1985，第266页。
② 《世宗宪皇帝实录》卷34，《清实录》（七），中华书局，1985，第515页。
③ 周德昌：《中国教育史研究》（明清分卷），华东师范大学出版社，2009，第31页。
④ 毛礼锐、沈灌群主编《中国教育通史》第3卷，山东教育出版社，2005，第357页。
⑤ 王尔敏：《清廷〈圣谕广训〉之颁行及民间之宣讲拾遗》，《中央研究院近代史所研究集刊》第22期下册，1993，第261页。
⑥ 《上谕及奏折选录》，上海世纪出版股份有限公司、上海书店出版社，2006，第512页。

百余年历史中,《圣谕广训》是朝野最熟知之书。"① 从"六谕卧碑文",到"上谕十六条",再到集前代思想之大成的《圣谕广训》,其内容实质是将以儒家伦理为核心的官方主流价值观通俗化、具体化,将官方的意识形态转化为世俗大众的生活常识,寓教于伦常,以使民众的思想行为自觉归附统治者的意志和轨道。

相较明朝,清朝的乡约制度大有改观。它摒弃了明朝乡约有关乡村自治的行政职能,而专司教化,由礼部管辖,以宣讲圣谕为主,有如专家所言,清时"保甲、社仓由户部管理,专门用来缉盗安民,社学专门用来教养,社仓专门用来救济。各制度分开,而把明末已经发展完全的一套乡治体系打乱支解"②。如此一来,清朝乡约已彻底演化为官方的社会教化组织,对统一思想、灌输统治意志发挥着特殊作用,因而尽可能地广泛推行,成为清统治者不断的追求。清廷规定:"凡直省州县乡邨巨堡,及番寨土司地方,设立讲约处所,拣选老成者一人,以为约正,再择朴实谨守者三四人,以为直月。每月朔望,齐集耆老人等,宣读《圣谕广训》,钦定律条,务令明白讲解,家喻户晓。"③ 意味着乡约不止普遍通用于中原汉地,甚至扩至"番寨土司地方"等少数民族区域。事实上,清廷不仅在收复台湾以及对西南少数民族进行改土归流后,及时于当地推行乡约,而且伴随着西北每一次军事行动后对少数民族控制的加强,都顺势力行乡约。甚至从圣谕宣讲的另一重要渠道——官学之设计,亦可窥见清统治者试图网及所有治下民族的深刻用意。雍正十三年(1735)议准:"广东省凡有黎猺之州县,悉照连州之例,多设官学。饬令管理厅员督同州县,于内地生员内,选择品行端方,通晓言语者为师,给以廪饩。听黎猺子弟之俊秀者,入学读书。训以官音,教以礼义,学为文字。每逢朔望,该学师长率其徒众,亲诣附近

① 王尔敏:《清廷〈圣谕广训〉之颁行及民间之宣讲拾遗》,周振鹤撰集、顾美华点校《圣谕广训:集解与研究》,上海世纪出版股份有限公司、上海书店出版社,2006,第636、638、640、633页。
② 黄现璠、甘文杰:《民族调查与研究40年的回顾与思考(上)》,《广西民族研究》2007年第3期,第38~39页。
③ (清)良周、刘启端等修《钦定大清会典事例》卷379"礼部·风教·讲约一",商务印书馆,光绪戊申冬月初版,宣统己酉五月再版,第1页。

约所，恭听宣讲《圣谕广训》，申明律例，务令通晓，转相传诵。"① 从相关史料的记载，晚清回民陈林等 "禀请立清真寺宣讲圣谕"②，可见清廷的一应政策的确收到了一定的效果。

圣谕宣讲制度作为一项重要的官方意识形态宣教和控制手段，终有清一代都受到朝廷的高度重视。对此，道光皇帝颇为自负："我朝列圣相承，'圣谕广训'、'十六条'久垂功令，地方官每月朔望，敬谨宣读，俾众著于爱敬睦姻之义，百数十年来，海澨山陬，罔不奉行惟谨然。"③ 据估算，将《圣谕广训》熟读成诵的生员为主力，在遍布各地的至少两万个以上的讲约所中。④ 但是其施行，却并非一路凯歌，畅通无阻。如李孝悌言，作为一种过于直接的道德教训，《圣谕广训》不过万言，逐条宣讲，有十六次也行了，每月两次，历时不过八个月；而雍正要成年累月地进行，照本宣科的方式，令人生厌。况且，县官权小事繁，很少有人认真执行此措施，加上在农村社会如何选择称职的讲读官，也是一个无法克服的难题。⑤ 故此，就能够理解何以在乾隆元年（1736）覆准："直省督抚应严饬各地方官，于各乡里民中，择其素行淳谨、通晓文义者，举为约正，不拘名数，令各就所近邻镇，恭将《圣谕广训》勤为宣讲，诚心开导。并摘所犯律条，刊布晓谕。仍严饬地方官及教官，不时巡行讲约之所，实力劝导，使人人共知伦常大义。如有虚立约所、视为具文者，该督抚即以怠玩废弛题参，照例议处。"⑥ 透露出 "虚立约所"、将圣谕宣讲 "视为具文" 等鄙陋，早在乾隆时期已展露端倪，引起朝廷的注意，并试图整治。特别是随着清末乡约组织行政管理职能的加强，应承官府催征钱粮、调解纠纷和稽查奸盗等渐成

① （清）良周、刘启端等修《钦定大清会典事例》卷396 "礼部·学校·各省义学"，商务印书馆，光绪戊申冬月初版，宣统己酉五月再版，第1页。

② 邓云生点校：《平凉善后局冯道帮榇秉回民陈林等请建清真寺由》《左宗棠文集·札件》（光绪元年），岳麓书社，1986，第256页。

③ 《清宣宗圣训》卷52，赵之恒、牛耕、巴图主编《大清十朝圣训》第13册，北京燕山出版社，1998，第7561页。

④ 夏晓虹：《晚清白话文运动的官方资源》，《北京社会科学》2010年第2期，第12页。

⑤ 李孝悌：《从中国传统士庶文化的关系看二十世纪的新动向》，《中央研究院近代史研究所集刊》1990年第19期，第327页。

⑥ （清）良周、刘启端等修《钦定大清会典事例》卷397 "礼部·风教·讲约一"，商务印书馆，光绪戊申冬月初版，宣统己酉五月再版，第1页。

主务，其教化功能普遍削弱，朔望宣讲圣谕之制逐步偏废。清初主要用于朔望宣讲的乡约所之衰颓，即是对这一状况的真实反映，如道光间《阳曲县志》所载："乡约所原有九十三处……今之乡约既无号数，又无处所。"①光绪间《洵阳县志》亦载："上谕亭，祝赶宣讲之所，在县治东，雍正十年知县叶时纳恭建，今久废。"②周振鹤先生的评断，当更为客观，"至迟至嘉庆年间，宣讲《圣谕广训》的确已成具文，虚应故事，皇帝已无良策对付"。此后的宣讲更是越来越无生气，具文故事已成痼疾，难以疗治。"有讽刺意味的是，同、光以后的讲约已逐渐变质为一种大众娱乐的活动"③，失去其本来面目。随着清王朝大势已去，其重要的政治传播手段圣谕宣讲亦渐行颓废。

二　圣谕宣讲之组织机构

从清初确立宣讲制度始，终有清一代，圣谕宣讲始终由官方主导，并通过三个渠道实现。除去前文所详述的乡约宣讲，尚有地方政府与各级学校定期宣讲两条路径。康熙二十五年（1686）议准："上谕十六条，令直省督抚转行提、镇等官晓谕各该营伍将弁兵丁并颁发土司各官通行讲读。"④此外，作为化民之根本的御制圣谕，还借助学校与科举考试得以在帝国的储备人才中普遍推广。一方面，它是中央国子监以及各地方官学的必备功课，要求朔望宣读。康熙三十九年（1700），议准："直省奉有钦颁上谕十六条，每月朔望，地方官宣读讲说，化导百姓，今士子亦应训饬，恭请御制十六条，发直省学宫，每月朔望，令儒学教官传集该学生员宣讲训饬，务令遵守。"⑤ 各级官学的教官要亲自担任宣讲。是为宣讲圣谕进入官学之

---

① 李培谦、华典修，阎士骧、郑起昌纂《阳曲县志》卷10《刑书》，道光二十三年（1843）葛英繁刻本，第10页。

② 刘德全纂修《洵阳县志》第1册，卷4《建置》，成文出版社，1969年据光绪三十年（1904）刻本影印，第98页。

③ 周振鹤：《圣谕、〈圣谕广训〉及其相关的文化现象》，周振鹤撰集、顾美华点校《圣谕广训：集解与研究》，上海世纪出版股份有限公司、上海书店出版社，2006，第588~590页。

④ 周振鹤：《圣谕、〈圣谕广训〉及其相关的文化现象》，周振鹤撰集、顾美华点校《圣谕广训：集解与研究》，上海世纪出版股份有限公司、上海书店出版社，2006，第509页。

⑤ （清）良朋、刘启端等修《钦定大清会典事例》卷389"礼部·学校·训士规"条，商务印书馆，光绪戊申冬月初版，宣统己酉五月再版，第1页。

始，成为清廷控制士子思想的重要手段，为后世历代帝王承袭。雍正三年
（1725），将亲撰的万言《圣谕广训》颁发各省学政，刊刻印刷。分送各学，
朔望宣讲。① 乾隆十年（1745），"议准：钦颁训饬士子文，已勒令太学，应
通行天下学宫，同圣祖仁皇帝《圣谕广训》、世宗宪皇帝《御制朋党论》，
令教官于朔望日一体宣讲，永远遵行"②。到了嘉庆朝，圣谕宣讲进一步推
广至蒙学，要求一乡一里，分别延师，使儿童初受教育，就学习《圣谕广
训》。嘉庆二十二年（1817）丁丑四月壬辰，上谕内阁："……至义学导民
为善，不在广堂教授，十室之邑，必有忠信，宜于一乡一里，分设延师，
使童子粗识之无即能诵习《圣谕广训》，并通晓经书大义，庶几变化气质，
薰德善良。教养为治世之大端，惟在行之以实。要之以久阜民训俗效自可
驯致也。"③ 此后，经道光④、同治⑤等历朝的不断推展，宣讲圣谕甚至向民
间义学渗透，成为清廷治下所有读书人必须掌握的法典。道光九年（1829）
之后，教官不仅定例在学宫宣讲《圣谕广训》《劝善要言》等，还要不时下
乡宣讲，如载："学校为培养人材之地，士品克端，斯民风日茂，亦惟训迪
有术，斯士习益淳，定例每于朔望敬谨宣讲《圣谕广训》，并分派教官亲赴
四乡宣讲，俾城乡士民共知遵守。"⑥

　　另一方面，《圣谕广训》还被列为科举考试的必要考核内容。雍正三年
（1725）议准，童生岁科两试复试时，"令其默写《圣谕广训》一条"⑦。这

---

① 《士庶备览》卷 2 "学校条规"，转引自常建华《国家认同：清史研究的新视角》，《清史研究》2010 年第 4 期，第 9 页。
② （清）良周、刘启端等修《钦定大清会典事例》卷 389 "礼部·学校·训士规"条，商务印书馆，光绪戊申冬月初版，宣统己酉五月再版，第 3 页。
③ 《清仁宗圣训》卷 13，赵之恒、牛耕、巴图主编《大清十朝圣训》第 9 册，北京燕山出版社，1998，第 5085 页。
④ 道光时规定，学政到任，将《圣谕广训》刊印，颁行各学生童，令人人诵习。（《宣宗成皇帝实录》5，卷 327，《清实录》37，中华书局，1986，第 1134 页）
⑤ 同治年间，"曾明降谕旨令各省学政督率各学教官，读书立品，训导诸生，并随时宣讲圣谕"。（《穆宗毅皇帝实录》2，卷 88，《清实录》46，中华书局，1987，第 860 页）"请饬各省督抚详加考察，至宣讲圣谕，尤为化导之本。并请饬令学臣实力奉行。""着各省学臣，督饬教官，实力宣讲圣谕。考其勤惰，分别劝惩。"（《穆宗毅皇帝实录》2，卷 88，《清实录》46，中华书局，1987，第 861 页）
⑥ 刘锦藻：《学校考四》，《清朝续文献通考》卷 94，商务印书馆，1936，第 8568 页。
⑦ （清）良周、刘启端等修《钦定大清会典事例》卷 386 "礼部·学校·童试事宜"，商务印书馆，光绪戊申冬月初版，宣统己酉五月再版，第 1 页。

一规定在乾隆年间得以强化，自乾隆二十三年（1758）起，童生考取生员时，岁试要默写《圣谕广训》一则。科试时，要默写《圣谕广训》一二百字。遂为永制。① "默写《圣谕广训》约百字，不许误写添改。"②

官方组织的宣教活动，带动了民间的宣讲之风。各地乡绅和当地善堂等民间组织也常常募捐举办宣讲。比如宗族宣讲《圣谕广训》的现象，犹如相关研究者的观察，这一举动属于民间自觉行动，但是无疑也对官方意识形态的宣传起到积极作用。③ 而岭南圣谕宣讲的兴盛和岭南民间善堂组织密切相关。岭南的善堂组织兴盛于晚清，广仁善社、庸常社、寿世善堂、四会矜育善堂、中堂博爱堂等善堂，皆以宣讲圣谕及举办一切救灾各大善举为宗旨，这样圣谕宣讲就由官方活动转变为民间活动。④ 总的看来，无论是各级官府、官学，还是具有民间自治性质的乡约组织，甚至义学、宗族所开展的圣谕宣讲活动，其形式无论如何各异，但其内容主旨都离不开服务于官方意识形态的总方针，且为清政府所主导。

三　主事人员之选

清代乡约组织对于主事人员约正的选拔尤侧重于身份。顺治十六年（1659）规定约正应由"六十以上、经告衣顶、行履无过、德业素著生员统摄"⑤，即要求约正必须由品行端正、"德业素著"的秀才来担任。《圣谕广训》进一步申明"于举贡生员内拣选老成者一人，以为约正"⑥，候选主体虽有扩大，但仍未超脱接受过正规儒家教育者的范畴。清政府之所以强调约正的举人、贡生和秀才身份，是因为他们长期接受官方教育，早已为儒家伦理所驯服，更容易被官方控制。

---

① 商衍鎏：《清代科举考试述录》，三联书店，1958，第29页。
② 商衍鎏：《清代科举考试述录及有关著作》，百花文艺出版社，2004，第5页。
③ 常建华：《论〈圣谕广训〉与清代孝治》，《南开史学》1988年第1期，第156页。
④ 耿淑艳：《圣谕宣讲小说：一种被湮没的小说类型》，《学术研究》2007年第4期，第138页。
⑤ （清）素尔纳纂修《钦定学政全书》卷74《讲约事例》，《清会典事例》卷3，《近代中国史料丛刊》第30辑第293册，文海出版社有限公司，1968，第1552页。
⑥ 董建辉：《"乡约"不等于"乡规民约"》，《厦门大学学报》（哲学社会科学版）2006年第2期，第55页。

在官府，或者官学，人才济济，不乏人品素养俱佳的人选，宣讲圣谕自有相应的官员、学臣承担。地方官往往亲自宣讲，以示重视。如"道光二十六年（1846）八月广东学政全庆初到任，即公告宣示，定于十月初三日亲诣文庙上香，并同时宣讲圣谕"①。而乡约宣讲却没有那么简单，乡约主事人员和讲员的选拔，是圣谕宣讲能否顺利推行的关键。所以，清廷出台了系列有关于此的办法。乡约所主事的设置并无一定之规，通常情况下比较固定的编制为约正和值月。雍正七年（1729），"奏准令直省各州县大乡大村人居稠密之处，俱设立讲约之所，于举贡生员内，拣选老成者一人以为约正，再选朴实谨守者三四人以为值月。每月朔望齐集乡之耆老、里长及读书人宣读"②；乾隆元年（1736）覆准："直省督抚应严饬各地方官，于各乡里民中，择其素行淳谨、通晓文义者，举为约正，不拘名数，令各就所近邨镇，恭将《圣谕广训》勤为宣讲，诚心开导，并摘所犯律条，刊布晓喻。仍严饬地方官及教官，不时巡行讲约之所，实力劝导，使人人共知伦常大义。如有虚立约所，视为具文者，该督抚即以怠玩废弛题参，照例议处。"③ 显然，对约正和值月，尤其是约正的身份有着"举贡生员""素行淳谨、通晓文义"的明确要求。陕西锥南县"选举贡、生员老成有学行者为约正"④，更证实了这一点。约正作为乡约首事主要负责讲读圣谕，值月则承担善过记录、讲读筹备等事宜。如载："约正置二籍，德业可劝者为一籍，过失可规者为一籍，直月掌之，月终则以告于约正而授于其次。每月朔日，直月预约同乡之人夙兴会集于讲约所……直月向案北面立，先读《圣谕广训》……约正推说其义……然后举善纠过，并记入善恶簿，由直月收掌。"⑤ 有些地方，在约正之下值月之外另设约副、约史、约赞，甚

---

① 王尔敏：《清廷〈圣谕广训〉之颁行及民间之宣讲拾遗》，《中央研究院近代史所研究集刊》1993 年第 22 期下册，第 261 页。
② （清）素尔纳等纂修《钦定学政全书》卷 74《讲约事例》，沈云龙主编《近代中国史料丛刊》第 30 辑第 293 册，文海出版社有限公司，1968，第 1557～1558 页。
③ 《钦定大清会典事例》卷 397 "礼部·风教·讲约一"，商务印书馆，光绪戊申冬月初版，宣统己酉五月再版，第 1 页。
④ 范启源重纂、薛祖订正《锥南县志》卷 5《乡约》，《中国西北文献丛书》第 15 册，兰州古籍书店，1990 年影印本，第 332 页。
⑤ 余修凤纂修《定远厅志》卷 14《礼乐志·公典》，光绪五年（1879）刻本，第 4～5 页。

或约讲。顺治十六年（1659）清廷议准设立乡约，每乡约设"乡约正、副"①。陕西潼关每约"公举年高有德、为众所敬服者一人为约正，公直果断、通晓法度者二人为约副，读书能文、礼仪习熟者二人为约讲"②；直隶昌黎县"约正、副派甲长、牌长等按月轮值为知约，择练达明察、通文善讲者二人为约史……礼义习熟者一人为约赞，以便临时讲约"③。显然，不管编制如何设置，对任事者身份的要求都相当一致。不止约正需在"举贡生员内"选"老成者""年高有德、为众所敬服者"为之，即使约副亦需"公直果断、通晓法度者"充当，对值月、约赞、约讲的学识能力，尤其是道德素养，也极为看重。清末随着清廷统治式微，其意识形态宣传呈衰颓之势，讲员的选择已无法坚守原来的苛刻标准，却也不能随意任用。

正如有专家发现，"在城镇以下的农村社会，如何选择称职的讲读官常常是一个无法克服的难题"④。尤其人才相较匮乏的乡村，乡约首事的选拔标准虽不得不有所降低，生员以下的"平民"被纳入选择范围，如顺治十六年（1659）清廷规定："其乡约正、副不应以土豪、仆隶、奸胥、蠹役充数，应会合乡人，公举六十以上、经告衣顶、行履无过、德业素著生员统摄。若无生员，即以素有德望、六七十岁以上平民统摄。"⑤但"德望"却仍然为不变的标准。

宣讲圣谕固然为政治任务，是所有参与者义不容辞的责任，但为保证宣讲制度之顺利施行，清廷对讲生讲员还是给予微薄的报酬的。雍正七年（1729）上谕，讲生宣讲优异者，可通过送部引见等措施进行表扬。不止荣誉，专职讲员尚有经济报酬。雍正时曾给讲约者廪饩，乾隆初凌如焕建遵从旧制。⑥嘉庆朝王凤生在浙江做地方官宣讲圣谕，要求"所带讲生盘费伙

① （清）素尔纳纂修《钦定学政全书》卷74《讲约事例》，《近代中国史料丛刊》第30辑第293册，文海出版社有限公司，1968，第1552页。
② 吴元炳：《三贤政书》（一），汤斌：《汤子遗书》卷2《陕西公牍》，台湾书局，1976年影印版《中国史学丛书续编》第47号，第617~618页。
③ 张诣之：《碣阳乡甲小试录》卷1《乡甲章程》，光绪七年宏农潜修精舍刊，第17页。
④ 李孝悌：《清末的下层社会启蒙运动：1901—1911》，河北教育出版社，2001，第335页。
⑤ （清）素尔纳纂修《钦定学政全书》卷74《讲约事例》，《清会典事例》卷3，《近代中国史料丛刊》第30辑293册，文海出版社有限公司，1968，第1552页。
⑥ 《皇清奏议》卷34"敬陈教民实政疏"，见常建华《论〈圣谕广训〉与清代的孝治》，《南开史学》1988年第1期，第153页。

食，并随从人役饭食钱文，务须按时按名发给"①。台湾的地方官规定："每月本辕讲生制钱一千文，……郡庙讲生另有公费。"② 可见，最基层的宣讲，并非义务承担。

四　圣谕宣讲之规章仪程

圣谕宣讲作为一种朝廷大力推行的制度，其执行有系列规章准则。除讲员之选外，对于宣讲之时间、场所、礼仪、讲法，甚至听众的座次、仪表、态度等，都有严格的规定。

其一，举办时间。

一般来说，清代的圣谕宣讲是每月朔望两次举办，但也只是在城镇能够保证，偏远的乡村，由于乡约所无法覆盖而难以实现，只能另作主张。如光绪年间，甘肃皋兰县（今兰州市）知县李裕泽制定的《宣讲圣谕条规》第一条就针对这种情况："定讲期。朔望宣讲，城内自有定章，然乡里之氓，礼教未娴，劝导尤不可缓。今拟选派讲生二人，每月初一二日在城内宣讲；初三日后，即赴四乡择市镇、村堡人烟辐辏之处宣讲，每处讲二三日，复移他所，渐至月半前一二日，仍回城内，以应十五六日讲期。十七日后，又复如前赴乡，月底复返。如此周转不息，久之自家喻户晓矣。"③同治年间，江苏巡抚丁日昌令各府州县"所属教职，分期周历各乡，督率讲生宣讲圣谕"，以"劝导愚蒙""整齐风俗"。④ 在岭南宣讲极盛之区，则变为日讲。民间善堂实行"日日讲"制度，据宣统二年（1910）编撰的《全粤社会实录初编》中的"庸常善社规条"记载："每日自十二点钟开讲，至四点钟完讲，每月限停三天，若遇三伏前后，暑气过盛，或多停一、二

---

① （清）徐栋辑，楚兴国、李炜校勘《保甲书》卷2"成规上"，道光戊申秋镌刻本，第44页。

② 丁日健：《重校〈圣谕广训直解〉恭纪》，《治台必告录》卷5，台湾大通书局，1984，第371页。

③ 光绪《续修皋兰县志》卷12《经政上·建置》，1917年右乐善书局、甘肃政报局石印本，第7页。

④ 《抚吴公牍》卷29《乡约等事行司饬学按月开报由》，清宣统元年（1909）南洋官书局石印本，第916页。

天为止。"① 由此判断，宣讲在基层执行过程中，时间尚可灵活掌握。

其二，宣讲场所。

清代宣讲之制延演既久，其活动场所也渐行固定，尤其是官府宣讲，大半在学宫，即文庙。地方府、州、县学之明伦堂为较常见的宣讲场所。通常认为，清代的圣谕宣讲之制已下及"乡村间里"，但实际上讲约所的分布多在"大乡大村""人居稠密处"。如山西洪洞县"城内及大乡设立约正、值月，每月朔日宣讲《圣谕广训》……命小乡人大乡听讲"②，便证实并非所有的基层组织都设有乡约，"小乡"显然就没有覆盖，需要到"大乡听讲"。此外，不同乡县因"人居稠密"程度不一，乡约规制实存差异。如山西吉县乡约所"通共四处"，均设在市集和交通要道口③；陕西洋县则有"宣讲圣谕公所十处"④。大多情况下，乡约所的设置，往往选择人流兴旺的寺庙等宗教活动场所，或者社学、社仓和祠堂等公共空间，以及地方官府文庙。曾任职关中的汤斌便提及，城市中讲约所多设"于城隍庙内，乡村各择空阔祠宇"⑤；山东堂邑县的寺宇，亦"多藉以为讲约之所"⑥；陈宏谋任职湖北期间，令将"公立教堂改充社学、义仓、义学、讲约所公用"⑦；陕西葭州察院，"康熙中……改为讲约所。……嘉庆间……改为万寿宫，仍存讲约之名"⑧。上海仁济善堂施善昌设立的几处乡约，除在本堂外，分别分布于西门京江公所、新闸新春茶园茶室、静安寺左厢、北新泾仁济分堂。⑨ 当

---

① 邓雨生：《全粤社会实录初编》，调查全粤社会处，宣统二年，转引自耿淑艳《圣谕宣讲小说：一种被湮没的小说类型》，《学术研究》2007 年第 4 期，第 138 页。

② 晋朝臣：《保甲记》，同治《洪洞县志》卷 7《武备志·保甲》，同治十一年艾绍廉补刻本，第 12 ~ 13 页。

③ 昊葵之修、裴国苞纂《吉县志》卷 1《乡约》，台北：成文出版社，1976 年据光绪五年铅印本影印，《中国方志丛书·华北地方》，第 419 号，第 50 ~ 52 页。

④ 张鹏翼纂修《洋县志》卷 3《风俗志》，光绪二十四年青门寓庐刻本，第 2 页。

⑤ 《举行乡约以善风俗事》，吴元炳编《三贤政书》之《汤子遗书》卷 2《陕西潼关道按察司副使任内公牍》，清光绪五年（1817）铅印本，第 40 页。

⑥ 康熙四十九年修《堂邑县志》卷 6《寺观》，光绪十八年刻本，第 15 页。

⑦ 陈宏谋：《培远堂偶存稿·文檄》卷 24，《劝谕改弃邪教示》，光绪丙申年湖北藩署重刊，第 3 页。

⑧ 熹庆十四年修《霞县志》卷 1《官署》，台北：成文出版社，1969 年据 1933 年重刊石印本影印，《中国方志丛书·华北地方》，第 284 号，第 281 页。

⑨ 《奉宪设立开讲乡约日期》，《申报》1885 年 6 月 3 日。

然，尚有少量乡约所为捐资或集资专建专用。比如，康熙年间山东寿张县"于各地方民居比栉之中，构茅屋一间，以避风日，颜额曰'乡约所'"①；山西洪洞县安乐村乡约公所，便由监生郑铎捐资购置。②

其三，宣讲仪规。

清代圣谕宣讲的仪礼、规制，可以从相关文献中探知其详。据《湖南通志》载："宣讲圣谕礼。附讲乡约。每月朔望，预择宽洁公所，设香案。届期文武官俱至，著蟒服。礼生唱序班，行三跪九叩首礼。兴，退班，齐至讲所。军民人等，环列肃听。礼生唱恭请开讲，司讲生诣香案前跪，恭奉圣谕登台，木铎老人跪宣读毕，礼生唱，请宣讲圣谕。司讲生按次讲毕。各退。"③ 又皋兰县（今兰州市）《宣讲圣谕条规》中"肃讲仪"规定："城内宣讲系预设香案，文武官员望阙行三跪九叩首，礼毕，分班坐地。讲生登台，南面一揖，然后开讲。讲毕，各官复行三跪九叩首。毕，撤班肃退。今乡间宣讲，难以拘定礼数，但总宜整齐严肃。主讲者不得跛倚嬉笑，听讲者变不得行走喧哗，致蹈不恭之咎。官派讲生虽止二人，然所到之处乡约，宜多请本地绅耆，衣冠肃立敬听，以昭慎重。本地绅耆中有能讲者，变可替换宣讲。"④ 显然，宣讲之前需"预设香案"，讲员和听众无一例外皆"行三跪九叩"礼。之后，方能"分班坐地"，坐也要位次井然有序。讲生开讲与讲毕，都有特定的礼数，仪式庄严隆重。即使乡间宣讲，难以"拘定礼数"，保证严格的礼仪规制，却也对主讲人、听讲者的衣冠仪态都有诸多要求。光绪年间出刊的《宣讲拾遗》卷首之十条"宣讲坛规"，是专门针对宣讲过程中讲员与听众仪态的，亦可以参酌，其文如下：

一、坛内安排停妥礼仪洁净。

一、入坛身体洁净衣冠整齐。

① 刘文煌修、王守谦纂《寿张县志》卷8《艺文志》，《设乡约所记》，光绪二十六年（1900）刻本，第59～60页。

② 孙奂仑、贺椿寿修，韩垌纂《洪洞县志》卷13《人物志下》，1916年铅印本，第54页。

③ 王尔敏：《清廷〈圣谕广训〉之颁行及民间之宣讲拾遗》，《中央研究院近代史所研究集刊》1993年第22期下册，第261页。

④ 光绪《续修皋兰县志》卷12《经政上·建置》，1917年右乐善书局、甘肃政报局石印本，第7页。

　　一、宣讲言语温文明白晓畅。

　　一、每日黎明即起诵维圣训格言。

　　一、于训语虚心体会不可自作聪明。

　　一、于同人劝善规过不可口是心非。

　　一、于出入进礼退义不可自矜富贵。

　　一、于师尊礼仪隆重不可狎侮老成。

　　一、见人妇女若姊若妹不可稍起邪心。

　　一、于退坛时静坐默揣不可浮言妄动。①

　　其四，内容与讲法之创新。

　　从衣着打扮到宣讲口气、听讲姿态，乃至心理，都做了细致入微的规定。又据道光《遵义府志》记载，可见大致相似的仪程："每月朔、望日，于讲约所宣讲《圣谕十六条》，晓谕士民人等。恭设圣谕牌，设约正，直月以司讲约；设木铎老人，以宣警于道路。地方文武教职各官齐集，赞礼生赞'排班'。各官依次就拜位立。赞：'跪、叩、兴。'各官行三跪九叩头礼。毕，分班坐地，率领军民人等听讲。毕，各官散。雍正七年（1729），奉部文覆准，凡州、县城内及大乡村，择一宽闲洁净之处，设为讲约所。约正置二籍，德业可劝者为一籍，过失可规者为一籍，直月掌之，月终则以告于约正而授于其次。每月朔日，直月预约同乡之人，夙兴会集于讲约所，俟约正及耆老、里长皆至，相对三揖，众以齿分左右立。设几案于庭中，直月向案北面立，先读《圣谕》《广训》，皆抗声宣诵，使人鹄立悚听，然后约正推说其义，剀切叮咛，使人警悟通晓。未达者，仍许其质问。讲毕，于此乡内有善者，众推之，有过者，直月纠之，约正询其实状，众无异词，乃命直月分别书之。直月遂读'记善籍'一遍，其'记过籍'。呈约正及耆老、里长默视一遍，皆付直月收掌。毕，众揖而退。岁终，则考校其善、过，汇册报于府、州、县官。设为劝惩之法，有能改过者，一体奖

---

① 《宣讲圣谕规则》，《宣讲拾遗》卷首，清光绪三十一年（1905）上海章福记书局石印本，转引自车锡伦《读清末蒋玉真编〈醒心宝卷〉——兼谈"宣讲"（圣谕、善书）与"宣卷"（宝卷）》，《文学遗产》2010 年第 2 期，第 134 页。

励，使之鼓舞不倦。"①

　　而从郭沫若回忆童年在家乡听说善书的情形："我们乡下每每有讲'圣谕'的先生来讲些忠孝节义的善书。这些善书大抵都是我们民间的传说。叙述的体裁是由说白和唱口合成，很像弹词，但又不十分像弹词。""在街门口由三张方桌品字形搭成一座高台，台上点着香烛，供着一道'圣谕'的牌位。""讲'圣谕'的先生到了宣讲的时候了，朝衣朝冠的向着'圣谕'牌磕四个响头，再立着拖长声音念出十条'圣谕'，然后再登上座位说起书来。说法是照本宣科，十分单纯的。""这种很单纯的说书在乡下人是很喜欢听的一种娱乐。"② 可见，官府和乡约宣讲，乃至民间的讲善书，虽仪式不同，风格有异，但基本的礼制是一致的，都要"正衣冠"，拜"圣谕牌"，这是基本的仪式。

　　同样作为"面对面"的传播形式，圣谕宣讲直接宣教，固然比民间说书、戏曲表演等更具有针对性，但其传播效果却未见得能与后者相比。无论是早期的"六谕"，还是"上谕十六条"，乃至万余言的《圣谕广训》，毕竟都只是道德训诫的单调条规，常年循环往复照本宣科，必然惹人生厌；尤其万余言"圣谕广训"尽管文义浅近，已尽可能通俗化，但对于文墨不通的底层民众来说，却仍然深奥难解，正可谓"聪俊之人咸倾耳不倦，而椎鲁者犹或瞠目相视"。③ 所以，尽可能通俗地解说《圣谕广训》遂显必要，于是，"直讲"等文本应运而生，各种辅助宣讲的白话圣谕讲解、圣谕注解、衍说类著述及版本，亦随之纷纷涌现。"《圣谕广训》颁行以后，又增加了讲解《圣谕广训》的通俗著作。"其中，专门讲解圣谕的白话著述，"这类书还在雍正《广训》出现以前便已行世，比较常见的有两种，一是《圣谕像解》，一是《圣谕图象衍义》"。④《圣谕广训》问世后，与之相关的通俗解释作品又陆续出现。曾任职陕西盐运分司的王又朴便将《圣谕广训》

---

① （清）郑珍、莫友芝编纂《遵义府志》（点校本），遵义市地方志编纂委员会办公室整理点校，四川出版集团巴蜀书社，2013，第430页。

② 郭沫若：《沫若自传》上卷，求真出版社，2010，第17页。

③ （清）严大经：《圣谕广训通俗》，清光绪二十三年（1897）刻本，一册，严大经序，转引自张祎琛《清代圣谕宣讲类善书的刊刻与传播》，《复旦学报》2011年第3期，第136页。

④ 周振鹤：《圣谕、〈圣谕广训〉及其相关的文化现象》，周振鹤撰集、顾美华点校《圣谕广训：集解与研究》，上海世纪出版股份有限公司、上海书店出版社，2006，第594页。

翻译成普通百姓一听就懂的白话文，由于宣讲效果良好，受到各省官员广泛刻印推行，是为《圣谕广训衍》，此外尚有清内府撰的《圣谕广训直解》，以及《宣讲刍论》《宣讲集编》《宣讲集粹》《宣讲珠玑》等。据不完全统计，类似书籍的版本大约有 31 种。① 但无论是直解还是衍说，讲解枯燥的圣谕难以吸引听众，为了避免枯燥乏味，自清代中叶，讲圣谕开始逐渐与民间流行的讲善书结合起来。即在宣讲中"博采往事之传闻，于理有不刊、情无不尽者，引申其说，加以论断"②，利用生动的因果报应故事附会圣谕，对其伦理观念和教义加以发挥，以收到广行教化的效果。正如时人云："宣讲为教训愚民而设，不拘贡监生员，必择品行端方、伦常无愧者举充讲生。斯乡民敬服其人，方肯听信其言。然此事非口讷者所办，尤必言词清朗、声音洪亮之士，方堪胜任。讲法宜浅不宜深，宜缓不宜急。不念书上文字，不用之乎者也，要使妇人孺子入耳心通，方为有益。所讲以《圣谕》为主，然各种善书及因果报应说，但益人心风俗，亦可随意讲论。惟当以孝悌忠信为先，民生日用为本。不准讲说持斋、念经、修仙、成佛等事，以致煽惑人心，流入邪僻。违者定予严惩。"③ 此外，考虑到民众的接受习惯，中国方言众多，喜闻乐见的谚语丰富，更具有接近性，乾隆十一年（1746）"转饬各乡约正、直月朔望宣讲圣谕之后，即以方言谚语，为愚民讲说"④。

　　文学作品中，小说最富有感染性，比较容易接受，因而小说这种文体被广泛应用于圣谕宣讲之中。有清一代，甚至出现了阐释最高统治阶级政治教化思想的"宣讲圣谕小说"，学者王尔敏、游子安称之为"宣讲拾遗"⑤。或

---

① 雷伟平：《〈圣谕广训〉传播研究》，硕士学位论文，华东师范大学古籍研究所，2007，第 11 页。
② （清）调元善社：《宣讲博闻录·调元善社序》，不分卷，清光绪十四年（1888）刻本，八册，转引自张祎琛《清代圣谕宣讲类善书的刊刻与传播》，《复旦学报》（社会科学版）2011 年第 3 期，第 137 页。
③ 光绪《续修皋兰县志》卷 12《经政上·建置》，1917 年右乐善书局、甘肃政报局石印本，第 7 页。
④ （清）良周、刘启端等修《钦定大清会典事例》卷 398 "礼部·风教·讲约二"，商务印书馆，光绪戊申冬月初版，宣统己酉五月再版，第 3 页。
⑤ 耿淑艳：《圣谕宣讲小说：一种被湮没的小说类型》，《学术研究》2007 年第 4 期，第 137 页；王尔敏：《清廷〈圣谕广训〉之颁行及民间之宣讲拾遗》，《明清社会文化生态》，台北：商务印书馆，1997，第 3 页；游子安：《从宣讲圣谕到说善书——近代劝善方式之传承》，《文化遗产》2008 年第 2 期，第 52 页。

说是"宣讲圣谕与善书留下的案证故事集及改编本"①。"这类小说以康熙颁布的圣谕十六条为主旨,通过敷衍因果报应故事,使百姓潜移默化地接受圣谕的思想观念。这类小说是宣讲圣谕十六条时使用的故事底本,或是在宣讲圣谕的基础上加工编撰而成。"② 如光绪年间岭南地区出现的文言小说集《宣讲博闻录》③,以及叶永言、冯智庵的《宣讲余言》④ 等。甚至因此形成了一个创作群体。⑤ 可见,清廷在提升圣谕宣讲的传播效果方面,可谓无所不用其极,的确是花费了不少心思。

宣讲的优势不仅在于言语传播摒弃了文字障碍,还在于它以严格的程式——从讲员选取、仪典规范到听讲位次,赋予整个过程强烈的仪式感、表演性,通过激发受众情绪,达成思想认同。从这个意义上讲,宣讲仪式与讲读内容共同构筑了一个封建政治伦理的象征体系,用最浅显、直观、感性的方式传达官方主流的价值观念,以至于乡野村夫亦能接受。书籍出版、报刊发行虽然构成官方意识形态输送的主渠道,但无论书籍还是报刊,在文化沦为贵族精神特权的时代,都只能限于统治阶层内部流通。因之,无须文化门槛的言语传播作为底层民众最主要的信息接受手段,亦在清代的政治生活中发挥着重要作用,是官方意识形态向底层灌输的中枢管道。学者戴宝村的论断颇为中肯,他认为圣谕教化的推行"绵延有清一代,甚至民国之后仍保留讲约的方式,其宣讲对象涵盖各阶层各种族人民,用力不可谓不勤;学者由清初至清末一直有阐扬圣谕之书籍问世,也可看出其在清代社会的地位"⑥。

---

① 汪燕岗:《清代川刻宣讲小说集刍议——兼述新见三种小说集残卷》,《文学遗产》2011 年第 2 期,第 138 页。
② 耿淑艳:《圣谕宣讲小说:一种被湮没的小说类型》,《学术研究》2007 年第 4 期,第 137 页。
③ 耿淑艳:《稀见岭南晚清圣谕宣讲小说〈宣讲博闻录〉》,《韩山师范学院学报》2007 年第 5 期,第 39 页。
④ 藏于广东省立中山图书馆。见耿淑艳《一部被湮没的岭南晚清小说〈宣讲余言〉》,《广州大学学报》(社会科学版)2007 年第 8 期,第 83 页。
⑤ 耿淑艳:《圣谕宣讲小说:一种被湮没的小说类型》,《学术研究》2007 年第 4 期,第 139 ~ 140 页。
⑥ 戴宝村:《圣谕教条与清代社会》,《台湾师范大学历史学报》1985 年第 13 期,第 16 ~ 17 页。

第二节　清末传统宣讲与新式宣讲之兴替交融

旧制度的衰亡不可能戛然而止，新制度的形成亦不可能一蹴而就，它们往往在社会有机体的更替变革中激烈地交汇、冲突，此消彼长，乃至融合。唯其如此，才是社会转型与变迁的真实写照。

一　清中后期圣谕宣讲的衰落

作为统治阶级灌输意识形态、施行社会教化的最有效方式，圣谕宣讲一直延演至清末，尤其是晚清以来，随着社会的剧烈变革，清王朝的官方意识形态受到了越来越严峻的挑战。为了维持官方意识形态对民众思想的控制，清朝官员非常重视维持和加强《圣谕广训》的宣讲。嘉庆五年（1800）谕："朕于上年曾经降旨，令各省有司，每逢朔望，谨将《圣谕广训》剀切宣示，俾小民知所领悟。各地方官自应实力奉行。况京师为首善之区，尤宜先为开导，以期化行自近。嗣后著五城、顺天府、大兴宛平二县各官，选举乡约耆老，于朔望之日，齐集公所，宣讲《圣谕广训》。按期讲论，毋得视为具文，日久废弛，以副朕化民成俗至意。"[①] 嘉庆十八年（1813）又谕："通谕各直省督抚，转饬该州县等，于所属民人实力化导，宣讲《圣谕广训》，务俾家喻户晓。久之人心感发，知仁而有所不忍为，知义而有所不敢为，则正教昌明，邪说自熄矣。"[②] 道光秉承前朝旧制，于十九年（1839）下令各省学政到任后重抄《圣谕广训》，刊印州县学及生童，让人人诵习。咸丰帝因"恭读皇考宣宗成皇帝钦定敬阐《圣谕广训》黜异端以崇正学一条，四言韵文，语简意赅，允足警觉，冥顽俾知感悟"。"兹特亲书一通，命武英殿勒石拓印颁行天下，各直省将军、督抚、府尹、学政督饬地方文武官员及各学教官钦遵，宣布无论官绅士庶均准摹勒刊刻以

---

① （清）良周、刘启端等修《钦定大清会典事例》卷398"礼部·风教·讲约二"，商务印书馆，光绪戊申冬月初版，宣统己酉五月再版，第3页。
② 《清仁宗圣训》卷之12，赵之恒、牛耕、巴图主编《大清十朝圣训》第9册，北京燕山出版社，1998，第5067页。

广流传"①，冀此引导民众继续坚守官方意识形态。咸丰十一年（1861），上谕内阁："现在各省会教各匪，尚未寝息，亟宜广为化导，以儆愚顽。著各直省将军督抚等恪遵皇考谕旨，将前次刊刻韵文，责成各官绅于学宫书院认真宣讲。并选各学生员分赴城市乡镇，家喻户晓，俾共知名教之可乐。一切诞妄不经之说，无从煽诱，正人心而闭邪说，庶蒸蒸然日臻上理也。其每月朔望宣议圣谕广训，仍照例行，将此通谕知之。"② 清廷镇压太平天国之后，重讲《圣谕广训》又成为清廷统一社会思想，恢复巩固统治秩序的重要手段。同治四年（1865），上谕内阁："御史贾铎奏，请申明讲约旧例，以正人心一折。我朝雍正年间，颁发圣谕广训，通饬各直省地方官，于每月朔望，剀切宣讲，务使乡曲愚民，咸知向善，列圣相承，谆谆告诫，不啻再三。朕御极之初，亦经宣谕中外，实力奉行，毋得虚应故事。乃如该御史所奏，近来州县官藐视旧章，实不知讲约为何事，以致人心风俗，败坏滋深。不但乡里小民，日趋邪僻，竟有身列胶庠，腆然四民之秀，亦竟离经畔道，而肆无忌惮者。世道人心所关非细。亟应申明旧例，以示率从。著顺天府五城及各省督抚大吏，严饬所属地方官，选择乡约于每月朔望，齐赴公所，敬将圣谕广训各条，剀切宣示。其距城较远各乡，即著该地方官选择品行端正绅耆，设立公所，按期宣讲。"③ 同治六年（1867），时任江苏巡抚的丁日昌下令各府州县"所属教职，分期周历各乡，督率讲生宣讲圣谕"，以"劝导愚蒙""整齐风俗"④。希望通过圣谕宣讲使民众的思想重新归附到清王朝官方意识形态的轨道上来。1902 年，戴鸿慈奏请设置宣谕化导使，以各省学政兼充，虽然未获允准，但是其加强宣谕的指导思想却得到了清廷的高度认同，奏准申明旧章，"饬下各省督抚、学政，认真督饬各教官随时亲历城乡，传集绅庶，详细讲解，并将近年叠次所奉谕旨

① 《清文宗圣训》卷 6，赵之恒、牛耕、巴图主编《大清十朝圣训》第 15 册，北京燕山出版社，《大清十朝圣训》，1998，第 9028～9029 页。
② 《清穆宗圣训》卷 10，赵之恒、牛耕、巴图主编《大清十朝圣训》第 17 册，北京燕山出版社，1998，第 1077 页。
③ 《清穆宗圣训》卷 10，赵之恒、牛耕、巴图主编《大清十朝圣训》第 17 册，北京燕山出版社，1998，第 1079 页。
④ 《抚吴公牍》卷 29 "乡约等事行司饬学按月开报由"，清宣统元年（1909）南洋官书局石印本，第 916 页。

凡有关民教者，切实开导"，"如有奉行不力者，随时查参，用示惩儆"①。
各级政府努力推行，湖南巡抚俞廉三"会同学院柯饬各府厅州县儒学随时
亲历城乡宣讲《圣谕广训》、《劝善要言》，仰遵迭次谕旨，凡有关民教者，
切实开导，并劝令兴修水利、种植等事"②。直隶劝学所于各地设置宣讲所，
延聘专员，派人进行宣讲《圣谕广训》章程，各村镇地方也应按集市日期，
派人宣讲。宣讲内容为：一是首重《圣谕广训》；二是宣讲忠君、尊孔、尚
公、尚武、尚实五条教育宗旨。③ 在杭州，驻防营自治会由某某两佐领发起
并附设宣讲所一区，按期演述"圣谕广训"数则。④ 基于"宣讲足以开民
智，裕民德，正民俗，其功较之立学堂，阅报章，尤胜倍蓰"的信念，湖
南省要求各级儒学随时亲临城乡宣讲《圣谕广训》《劝善要言》。⑤

但是，圣谕宣讲作为官方的宣教体制，必然因应封建朝廷的政治节奏。
清中叶以后，伴随着社会经济结构与文化变迁，传统政治伦理衰颓，讲圣
谕逐渐僵化、程式化而流于形式，愈趋败落，以致名存实亡。道光年间，
有官员奏称："每见一州一邑之内，不过一二乡约遇朔望之日，循讲约之故
事，徒饰虚文。及见听之者寡，而讲之者亦怠。"⑥ 光绪二年（1876）谕：
"宣讲《圣谕广训》，钜典昭垂，自应认真举办。乃近来各地方官往往视为
具文，实属不成事体！著顺天府、五城，实力奉行，并著各直省督抚学政，
督饬地方暨教职各官，随时宣讲，毋得有名无实。"⑦ 晚清人汤成烈则直言：
"朔望宣讲圣谕，久已视为具文，今并无围听之人矣。"⑧ 当时来华外国人对
此也有记载，"乡约大概只在一些省城中还存在，县镇以下大体都已废弛，

---

① 《军机处录副奏折》（文教类），北京第一历史档案馆藏，档案号：535。
② 《湖南巡抚赵通伤宣讲章程公文》，邓实辑《光绪癸卯政艺丛书·内政通纪》卷5，《近代
　中国史料丛刊续编》第28辑第272册，1976，文海出版社有限公司，第367页。
③ 朱有瓛、戚名琇、钱曼倩、霍益萍编《中国近代教育史资料汇编·教育行政机构及教育团
　体》，上海教育出版社，1993，第64页。
④ 《旗营自治续开大会》，《申报》1908年4月15日。
⑤ 陆尔奎：《论普及教育宜先注重宣讲》，《教育杂志》1909年第1期，第1~4页。
⑥ 《军机处录副奏折》（内政类·道光朝），北京第一历史档案馆藏，档案号：054。
⑦ 《钦定大清会典事例》（十三），卷398"礼部·风教"，新文丰出版公司据清光绪二十五年
　原刻本景印，第10358页。
⑧ 汤成烈：《风俗篇四》，《皇朝经世文续编》卷74，沈云龙主编《近代中国史料丛刊》第85
　辑第2册，文海出版社有限公司，1980，第1367页。

而在大城市里，听讲的大多是无赖、乞丐之流"①。如此种种，皆意味着圣谕宣讲作为封建时代官方意识形态灌输的主要渠道，其大势已去。

二 清末新式宣讲的崛起

20 世纪初，一种与讲圣谕极其相似的传播渠道异军突起。从其形式来看，新式宣讲和传统的讲圣谕皆聚众于一处，由讲员当众演说、讲解，传递信息，灌输观念，施行教化，引导思想。但新式宣讲无论在内容还是形式上都有别于传统，它去除了传统讲圣谕的繁缛程序及仪式化过程，保留了面对面的传播形式，增添了讲报等富有时代特征的新内容。因方便灵活，接受门槛低，而迅速向全国拓展。宣讲活动发端于 1901 年，在 1904 年 7 月至 1908 年 6 月形成高峰期。② 此前，对清末全国宣讲所的空前盛况已有估量，其最高峰值时近 4000 所③，已是一个比较惊人的数字。其间还不包括数以百计的讲报处。李斯颐对清末的阅报讲报活动做过全面深入的研究，他所掌握的 220 余家阅报讲报处中，最早的兴办于 1901 年夏，最晚的创设于 1911 年夏，其高峰期在 1904 年 7 月至 1908 年 6 月。④ 清末宣讲运动的红火场面以及发展之迅速，还可以透过区域性的相关记载，有一约略的感悟。北京作为京城，全国的政治文化中心，也是言语传播的发源地，其宣讲活动尤为活跃。1905 年出现阅报处后，当时不少人把报纸张于大街通衢，湘学堂英文教习刘东瀛等便购买单面印的《京话日报》数十份。⑤ 据悉，"单是《京话日报》一家报纸，就在北京四城设置了二十余家阅报处和讲报处。每一处，都有不少读者自愿捐贴报纸，供众阅览，或自愿充当义务讲报人，为识字不多的读者朗读和讲解报纸"⑥。阅报处同时兼具讲报的功能，甚至附设宣讲所，直接反映了清末言语传播之繁盛。天津启文阅报社自开办后，往阅者甚多。"为识字无多者起见，与寻常演说不同"，"凡报文有应知之要

① 李孝悌：《清末的下层社会启蒙运动：1901—1911》，河北教育出版社，2001，第 335 页。
② 刘秋阳：《近代中国都市劳力工人运动》，湖北人民出版社，2009，第 108 页。
③ 裴文玲：《清末新政社会教育述论》，硕士学位论文，山东师范大学，2000，第 21 页。
④ 李斯颐：《清末 10 年阅报讲报活动评析》，《新闻研究资料》1990 年第 2 期，第 113 页。
⑤ 《张贴京话日报》，《大公报》1905 年 4 月 27 日。
⑥ 方汉奇：《京话日报》，丁守和主编《辛亥革命时期期刊介绍》第 5 集，人民出版社，1987，第 67~68 页。

义，无论文理浅深，均以白话演之，期于易晓"。"每日开讲，先解字义，次讲报文。"① 而且在开办演说之前公开征求讲员，"东马路启文阅报社拟于月之初八日开议演说事宜，所有报名演说诸君届期到社会商演说一切宗旨，以便定期开会"②。后定于每星期一、三、五晚上讲读报纸，如报："前有学界某君拟在南马路启文阅报社内附设宣讲所一节，曾纪本报。兹闻议定办法，拟自十月初三日起至十二月止，每逢星期一三五等日晚间宣讲数句钟，以期开通民智。"③ 湖北"汉阳府城风气闭塞"，有一个叫刘荫阶的志士"纠合同志，在阅报社内组织演说会，每逢星期开会演讲。其宗旨甚为平正，不涉激烈，惟以改良风俗为目的"④。1907 年 10 月，《申报》刊登了一篇"代论"，题目即为《预备立宪公会至各处教育会论各地方亟宜遍设宣讲所书》。⑤ 在东北，"宣讲员李君进修等前在牛马行，创设阅报社一处，每日演讲时事以牖启民智，洵称盛举"⑥。从苏抚创办宣讲所的气魄，也能感受当时的热烈气氛。"苏绅蒋季和太史等禀准苏抚在元妙观方丈殿设立宣讲所，已纪前报。兹悉陈中丞以宣讲所为开通民智要点，因谕令太史等择东西南北中五路各设一处。选绅士中曾经出洋之人充当讲员，如不敷则禀请于候补人员中择优委充。"⑦ 而督学局甚至需要组织宣讲练习会来配合不断发展的宣讲需求，"督学局现拟于总劝学所设立宣讲练习处一区，饬令分驻各所之师范生练习宣讲，并令各劝学员轮流来所充当评议员，刻已定期开办"⑧。

　　清末宣讲活动的覆盖区域亦极为广泛，"大致上以北京为中心，而一些文明程度较高、经济文化较为发达的中心城市则是阅报社的主要分布地区"⑨。而"由阅报社增设宣讲，是比较普遍的作法"⑩，所以，与阅报活动

① 《启文阅报社晚间讲解字义报文一切规章》，《大公报》1905 年 7 月 23 日。
② 《定期演说》，《大公报》1906 年 11 月 21 日。
③ 《宣讲有期》，《大公报》1909 年 11 月 4 日。
④ 《汉阳演说会之组织》，《申报》1908 年 2 月 25 日。
⑤ 《预备立宪公会至各处教育会论各地方亟宜遍设宣讲所书》，《申报》1907 年 10 月 27 日。
⑥ 《阅报社难期再造》，《盛京时报》1911 年 6 月 14 日。
⑦ 《苏抚谕饬广设宣讲所》，《申报》1906 年 11 月 27 日。
⑧ 《练习宣讲》，《大公报》1907 年 5 月 15 日。
⑨ 侯杰：《〈大公报〉与近代中国社会》，南开大学出版社，2006，第 213 页。
⑩ 李孝悌：《清末的下层社会启蒙运动：1901—1911》，河北教育出版社，2001，第 76 页。

几乎同步，宣讲活动发源于政治文化中心北京。由于天津毗邻京师，加之官方积极扶持、推展和引导，所以此地宣讲活动"与其他城市相比，可以说是领先群伦"①。总的趋势是，由京津渐向外扩展。到1907年直隶共成立宣讲所135所。② 江浙一带紧随其后，江苏苏州从1905年开始设立讲报处，到1906年底，已推广至6处。③ 而且发展极快，仅1909年江苏各地就先后设立宣讲所108处，有专职宣讲员130人。④ 宣统元年（1909），浙江全省有宣讲所117处，设专职宣讲员171人，其所达到的规模，显非短期之功。⑤ 受天津的启发，光绪三十四年（1908）正月初九日，两江总督端方奏请江宁一带筹办地方自治局，"仍应仿照天津办法，于省会设局，以官力提倡"，"开办宣讲，以晓颛愚，画定区域"⑥。东北虽偏处边陲，但作为龙兴之地，也是开民智运动的早发之区。黑龙江地区最早的宣讲所创办于1905年，由将军衙门学务处在齐齐哈尔创办。⑦ 吉林省于1906年至1909年，在省府州县各级陆续设立了11处宣讲所（讲报馆）。⑧ 曾为洋务运动中心的湖北省虽起步较早，但发展缓慢，据载"湖北设置宣讲所，最早出现在光绪三十年。这一年湖北在武昌兰陵街设立湖北省立宣讲所"。1908年各地开始成立宣讲所，其中蕲春州即设立三所。⑨ 而同为内陆省份的湖南，在1907年全省就有宣讲所56所，可以想见远非一日之功。考虑到湘省历来为人文渊薮，更是晚清以来人才重镇，其宣讲事业超前的举动就不足为奇。至宣统三年（1911），全省城镇宣讲所4所，学生62人。⑩ 安徽各县宣讲所自

① 李孝悌：《清末的下层社会启蒙运动：1901—1911》，河北教育出版社，2001，第85页。
② 裴文玲：《清末新政社会教育述论》，硕士学位论文，山东师范大学，2000，第21页。
③ 《讲报社将改宣讲所》，《申报》1906年11月16日。
④ 刘正伟：《督抚与士绅：江苏教育近代化研究》，河北教育出版社，2001，第181页。
⑤ 浙江省教育志编纂委员会：《浙江省教育志》，浙江大学出版社，2004，第660页。
⑥ 《两江总督端方等奏江宁筹办地方自治局情形折》，故宫博物院明清档案部编《清末筹备立宪档案史料》（下册），中华书局，1979，第722~723页。
⑦ 黑龙江省地方志编纂委员会：《黑龙江省志教育志》，黑龙江人民出版社，1996，第702页。
⑧ 吉林省地方编纂委员会：《吉林省志》卷39《文化艺术志·社会文化》，吉林人民出版社，1992，第12~13页。
⑨ 熊贤君：《湖北教育史》上卷，湖北教育出版社，1999，第246~247页。
⑩ 湖南省地方志编纂委员会：《湖南省志》第17卷《教育志》，湖南教育出版社，1995，第911页。

1909 年起相继开办。① 安庆地区也于同年设立了宣讲所。② 宣统元年
（1909），山西省饬各厅州县设宣讲所，并由本处编定白话宣讲集分发各属
能操土音且稍明法理之宣讲员，分区讲演。③ 外蒙宣讲所之设置大致在光绪
三十四年（1908）之后，这一年，张中堂提议内外蒙古添设学堂，并电致
该蒙地将军大臣与各蒙藩婉商办法，在第三条中即提出：宜附设宣讲所，
以期蒙人速臻开化。④

三　新、旧宣讲之兴替与交融

　　王朝最后十年兴起的宣讲活动与清前期的圣谕宣讲是否有传承关系，
尚无法轻易定论。但从《京话日报》所载"立几处演报所，仿照宣讲圣谕
似的，天天的演说，各报上的时事、工艺、商务、洋务都编成白话，送到
京话日报馆，请他登上报，我们就照着报上说"⑤，可以判断，起码时人看
来新式宣讲抑或演说，与圣谕宣讲无异，在方法形式上有一定的传承关系，
只是讲说内容的变化而已。学者夏晓红认为，"宣讲所"之名称是沿袭宣讲
《圣谕广训》而来；而报纸、演说加上学校，无论哪一种"文明普及之法"，
都摆脱不了《圣谕广训》的影子。⑥ 李斯颐直言清初的宣讲圣谕广训是阅讲
报所的雏形。清末出现的阅讲报活动，正是传统文化在新形势下的自然延
伸，只不过添加了新的内容而已，二者之间的过渡没有大的跌宕起伏。⑦ 李
孝悌也作如是说："二十世纪的宣讲，虽然多半在内容上和以前大不相同，
本质上却有一贯之处。教化的目的在灌输伦常观念，造就驯良的帝国子民；
启蒙的目的则在培育新时代的人民，以保种强国。但两者的基本精神都是
要把上层的思想、信念转化为一般人生活中的'常识'，建立上下一体的共
识。对某些人来说，演说是宣讲的发展和变形。但更多人却赋予演说全新

---

①　安徽省地方志编纂委员会：《安徽省志教育志》，方志出版社，1997，第 600 页。
②　《宣讲传习所定期宣讲》，《申报》1909 年 10 月 3 日。
③　《官长调查》，《申报》1909 年 2 月 1 日。
④　《电商蒙地设学办法》，《申报》1908 年 5 月 14 日。
⑤　《要叫不识字的朋友明白》，《京话日报》第 263 号，1905 年 5 月 13 日。
⑥　夏晓虹：《晚清白话文运动的官方资源》，《北京社会科学》2010 年第 2 期，第 14、13 页。
⑦　李斯颐：《清末 10 年阅报讲报活动评析》，《新闻研究资料》1990 年第 2 期，第 116 页。

的意义和功能。"① 因而，两者之间亦远非你死我活的替代关系，而是并行不悖，交互渗透。

清末封建朝廷统治式微，其政治传播体系虽弊端重重，呈衰落趋势，却依然表现出强大的历史惯性，作为官方的意识形态机器高效运转。由封建官报和京报构成的传统报业在新媒体近代报刊问世后，非但没有受到冲击苟延残喘，反而沿袭不衰，与近代报业并驾齐驱。与此同时，圣谕宣讲活动亦展露一定的生命力。由于从民间"开民智"运动中看到了言语传播的非凡功效，加之宣讲所的设置简便易行，宣讲圣谕再度成为某些新派大吏试图重振朝纲、对抗民间话语的工具。"天津举行乡约，县令王明府劝谕绅耆将圣谕广训于朔望日宣讲，所有住户如愿入听者，开明住址、姓名。一人于宣讲日期赴约恭听以期熏陶渐染，化莠为良。"② 同是天津，劝学所想是此前宣讲收效不错，所以"近与各演说员筹议改良扩充宣讲所办法，闻拟于交通便利地方再行推广四处，并加演电影等事，能否实行尚不得知"③。"汉镇四宫殿、沈家庙、东岳庙等处，皆居闹市，每晚由善堂延请先生登台宣讲圣谕广训、解释阴隲文，教人改过迁善，如上街东岳庙亦一律宣讲，每晚于定更起至二炮止，愚人受其熏陶者已非一日，惟届年底，因各有岁物暂行停讲云。"④ 湖南巡抚饬令，"各府厅州县儒学随时亲历城乡宣讲《圣谕广训》、《劝善要言》，仰遵迭次谕旨，凡有关民教者，切实开导"⑤；直隶总督袁世凯在保定"设立宣讲生数员，按日宣讲《圣谕广训》"⑥。1906 年颁布的《学部奏定教育会章程》中，明令"择地开宣讲所宣讲《圣谕广训》，并明定教育宗旨之上谕及原奏，以正人心而厚风俗"⑦。《学部酌拟劝学所章程清单》中亦开列："实行宣讲。各属地方一律设立宣讲所，遵

① 李孝悌：《清末的下层社会启蒙运动：1901—1911》，河北教育出版社，2001，第 66 ~ 67 页。
② 《宣讲乡约》，《申报》1878 年 12 月 18 日。
③ 《推广宣讲所》，《大公报》1907 年 10 月 26 日。
④ 《宣讲圣谕》，《申报》1879 年 1 月 29 日。
⑤ 《湖南巡抚赵通饬宣讲章程公文》，邓实辑《光绪癸卯（二十九年）政艺丛书·内政通纪》卷 5，沈云龙主编《近代中国史料丛刊续编》第 28 辑第 272 册，1976，文海出版社有限公司，第 367 页。
⑥ 《裁宣讲生》，《大公报》1904 年 8 月 29 日。
⑦ 《学部奏定教育会章程》，《浙江教育官报》"学制" 1909 年第 8 册，第 47 页。

照从前宣讲圣谕广训章程，延聘专员随时宣讲，其村镇地方，亦应按集市日期派员宣讲。"① 可见，科举制废除后，官方的宣讲活动未衰反荣。而民间社会的倡导与践行，更能反映传统媒介文化之余音缭绕，脉息尚强。1892年6月9日的《申报》，就在头版刊登论说《论讲乡约之有益》②，大谈宣讲圣谕广训的好处。1885年，在上海这样最早开放的现代都市，一个普通善堂亦"奉宪"广设乡约，宣讲圣谕广训以"敦孝弟以重人伦"③。该堂的宣讲活动想必持续有一段时日，而非追风逐浪式的一时兴起，转瞬即停，在将近十年后的1894年2月24日，《申报》又见该堂举办乡约的消息。④ 上海仁济善堂的活动明显非特立独行之举，却是较为普遍的现象，沪北天后宫附近广益善堂也曾登报传播乡约宣讲日期，以期广招听众，并自诩其宣讲乡约已十年有余。⑤ 1901年之后，仍能在《申报》上见到该堂的乡约告示。⑥

而且在清末，重要的言语传播渠道——宣讲或讲报，始终是官方可以操控的领地。一方面，由于从清初就首推重用，朝廷对这种政治传播手段驾轻就熟；另一方面，较之可以借助租借、海外出版转而内销的报刊，宣讲需要特定场所，受时空局限，易于掌控。所以，纵使是民间宣讲所与讲报处，其讲读内容亦由政府把控，宣讲用书需学部审定⑦，"总劝学所会议以现在恭奉谕旨，禁止聚众演说。各处公立宣讲所虽以开通民智为宗旨，然亦宜妥订章程以端轨范。现拟定一切演说条例，不准讲员任意发挥，仍须按照学部颁定宣讲书目遵照讲演，以示慎重"⑧。其中，对新兴题材——报刊，也有相应的限制，不能任意而为。为了对宣讲内容进行严格把关，在设定宣讲书目外，京师劝学所规定"忠君、尊孔、尚公、尚武、尚实"五条要反复阐述讲说，国民教育修身、历史、地理、格致等浅近事理，以

---

① 中国第一历史档案馆：《清学部成立档案史料》，《历史档案》1989年第1期，第57页。
② 《论讲乡约之有益》，《申报》1892年6月9日。
③ 《奉宪设立开讲乡约日期》，《申报》1885年6月3日。
④ 《宣讲乡约》，《申报》1894年2月24日。
⑤ 《宣讲乡约》，《申报》1899年2月24日。
⑥ 《定期开塾并讲乡约》，《申报》1901年3月7日。
⑦ 李孝悌：《清末的下层社会启蒙运动：1901—1911》，河北教育出版社，2001，第85~92页。
⑧ 《拟定演说章程》，《大公报》1907年12月31日。

及白话新闻都在宣讲之列。还特别规定"不得涉及政治演说、一切偏激之谈",并令各学区所设学堂在初一日、十五日加讲《圣谕广训》二十分钟,希望学生端其轨范。① 诸如"排满革命、激刺政府、排挤宗教、陷迷信、坏公益、干众怒及一切离奇怪诞之言"等,② 都在禁止之列。《北京阅报社规则》中就明令讲演员"不得说革命""不得讥刺朝政"③。当然,讲员的任意发挥更属违禁。1907 年底,京师总劝学所奉旨禁止聚众演说,"各处公立宣讲所虽以开通民智为宗旨,然亦宜妥订章程以端轨范,现拟订定一切演说条例,不准讲员任意发挥。仍须按照学部颁定宣讲书目遵照讲演,以示慎重"④。各处公立宣讲所因为负有开民智的任务,自然不能废止,却必须加以规范,统一口径。在湖北,为了防止宣讲"谬执","鄂督赵次帅前日传见自治局梅观察,面谕谓筹办地方自治,须多设宣讲所为入手办法,惟讲员最为难得,讲解稍有谬执,贻误匪浅。亟宜将关于自治事件分课编辑后,再演白话,发交各讲员遵照宣讲,以昭画一。而编辑此稿,尤以参照各国已著之成效,按照中国近今之情势为要义云云"⑤。也算是独到的做法。有的部门甚至实行预审,1908 年 3 月,北京"督学局为整顿宣讲事,行知总劝学所,现经总所通告各学区,……此后各区聘定宣讲各员,务须按照章程,在审定书内认定某种,按日宣讲,每月报告。即将聘员所讲开列清单,送局报部呈堂。至义务助讲各员所讲,可另纸开送过局,由局随时考查斟酌报部呈堂"⑥。京师劝学所对宣讲员的资格要求是"品行端方",宣讲员每期宣讲事项应备薄记录"以备督学局及劝学所总董随时稽查"。宣讲时派巡警员旁听,如有"妨碍治安之演说,可使之立时停讲"。对于听讲人员亦有规范,"凡遇宣讲圣谕之时,应肃立起敬不得懈怠"等。⑦ 两广总督周馥在南洋大臣和粤督任内,"仿照北洋办法,凡演说聚十五人以上,须报知

---

① 《会议宣讲圣谕》,《大公报》1908 年 10 月 9 日。
② 《魏允文等关于成立公立第一宣讲阅报所的呈及京师督学局的告示等》,北京档案馆藏,档案号:J004 - 001 - 00001。
③ 《北京阅报社规则》,《大公报》1906 年 2 月 10 日。
④ 《拟定演说章程》,《大公报》1907 年 12 月 31 日。
⑤ 《鄂督谕饬筹办宣讲所》,《申报》1908 年 1 月 1 日。
⑥ 《通饬整顿宣讲》,《大公报》1908 年 3 月 4 日。
⑦ 《京师劝学所试办章程》,《大公报》1907 年 1 月 14 日。

巡警局派官监视，违者饬令即刻停演"①。甚至武昌起义形势严峻之时，清廷仍不放松对言语传播的管控，"督学局以现在鄂乱未靖，人心惶惶，宣讲所种种演说关系紧要，特派郎绍丞君逐日赴各宣讲所调查一切，并襄同演说免至措词失当，令人滋疑"②。所以有人认为："清末宣讲所的设立主要是一种官方行为，民间人士与外国传教士也设有宣讲所，但无论从规模还是影响上均不及政府设立的宣讲所。"③

即便如此，一个无法忽视的事实是，清末宣讲活动最明显的特征便是民间倡办之活跃与启发之功。台湾学者李孝悌认为，"1910 年代宣讲所的设置，先由私人开其端，政府接着跟进，并试图将其制度化"④。时人的记载，可以作为佐证："始都中无肯阅报者。由热心人士一二辈多方倡导，张报纸于牌，植立通衢，供众阅览。继又进而有阅报所、讲报处之设。皆各出私财为之，遍于内外九城，不下数十处。今之署曰京师公立阅书报处、通俗讲演所者，多半由此嬗蜕而来。"⑤ 而即便是官方宣讲所，比之旧式的圣谕宣讲，基本组织形式、运行机制等都发生了根本性改变，不再具有强令听讲的权威，尽管仍包含圣谕以及善恶报应等伦理说教的内容，但有关新政、新知、新思想的增容，使其具有了近代气息。

学者李斯颐的统计，对清末宣讲活动主体的构成，有着最清晰的展现。据悉，在清末 220 余所阅报、讲报所中，官员（含政府机构）直接或间接参与的占 35.5%。⑥ 占比虽已然不小，但引领这场运动风骚的，又显然不是官方。颇有意味的是，某些民办宣讲机构仍然保持圣谕宣讲的内容，新式宣讲与传统宣讲水乳交融、新旧杂陈，成为近代社会转型、社会传播领域的特殊景观。北京自治会宣讲所研究处阅报社的宣讲员登台演讲，"大有说

① 《周督暂定监视演说新章》，《申报》1907 年 2 月 27 日。
② 《督学局慎重宣讲》，《大公报》1911 年 10 月 29 日。
③ 苏全有、张超：《清末宣讲所探析》，《河南理工大学学报》（社会科学版）2014 年第 2 期，第 203 页。
④ 李孝悌：《清末的下层社会启蒙运动：1901—1911》，河北教育出版社，2001，第 85 页。
⑤ 梁焕鼐：《桂林梁先生遗著》，王有立主编"中华文史丛书"37，京话书局铅印本影印，台湾华文书局印行，1968，第 42 页。
⑥ 李斯颐：《清季末叶的阅报讲报活动》，《文史知识》2002 年第 7 期，第 25 页。

评书之神情"，内容又夹杂了五行生尅理论，以及宫门抄、钦颁时宪书等。①
天津天齐庙宣讲所开列的教材，在《大公报》《京话日报》《天津日日新
闻》等"各种报章"之前，是"《圣谕广训》《朱子格言》《庭训格言》
《训俗遗规》《国民必读》《圣武记》"等传统读本。② 常州武阳宣讲所第一
次宣讲会的内容也非常有意味，"武阳宣讲所于上月三十日在局前街先贤寺
开第一次宣讲会，听讲者约共三百余人。首徐果人君报告宗旨，次阳湖学
冯广文宣讲圣谕，三屠元博君说黑奴吁天录大旨，四梅介节君代述沈君友
卿破除迷信说，五开放影戏"③。可谓新旧混淆。变与不变远非截然的分裂
对立，媒介与文化的融合无疑是社会转型时期传播发展的必然趋势。

第三节　清末新式宣讲之变

同样作为灌输意识形态、施行教化的重要手段，言语传播的宣讲，在
清前中期和清末，截然有异。这种变化不仅表现在宏观的体制层面，而且
表现在内容、流程、要素等诸多细节之中。

一　新式宣讲之体制规章

清末新式宣讲有官办与民办之分。官办主要由清政府各级部门创设与
管理，其设置主要遵行光绪三十二年（1906）四月《学部奏定各省劝学所
章程》，其中规定："各属地方一律设立宣讲所，遵照从前宣讲《圣谕广训》
章程，延聘专员，随时宣讲。其村镇地方，亦应按集市日期，派员宣讲。
一切章程规则统归劝学所总董经理，而受地方官及巡警之监督。"④ 按上述
规定，实行宣讲显然成为"各属地方"的政务之一，于是有些地方政府结
合自身特点和需要出台相关政策和措施，如赵尔巽出任湖南巡抚期间便颁
布了《通饬宣讲章程公文》。

---

①　《宣讲员之明通》，《大公报》1907 年 11 月 26 日。
②　《纪宣讲所》，《大公报》1905 年 8 月 15 日。
③　《开第一次宣讲会》，《申报》1908 年 7 月 4 日。
④　《学部奏定各省劝学所章程》，《四川官报》1906 年第 20 册，第 64～68 页。

官办宣讲所由官府筹款创设①，资金充足，人才储备优厚，所以往往实力较强，大多有自己稳定的执事人员、完备的组织结构和系统的规章。现录《学部奏定各省劝学所章程》、赵尔巽的《通饬宣讲章程公文》，以从中央政府的宏观规划与地方府县的具体执行两个不同侧面，对清末官方宣讲的体制规章做进一步的深入了解。《学部奏定各省劝学所章程》有关实行宣讲的条文如下：

> 一、宣讲应首重《圣谕广训》。凡遇宣讲圣谕之时，应肃立起敬，不得懈怠；二、忠君、尊孔、尚公、尚武、尚实五条谕旨，为教育宗旨所在，宣讲时应反复推阐，按条讲说。其学部颁行宣讲各书及国民教育、修身、历史、地理、格致等浅近事理，以迄白话新闻，概在应行宣讲之列。惟不得涉及政治，演说一切偏激之谈；三、宣讲员由劝学所总董延访，呈请地方官札派，以师范毕业生及与师范生有同等之学力，确系品行端方者为合格。如一时难得其人，各地方小学堂教员亦可分任宣讲之责。不合以上资格者，概不派充；四、宣讲时，无论何人均准听讲。即衣冠褴褛者，亦不宜拒绝，惟暂不准妇女听讲，以防弊端；五、宣讲时限日期得由劝学所总董随时酌定；六、宣讲员每期宣讲事项，应备簿存记目录以备地方官及劝学所总董随时稽查；七、宣讲附在劝学所或借用儒学明伦堂及城乡地方公地，或赁用庙宇，或在通衢；八、凡宣讲时，巡警官得派明白事理之巡警员旁听，遇有妨碍治安之演说，可使之立时停讲。②

赵尔巽的《通饬宣讲章程公文》如下：

> 1. 各属教官每月以二十日分赴城乡各处宣讲，以十日在署办公休息，遇有考事准其暂停，仍先期预知城乡各居民知晓；2. 每年津贴各属教官每员银四十两，由善后局筹发，各该地方官按期代领转发，不

---

① 如载"健说营宣讲所由督学局筹款设立"，见《宣讲开所》，《大公报》1907年1月31日。
② 《学部奏定各省劝学所章程》，《四川官报》1906年第20册，第64~68页。

准赶扣；3. 各教官须预将该处城乡里数各乡各镇各村地名、方向，绘具一图，编出路径，由近及远，圈绕一周，或以四乡分为两圈，如以东南为一圈，西北为一圈之类，十日一圈，回署休息五日，再赴彼一圈，再回署休息五日，如此周而复始，各按地势期于无遗无复；4. 宣讲《圣谕广训》、《劝善要言》，次即讲各项饬行新政谕旨暨告示调和民教、谕旨暨告示并各种说帖，如福音教会送来伦敦会调和民教章程之类，又次即报纸如《北京京话报》、《杭州白话报》、《北京启蒙画报》、湘省通俗报白话报之类，其非俗话之报纸恐乡人不能明白，亦必须以白话演说之，又次则劝修水利，劝广种植，劝开蒙学、女学，劝讲蚕桑，并随时随地劝令禁止各项恶俗如争讼、斗殴、烟赌、花鼓戏以暨溺女虐媳各事；5. 每月所讲可将各种预先编定每种择其于该处最切要者先行宣讲，不嫌重复，亦不妨更易，而总须于编定之外随事指点，或反以诘问，方能活泼精神，易于感受；6. 各属教官须将每月所编白话讲义开折送阅，以凭稽核，其随地随时即事点染者可叙入，可不叙入，以免钞胥之烦；7. 教官下乡时不许舆从纷烦，十里二十里之内大可步行，远者或乘一小轿，万不可多带仆从沾染官场习气，盖下乡宣讲本欲与田夫野老乡姬孺子相问答，舆从宣阗便多隔阂；8. 宣讲时除朔望日应顶帽衣冠外，其余概准其照常便衣以资简便；9. 教官下乡不准有需索供应摊派车马等事，即一酒饭之征，亦不准稍滋扰累，如违准各乡控告究办，惟茶水可听各处代备；10. 宣讲之时，不论民之听否，有人非议与否，总须逐篇详说细讲，化之以渐，持之以恒，自有效验；11. 各教官如能于所指应行宣讲各种外，另以己意编成白话劝俗文，果能志趣正大发挥透辟，准其呈送来辕，以便选择刊刻，饬属传布通行；12. 各教官到乡宣讲如查有老成硕望，学校名流堪任宣讲之责者，引为同志。劝其助讲，则该乡之事即可托之，以期渐推渐广，能引助一人者记大功一次；13. 各教官如能勤慎任事，确有实效，准地方官查明胪举汇案详请保奖，怠惰不力或敷衍完事者，查明亦即撤参；14. 宣讲须精力健壮，口才敏捷，各教官中有自揣年老多病步履艰难，或有嗜好难胜劳苦者，准其自行请假，除有嗜好者不计外，余者当另筹安置以免尸位。①

两相对比，前者作为学部针对全国实行宣讲而制定的纲领性文件，甚显简括。在明令各地方政府设立宣讲所实行宣讲的基础上，对宣讲的主旨与规矩、讲员的资格、听众的要求、宣讲日期和地点选择，以及治安之维持等，所做规划都较为宏观。后者则更加翔实，涉及宣讲具体实施过程中的方方面面，如宣讲时间、区域、周期、宣讲读物等各种细节；还包括教官的收入及来源、有关宣讲的奖惩，甚至对教官到乡宣讲的衣着、交通工具等事无巨细，都有具体规定。显示了官方宣讲所管理的周密、系统与严格。值得关注的是，宣讲活动已经完全纳入官方的行政体系之中，成为其政治传播的重要组成部分。

怎么讲固然重要，而讲什么，更为关键。所以宣讲内容一向是政府最为关注的，官方颁布的各项规章对此都有严格的限定。1906 年 2 月，《北京阅报社规则》就规定讲员"不得说革命""不得讥刺朝政""除去满汉界限"。② 同样，1907 年京师劝学所亦强令宣讲"不得涉及政治演说、一切偏激之谈"③。而超出限定范畴的发挥也被禁止："各处公立宣讲所虽以开通民智为宗旨，然亦宜妥订章程以端轨范，现拟订定一切演说条例，不准讲员任意发挥。"此外，演讲清单要送局报部呈堂。京师督学局 1908 年发给总劝学所的通告中，明确要求："此后各区聘定宣讲各员，务须按照章程，在审定书内认定某种，按日宣讲，每月报告。即将聘员所讲开列清单，送局报部呈堂。至于义务助讲员所讲，可另纸开送过局，由局随时考查酌报部呈堂。"④

讲员作为宣讲活动中的传播主体，受到当局的高度重视，官方对演说人才的选用有着特殊的要求。宣讲所由劝学所总董管辖，因而委派或者延

---

① 《湖南巡抚赵通饬宣讲章程公文》，邓实辑《光绪癸卯（二十九年）政艺丛书·内政通纪》卷 5，沈云龙主编《近代中国史料丛刊续编》第 28 辑第 272 册，1976，文海出版社有限公司，第 368～369 页。
② 《北京阅报社规则》，《大公报》1906 年 2 月 10 日。
③ 《京师劝学所试办章程》，《大公报》1907 年 1 月 14 日。
④ 《通饬整顿宣讲》，《大公报》1908 年 3 月 4 日。

访聘用讲员，也是总董的责任。1906 年 5 月 15 日，颁发《学部奏定劝学所章程》，规定"宣讲员由劝学所总董延访，呈请地方官札派，以师范毕业生及与师范生有同等之学力，确系品行端方者为合格。如一时难得其人，各地方小学教员亦可分任宣讲之责。其不合以上资格者，概不派充"①。袁世凯任直隶总督时，便格外注重宣传。为了推行地方自治，"乃遴派曾习法政，熟谙土风之绅士为宣讲员，周历城乡宣讲自治利益，编成白话，张贴广告，以期家喻户晓，振聩发聋"②。1908 年 3 月，江南自治局考取法政学馆学生六名为宣讲员，并设立八处宣讲所。③ 总体来看，官办宣讲机构的讲员身份比较多元。政学界的官绅不失为最现成的人选，如霸州知州会同绅董设立阅报处，每月三、八两日由知州和劝学员轮班在大堂前宣讲报章。④光绪三十二年（1906）十二月奉饬成立的萧山宣讲所，附设于劝学所内，就以所中职员充任宣讲员。⑤ 1907 年创办的黑龙江高等学堂宣讲会，邀请的讲职即为所谓的"同志"，政府官员。⑥ 黑省满洲里 1908 年创设的一处宣讲所"一切费用由三五商家捐助，其宣讲人员为交涉局熊总理，税关委员罗伯伊，并一二热心之士轮流演说"⑦。天津巡警区长穆汉章创立的宣讲所，讲员亦"邀请各学堂教员并附近驻防营员幕友、各村绅董，以及通达时局者"充当。⑧ 直隶总督袁世凯授意创立的天齐庙宣讲所，每日轮值的主讲人多为本地士绅。⑨ 苏抚谕令太史等设五处宣讲所，选绅士中曾经出洋之人充当讲员，如不敷则禀请于候补人员中择优委充。⑩ 保定农务学堂总办王树善禀准直督"在省设立农学会。约集义务讲员以时开会，演说农学原理及配

① 朱有瓛：《中国近代学制史料》第 2 辑上册，华东师范大学出版社，1987，第 146 页。
② 《奏报天津试办地方自治情形折》，天津图书馆、天津社科院历史研究所编，廖一中、罗真容整理《袁世凯奏议》，天津古籍出版社，1987，第 1520 页。
③ 《分派自治学员》，《大公报》1908 年 3 月 17 日。
④ 文牍：《霸州详设立阅报处并定期宣讲抄录章程请立案禀》，《直隶教育杂志》1907 年第 13 期，第 29～30 页。
⑤ 来裕恂：《萧山县志》，天津古籍出版社，1991，第 192 页。
⑥ 《黑省阅报处宣讲事》，《顺天时报》1907 年 3 月 13 日。
⑦ 《宣讲所开讲情形》，《大公报》1908 年 10 月 31 日。
⑧ 《警员特色》，《大公报》1906 年 4 月 29 日。
⑨ 《宣讲所牌示》《纪宣讲所》，《大公报》1905 年 7 月 1 日、8 月 15 日。
⑩ 《苏抚谕饬广设宣讲所》，《申报》1906 年 11 月 27 日。

合肥料之法"①。无论官员还是士绅，多为义务出场，官员承担本职工作，士绅亦非专职，充任讲员毕竟不是长久之计，如遇舆论危机，宣讲员的选择尤其艰难。在宣统元年（1909）的户口调查风波中，"江西南昌府学廪生胡品兰以各属调查户口乡愚误会滋事，恳请遴选专员分途演说，以开民智而息风潮等情具禀大吏。现奉林贻书学史批云：查劝学所章程，内载各厅州县均应设立宣讲所，由劝学所总董延请师范毕业有同等学力，确系品行端方者，呈请地方官札派为宣讲员，随时宣讲一切章程、规则等语"②。所以委派专职讲员成为宣讲所发展之必需，直隶"长芦运司陆督转嘉谷近于署中设一启智阅报社，并于每星期日派人演说时事以开民智"③；1907年，青浦县借明伦堂为宣讲所，按照学部颁行书目表编纂讲义，按期派员宣讲。④ 定海宣讲所分有六处，每逢三六九日宣讲，但是只有一个宣讲员，所以又聘请了一个。⑤ 直隶劝学所于各地设置的宣讲所，亦延聘专员宣讲《圣谕广训》章程，各村镇地方也按集市日期，派人宣讲。可见，官方宣讲所讲员相当一部分需要延聘，而聘用即需佣金，如大城县令呈文所示，"总董梁绅建邦鸠工庀材，经营落成，安置应用器具，陈设一新，颇壮观瞻。并嵩人赴津购回最新宣讲书五十种，每月捐廉银十两，遴聘步教谕以庸任主讲员。嵩可其事仍由卑职总理其成"⑥，县令每月捐银十两，部分就是用于遴聘讲员的。广东新会县礼乐乡雄坊麓农务分所"附设农务演说场，访请农学素深者驻所，每日于傍晚六点钟登场演说发明原理，任人来听，其薪工由分所支给"⑦。

然而，即便如此，讲员之选聘也常常面临人才匮乏的困境。在报纸上公开招考演说员的告示频频出现，就透露了这种危机。北京外城巡警西分

① 《教育·各省教育汇志：直隶》，《东方杂志》第3年第9期，1906年9月，第231页。
② 《杜息调查户口风潮之办法》，《申报》1909年8月31日。
③ 《教育·各省报界汇志·直隶》，《东方杂志》第3年第12期，1906年第12月，第412页。
④ 《青浦县劝学所草章》，《申报》1907年2月6日。
⑤ 《宣讲所添聘讲员》，《申报》1909年8月23日。
⑥ 《大城县禀开办宣讲所阅报社情形并试办简章呈请查核文》，《直隶教育杂志》1908年第18期，第38~39页。
⑦ 《农工商部档案》，中国第一历史档案馆藏，全宗代码：20，案卷号：125。

厅便向社会公开招考演说员。① 四川温江陈大令于署内设立宣讲研究所，考选宣讲生入所，涉猎各新政，如学务、农、工、路矿等事，使略有门径，给以凭证，充当讲生，然后分赴各乡演讲，以开愚蒙。② 毕竟宣讲所的创办与阅报处不同，后者只需必要的场地、读物，而维护前者运行之要素却是讲员。在一定程度上，讲员的文化素质、修养和讲演水平，往往决定一个宣讲所的成效。而并非所有能识会读者皆可以宣讲。宣讲对讲员的口齿灵敏、讲读技巧、情感支配、表演能力等，都有要求。在宣讲人才紧缺的情况下，开办培训班，培养演说人员，就成为晚清言语启蒙运动中一个特殊的风景。北京的阅报社在社内创立演说会，"以期培植演说人才"③。1906年8月，京师各阅报社"以各社演说员甚为乏人"，特地集会讨论因应之道，最后决定设立一个研究会，"每届星期齐集研究，藉以造就多数讲员"④。著名的《京话日报》在这方面的努力尤甚，其创办人彭翼仲倡议："讲报所日渐增多，诸位何妨结个团体。找一处地方，每逢星期，趁着各学堂休息的功夫，请大家聚在一处，练练演说的功课，并准外人听讲。练习出些讲员来，设立讲报处，也就不至再为难了。本馆很愿赞成，未知诸君以为何如？"⑤ 有人打算在前门东立一处讲报会，"每逢学堂放课的日期，请明白大局、有学问、真爱国的学界人到会演说，凡愿意担任讲报的朋友，都可以去听，听过几个月，自然就大长见识，然后再对无学问的人说话，必定就有了条理"⑥。宣讲练习所亦因应而现。1907年5月，北京督学局拟在总劝学所内设立了一个宣讲练习处，令分驻各所的师范生练习宣讲。"并令各劝学员轮流来所，充当评议员。刻已定期开办。"⑦ 到这一年底，督学局又因为缺少讲员，"通饬各学区速为筹划，组织宣讲练习所。令该区师范传习各生实地练习。以期收获成效"⑧。

① 《西分厅考试演说员》，《大公报》1906年7月19日。
② 四川省地方志编纂委员会：《四川省志·教育志》（上），方志出版社，2000，第273～274页。
③ 《创设第一演说会》，《大公报》1906年9月19日。
④ 《议设演说研究会》，《大公报》1906年8月8日。
⑤ 高子江：《奉劝诸位讲报的先生》，《京话日报》第492号，1905年12月30日。
⑥ 《讲报也不是容易事》，《京话日报》第415号，1905年10月14日。
⑦ 《练习宣讲》，《大公报》1907年5月15日。
⑧ 《饬设宣讲练习所》，《大公报》1907年12月17日。

民办宣讲所与讲报处，由各种民间组织或个人创设。其创办资本，以及维护机构运转所需的场地费、书刊购买、讲员聘请等费用，全源于捐资，比不得官办财大气粗，因而规模、存续时间等大都得不到保障。民间宣讲所、讲报处虽各自为政，却并非杂乱无章，任意而为，一方面其宣讲读本受到官府限制；另一方面，随着宣讲事业的发展，出现了同业组织，并订有行业规范。1906年2月6日，北京各阅报社讲报社在西河沿首善阅报处举行茶话会。商定了《北京各阅报社讲报社商拟茶话规则》，内容包括宗旨、择人、择报、讲报、克己、联络、研究、交涉、经费诸多方面。① 此次参加聚会的阅报社讲报社共19家。至1906年2月6日以前，北京的阅报社和讲报社已有30家左右。1906年7月，各阅报社和讲报社制定了《研究演说会章程》；8月，各阅报社和讲报社共同成立演说会。②

清末，地方自治会、民间商会、宗教组织等都可能创办宣讲所或讲报处。1909年，上海地方自治宣讲所便是由劝学所同仁辅元堂总工程局发起。③ 而以个人力量，或团结同道兴办宣讲事业者，亦不乏其人。与戊戌变法期间发起者仅仅局限于极少数维新派精英的情况不同，清末最后十年的阅报讲报活动中，活动发起者的身份多元，不同阶级、阶层，经济状况、政治地位及社会身份各不相同的人们，上自高官大吏，下至普通百姓，如前文所述的知识分子、商贩、个体劳动者等三教九流，或捐资，或出场地，皆积极投入其中。民间宣讲成为清末启蒙运动中有别于传统时代的一道特殊景观。

民间讲报处的讲员，以义务居多，甚至由主办者自任。前文所揭杜学义的讲报处由于听众逐渐增加，照顾不过来，才特别"请了志同道合有热心、爱国、爱人的四五位，每天晚上入座讲报，八点起十一点止"④。京师"湍君松乔筹款于安定门创设阅报所一区，并按期联合同志前往宣讲。俾人

① 《北京各阅报社讲报社商拟茶话规则》，《中华报》第409册，1906年2月9日。
② 彭望苏：《北京报界先声——20世纪之初的彭翼仲与〈京话日报〉》，商务印书馆，2013，第126~127页。
③ 《地方自治宣讲所开讲》，《申报》1909年6月20日。
④ 《奉告同业诸君》，《大公报》1905年7月13日。

人皆具有爱国保种之忧"①。山东"威海卫华商松江沈君、江宁朱君、登州柳君等创设阅报社一所，名曰威海阅报社。即以天后宫地方为社所，每逢星期并开会演说以通风气"②。天津学董林墨卿邀集同人，在十几处茶楼讲说书报。③ 1909 年，上海地方自治宣讲所由劝学所同仁辅元堂总工程局发起，设在西门外万生桥官契局内，请雷继兴先生讲自治纲要，王立才先生讲地方卫生，葛益甫先生讲宪法大纲，均担任义务。④《京话日报》甚至刊登告白，邀请有能力者承担讲报，约请有意者到报馆面谈，并提出"如肯当众试演尤妙"⑤。1906 年初，宗室觉罗八旗高等学堂中等头班、师范班学生荫佑和善懋等人在京西健锐营附近门头村街设立同德阅报社，稍见成效后又获准开办讲演所，每日宣讲自上午十二点起至下午三点止。以"宗旨纯正有益风化之书籍"为演说参考依据。讲演人除二人每周日来讲演外，平时聘请具演说资格的人来此讲演。⑥ 可见，由于人手不够，民间宣讲机构聘任讲员，也在所难免。如福建"福州黄某捐资创一说报社，延聘讲员于每星期至各地演说紧要时事，藉以开通民智"⑦。

　　清末讲员聘用现象之频繁，表明从事演讲已成为一种社会职业，讲员与聘用者的关系已非从属，而是职业提供者与应聘者之间的雇佣关系。讲员聘用制之流行，并非突如其来，它是社会变迁的产物。事实上，在清末圣谕宣讲制度普遍偏废的情况下，有的地方仍保留着朔望讲读圣谕之制，但讲员的任用却早已发生了微妙的变化。如陕西洋县"宣讲圣谕公所十处，每所报举宣讲生一名，给衣顶，设工食"⑧；陕西孝义厅人余锦云"同治兵资后……捐资延请宣讲生，劝化愚顽"⑨；甘肃皋兰县"兹议讲生二人，每

① 《教育·各省报界汇志·京师》，《东方杂志》第 4 年第 9 期，1907 年 9 月，第 229 页。
② 《教育·各省报界汇志·山东》，《东方杂志》第 4 年第 9 期，1907 年 9 月，第 229 页。
③ 《大开民智》，《大公报》1905 年 12 月 16 日。
④ 《地方自治宣讲所开讲》，《申报》1909 年 6 月 20 日。
⑤ 《延请讲报人》，《京话日报》第 454 号，1905 年 11 月 22 日。
⑥ 《魏允文等关于成立公立第一宣讲阅报所的呈及京师督学局的告示等》，1906 年 4 月 1 日、1909 年 12 月 31 日，北京档案馆藏，档案号：J004 - 001 - 00001。
⑦ 《教育·各省报界汇志·福建》，《东方杂志》第 3 年第 5 期，1906 年 5 月，第 103 页。
⑧ 张鹏翼纂修《洋县志》卷 3《风俗志》，光绪二十四年青门寓庐刻本，第 2 页。
⑨ 常毓坤修、李开甲等纂《孝义厅志》卷 8《人物》，台北：成文出版社，1969 年据光绪九年（1883）抄本影印，《中国方志丛书·华北地方》，第 251 号，第 237 页。

月各给薪水银四两，随带服役小工一名，每月给工食银二两。统计月需十两"①。从上述材料看，原由"约正"或"约史"、"约讲"专司之讲职，显然转而由所谓的"宣讲生""讲生"担承。至于"讲生"如何"报举"，是否还坚守传统的标准，因记载不详已很难判断。这是否恰恰意味着对讲员身份与道德要求的弱化？而字里行间频繁出现的"工食""给薪水""延请"等字眼，无疑让人更强烈地感受到某种"雇佣"的意味。其文中特别强调的"讲生宜举贫儒，以其耐劳苦也"，更是别有意味，与清前中期的严选品行兼优者显然不同。因之，无论如何，清末圣谕宣讲人员的社会角色已截然有变。其道德角色之弱化，职业身份之加强，多多少少从一个侧面展露了社会关系与社会结构之变迁。与此对照，清末新式宣讲活动中职业宣讲人群的出现，就不难理解。

二　新式宣讲之要素

新式宣讲主要由主办方选聘讲员在特定场所当众宣读和讲解书报、文稿等材料。所涉及的具体环节包括：场所设施、时间周期、宣讲文本、讲员与听众仪态、宣讲形式以及现场氛围、效果等。现择要缕述之。

清末官方宣讲所的设置地点，有附在劝学所内者，如北京"内城第五学区宣讲所附设于劝学所内，兹已筹划完备，定于十一日开办，已由劝学员乐绥卿君报明督学局矣"②，"西城劝学所附设之宣讲所现已组织完全，兹定于初八日开办，每日以一钟至三钟为宣讲时间"③。亦有"借用儒学明伦堂及城乡地方公地，或赁用庙宇，或在通衢"④。与传统时代乡约所比较相似之处是，新式宣讲所相当一部分仍设置于庙宇、祠堂、义仓、学堂。苏抚谕令设置的几处宣讲所便很典型，"一在察院场口王仁存孝祠内，二在北街天妃宫，三在平桥韦白二公祠，四在三多桥都土地庙。自本月十九为始，每逢星期及二五日午后一时至四时，专宣讲宪法及地方自治制度，并关系

---

① 光绪《续修皋兰县志》卷12《经政上·建置》，1917 年右乐善书局、甘肃政报局石印本，第 7 页。

② 《宣讲所开办》，《大公报》1907 年 3 月 25 日。

③ 《定期宣讲》，《大公报》1907 年 2 月 22 日。

④ 《京师劝学所试办章程》，《大公报》1907 年 2 月 25 日。

一切公益之事，不论军民均准入内听讲"①。直隶东明县"乡约亭，今为宣讲所，亦无定处，或借义仓，于四关会中"②。"刻下东街大慈阁内创设宣讲阅报所一处，定于初五日开讲，以开风气云。"③ 东北"四平街城隍庙内附设宣讲所，由教育总会公举高君敏堂为该所宣讲员，以开通民智辅教育不足为宗旨。日昨开所宣讲，商学各界前往听者络绎不绝"④。"城议事会会长李文召君月前奉上峰札饬添设自治宣讲所，以开民智该会奉文后，即于关帝庙前建造板室一所，从事开办并疑每日轮班登台演说云。"⑤ 苏州"法政毕业学员前日禀请创设四区宣讲所以开民智，业经自治局总办等核议批准拨款开办，兹已勘定阊门神仙庙宫巷、协天大帝庙、平桥韦白二公祠、皮市街天后宫四处"⑥。天津"河北大街甘露寺前后一带，闻将建立宣讲所。惟该处铺户房间均湏移挪"⑦。在透露宣讲所拟建于甘露寺附近的同时，也展示了创建的决心和气魄，甚至不惜移挪该处铺户房间。浙江教育会开办宣讲所两处，每星期六日下午分投各庙宇宣讲。⑧ 表1呈现了吉林省1906年至1909年宣讲所的设置情况。

表1　光绪三十二年（1906）至宣统元年（1909）吉林境内宣讲所概况

设立时间	机构名称	机构数	人员数	地址
光绪三十二年（1906）	吉林学务处讲报馆	2	2	吉林省城财神庙天齐庙房舍
	伊通州阅报处宣讲所	3	2	伊通州城内学堂、财神庙

---

① 《宣讲所择地开办》，《申报》1906年12月6日。
② 康熙十二年修、雍正七年续修、乾隆二十一年再续修《东明县志》卷1《建置志》，1924年铅印本，第24页。
③ 《添设宣讲阅报所》，《大公报》1907年5月20日。
④ 《宣讲所开演》，《盛京时报》1910年2月29日。
⑤ 《议事会添设宣讲所》，《盛京时报》1911年6月29日。
⑥ 《自治局创设宣讲所》，《申报》1908年12月24日。
⑦ 《河北添设宣讲所》，《大公报》1906年5月13日。
⑧ 《教育会添派宣讲员》，《申报》1908年10月30日。

续表

设立时间	机构名称	机构数	人员数	地址
光绪三十三年 （1907）	吉林劝学总所兼设 宣讲所	3	—	吉林省城河南街 白旗堆子、牛马行
	吉林自治会宣讲所	1	—	吉林省城内镶白旗 堆子南
光绪三十四年 （1908）	长春府劝学所附设 第一宣讲所	1	—	长春东三道街
宣统元年 （1909）	长春府劝学所附设 第二宣讲所	1	—	长春西三道街

资料来源：吉林省地方志编纂委员会：《吉林省志》（39），吉林人民出版社，1992，第 13 页。

　　显见，四年间新开办的 11 个宣讲所中，有 4 所设在庙宇、学堂，其他皆分布在各地街区或满族聚居区，甚至牛马行等人烟辐辏之地。民间宣讲所尤其如此，大都分布在繁华热闹、人流汇集的场所，戏院、街市、通衢，甚至药铺，如"黄慎之学士与商都顾问官某某筹议在京城内外寺院及会馆等处广设讲报处，以便开通下等社会云"[①]。尤其是茶馆，官方宣讲所之设，也往往选在茶馆。天津学务总董事林墨卿就曾"禀请在各茶园添人讲报"[②]；据报："现有李五星、陈乐园二君在东直门外关厢地方，借用申家茶馆照东四牌楼会友堂办法开设第二讲报处，每日从一点钟起五点钟止讲说京话日报，从此愚民之被其开通者当又不少矣。"[③] 1906 年 10 月，京师督学局设立的南城第一宣讲所，就位于大栅栏广德楼茶园。[④] 1907 年，督学局又在升平茶楼设置了一处，"改定西楼为宣讲所"[⑤]。有的干脆将茶园改为宣讲所，在天津，"闻北马路绘芳茶园有改立宣讲所之说，现该园仍在原处暂为演剧，俟觅地址即行挪移云"[⑥]。特别令人惊奇的是，宣讲甚至开在了戒酒馆，而

①　《学士筹办讲报所多处》，《大公报》1905 年 6 月 23 日。
②　《河东拟添讲报人员》，《大公报》1906 年 1 月 9 日。
③　《第二讲报处》，《大公报》1905 年 6 月 2 日。
④　《设宣讲所》，《大公报》1906 年 10 月 20 日。
⑤　《记升平楼最近佳现象》，《顺天时报》1907 年 6 月 11 日。
⑥　《改茶园为宣讲所》，《大公报》1906 年 5 月 13 日。

轮番讲演的竟是美国总领事和海关税务司等西人①，体现出与传统时代不同的社会风貌。在市集或娱乐场所设置宣讲机构，一方面可能是出于节约经费的考虑，避免动辄新建宣讲所造成的经济支出，另一方面也可以借重上述场所丰厚的人脉。

1906 年颁布的劝学所章程，对宣讲时间没有具体规定，因而与传统的"朔望"宣讲圣谕相比，新式宣讲的时间更加灵活，且明显周期缩短。其中，按日宣讲最为普遍，如 1907 年，黑龙江高等学堂监督票准设立的一处宣讲会，便是每天邀请同志，分讲新政、新学及立宪等事宜。② 所谓的日讲，也并非全天开放，一般来说为每日限时。如李星五和陈乐园二君在东直门外关厢地方借用回民申家茶馆开办的"第二讲报处"，"每日从一点钟起，五点钟止，讲说《京话日报》"。③ 直隶静海县北街宣讲所逐日宣讲，"每日上午九钟至十二钟宣讲"④。北京志士"博启图君现在锦什坊街剙设大观阅报社一区，并于每日晚间宣讲，以期开通风气"⑤。西城劝学所附设之宣讲所"每日一钟至三钟为宣讲时间"⑥。由于日讲周期缩短，讲员却没有随之增加，于是常常需要轮值。河南驻防钟君瑾如等设立的阅报社，"且逐日轮流演讲，俾不识字者亦可熟悉时事云"⑦；直隶总督袁世凯授意创立的天齐庙宣讲所，"每晚自八点钟至十点半钟"宣讲。"该所主讲诸君值日录列如下：第一日，李颂臣、刘子澄、赵钦甫；第二日，郑菊如、李子鹤；第三日，郭芸甫、胡玉孙；第四日，符少臣、华海门；第五日，徐毓生、孟汶洧；第六日，胡鹿全、严约敏、陈筱庄。"⑧ 顺应集市日期定期宣讲的，也不乏其例。1906 年设立于直隶沧州学署明伦堂的宣讲所，便"派人将《国民必读》及报中有关时局各件编成白话报，每逢五、十集期，详细宣讲

---

① 《戒酒馆轮班宣讲》，《申报》1874 年 11 月 10 日。

② 《黑省阅报处宣讲事》，《顺天时报》1907 年 3 月 13 日。

③ 《第二讲报处广告》，《京话日报》第 281 号，1905 年 5 月 31 日。

④ 《静海县吴令增鼎禀开办宣讲所阅报社文附章程并批》，《北洋官报》1909 年 2 月 7 日，第 7 页。

⑤ 《组织阅报社》，《大公报》1907 年 9 月 7 日。

⑥ 《定期宣讲》，《大公报》1907 年 2 月 22 日。

⑦ 《教育·各省报界汇志·河南》，《东方杂志》第 3 年第 10 期，1906 年 10 月，第 283 页。

⑧ 《宣讲所牌示》《纪宣讲所》，《大公报》1905 年 7 月 1 日、8 月 15 日。

以开民智"①。类似的情形非常普遍，1910 年 6 月，顺德府于南门外临河火会社设立的郡城宣讲阅报所，按当地二、七集市日期宣讲公民必读、地方自治等书②；直隶广昌县"每逢二、五、七、九日集期，由五绅轮流演讲，实力奉行，期收实效"。"宣讲之时，自早十一点钟起至晚三点钟止。除妇女外，毋论何人，均可进所听讲。"③ 而更多的是根据自身情况确定讲期。1905 年，天津城西北马路宣讲所，"自十二月初五日起，除礼拜日停讲外，每晚七点半钟开讲至十点钟止，所有章程均照东马路宣讲所办理"④；江苏"长、元、吴三县教育会以吴民向学日少，拟分设宣讲所五处，以期教育普及。其讲所即借用法政宣讲所，定以星期五、六为讲期"⑤。也有周讲、月讲者，如浙江于潜教育会附设的宣讲所"每逢星期日演说二小时，以开风气"⑥；"前有学界某君拟在南马路启文阅报社内附设宣讲所一节，曾纪本报。兹闻议定办法，拟自十月初三日起至十二月止，每逢星期一三五等日晚间宣讲数句钟，以期开通民智"⑦。山东威海卫沈君等创设的阅报社，"每逢星期并开会演说，以通风气"⑧；1910 年四川宜宾县"拟定宣讲所简章及各区设宣讲员任循环教师与编辑讲案大概办法，均属妥洽，足以补教育之不逮，开人民之知识，其裨益于社会者甚大。惟宣讲员既非劝学所能兼任，按区分设专员，每场月宣讲一、二次。要在当事者能实行循环，认真教导，并于编辑讲案随时体验"⑨。直隶保定茶话所每月逢星虚房昂日开演一次，自午后一点钟至四点钟，风雨无阻⑩；周期较长的，有按季宣讲。安徽黟县宣讲所成立于宣统元年，宣讲员为刘联芳，每年春秋两季，分乡轮流宣讲两次，一次在上午 8 至 10 时，一次在夜晚 7 至 9 时，宣讲内容为圣谕广训、

① 《教育·各省教育汇志·直隶》，《东方杂志》第 3 年第 1 期，1906 年 1 月，第 24 页。
② 《顺德府延守龄禀详筹设宣讲阅报所并捐购简易识字课本文附规则并批》，《大公报》1910 年 6 月 11 日。
③ 《广昌县宣讲阅报所简章》，《北洋官报》1909 年 3 月 4 日，第 31 页。
④ 《新设讲所》，《大公报》1905 年 12 月 28 日。
⑤ 《教育·各省教育汇志·江苏》，《东方杂志》第 4 年第 9 期，1907 年 9 月，第 221 页。
⑥ 《教育·各省教育汇志·浙江》，《东方杂志》第 4 年第 3 期，1907 年 3 月，第 58 页。
⑦ 《宣讲有期》，《大公报》1909 年 11 月 4 日。
⑧ 《教育·各省报界汇志·山东》，《东方杂志》第 4 年第 9 期，1907 年 9 月，第 229 页。
⑨ 《宜宾县详设宣讲所及编辑循环教授一案》，《四川教育官报》1910 年第 10 期，第 17 页。
⑩ 《通俗教育茶话所小启并各章》，《大公报》1904 年 11 月 24 日。

富国问答、咨政局章程等。① 湘省道州车直牧在署中开设的宣讲所，"每月于房虚昴星等日，由州官及宣讲生于午前九时至午后一时，当众讲演"②。"苏垣自治局总办等创办四区宣讲所，并派法政毕业学员陈昌淦等为宣讲员。""每月逢三、八两日宣讲。"③

　　逢国丧停讲④，实属自然，遇年底节庆，宣讲所亦需停讲休息，"督学局宣讲所年节停办"⑤，"年节已近，内外城各学区宣讲所均应停止宣讲，兹总劝学所议定，所有各学区均于二十日一律停讲，以资休息，业经传之各讲员照办矣"⑥。但各省时间不尽相同。如北京是从当年阴历十二月二十日停讲，到次年一月二十日开讲。⑦ 天津则于每年阴历十二月二十三日停讲，次年一月六日开讲。如示："本埠各宣讲所因节届新年，特于去腊二十三日均行停讲休息。兹闻自初六日起，每晚仍照旧宣讲，以期开通民智。"⑧ 到1911年这个规矩依然保持，"本埠各宣讲所现因年关在迩，于昨二十三日起照例停讲，须至明年正月初六日方能照旧演说云"⑨。通州宣讲所每年腊月二十日停讲，次年正月二十日开讲。⑩ 东北区域，宣讲所年假也大致相近，由十二月二十五日开始，休息十日："公立体育会并宣讲所均于客冬十二月二十五日一律停讲，散放年假，仅留夫役二名守护。转瞬已逾旬日，讲师学生未能剋期齐集，而宣讲已于初六日开门悬牌，照常演讲，勿拘何人，均可任便入内倾听矣。"⑪ 当然，也有因天气、学堂放假等原因而临时停讲者，如东北"本城第一、第二两宣讲所，前时因闻各学堂有不放暑假之说，亦拟暂不停讲，刻因各学堂及自治研究所均已放假，又加以天气炎热听讲寥寥，故第一宣讲所于初四日停讲，第二宣讲所于初五日听讲。闻均仅停

　　① 安徽省地方志编纂委员会：《安徽省志教育志》，方志出版社，1997年，第600页。
　　② 《拟定开设宣讲所章程》，《申报》1907年8月22日。
　　③ 《宣讲所开讲》，《申报》1908年12月27日。
　　④ 《劝戏园勿开演说》，《申报》1875年2月6日。
　　⑤ 《宣讲开办》，《大公报》1907年2月25日。
　　⑥ 《停止宣讲》，《大公报》1908年1月24日。
　　⑦ 《宣讲开办》，《大公报》1907年2月25日。
　　⑧ 《宣讲开始》，《大公报》1909年1月27日。
　　⑨ 《宣讲所停讲》，《大公报》1911年1月24日。
　　⑩ 《宣讲所被窃》，《大公报》1909年2月6日。
　　⑪ 《公立宣讲所开门》，《盛京时报》1910年2月24日。

一星期，定于月之十二日仍一律照常宣讲云"①。故仅从时间的频密程度来看，清末新式宣讲之活跃已见一斑。

新式宣讲虽废除了旧式讲圣谕的繁缛程式，更为简便易行；但官方对于讲员和宣讲对象仍有相应的规范。如京师劝学所对宣讲员的资格要求是"品行端方"，宣讲时仪态端正，每期宣讲事项应备薄记录"以备督学局及劝学所总董随时稽查"。宣讲时派巡警员旁听，如有"妨碍治安之演说，可使之立时停讲"。同时要求听讲人员，"凡遇宣讲圣谕之时，应肃立起敬不得懈怠"等。②宣讲固然为新生事物，值得倡导，但如有"转坏风气"之嫌，则不得不采取必要措施。湖北汉阳县李令即因拟设的宣讲所章程"内载有四九期，准女子来所听讲。现在女学尚未发达，恐有无知愚民藉此造言滋事"，而"将此条删除③。而且多数官方宣讲所，包括部分民间宣讲所、讲报处，在开坛讲解之前仍要拜圣谕牌。传统宣讲文化之精髓竟以这样一种符号形式延续，或正是对那样一个新旧交融的过渡时代之真实映照。

听众能否与传播主体形成共鸣，直接决定着宣讲活动的继续与拓展。传统的圣谕宣讲，尽管也要采取种种措施避免艰深晦涩和枯燥乏味，但由于传播主体的精英化，传播过程的程式化，对接受者的强行灌输与俯视态度，使传播主体与听众之间形成不可逾越的鸿沟，极大地影响着传播效果。清末新式宣讲尚没有政府强令授受的权威，任人自由听讲，如果不能恰当地吸引听众，很容易造成无人光顾的窘况。要吸引听众就要求在讲法上精益求精，故当时有关宣讲方法的探讨甚为热烈，林伯渠在《整顿伊〔通州〕学务条件十则》中特意提出第七条："宣讲员须精神活泼、声音高朗，方足以动听闻而引人入胜。坐讲及俯首照念书报均非所宜。该所讲员坐〔座〕椅应令撤去，并须先行预备宣讲材料，不得临时俯读书报。"④1906年，吉林省伊通州拟定的《宣讲所暂行规则》，虽侧重宣讲的指导思想和内容界定，却也一定程度上反映了传播主体对听众的尊重，其中条款"……二、各报择其于五洲之大势，我国之情形，其公利何以当兴、习俗何以当改，

---

① 《宣讲所次第停讲》，《盛京时报》1911年8月5日。
② 《京师劝学所试办章程》，《大公报》1907年1月14日。
③ 《宣讲所不准女子听讲》，《申报》1908年10月18日。
④ 吉林省档案馆：《清末林伯渠吉林视学史料》，《历史档案》2001年第4期，第68页。

新政之无弊、民教之无猜，皆以白话委曲指陈，务使人人通晓；三、遴选公正绅士，兼能通晓时务者数员，每日轮流到热闹地方，由午刻开演，至未刻止；四、演说之际，不论民之听从与否，非议与否，统须化之以渐，持之以恒，以期经久而勿辍；五、朝廷诏令、官府示谕，凡时报所载者，亦当随时浅释其义，俾众周知，庶几奉行无隔阂之弊；六、先就府城创办，将来愈推愈广，逐渐扩充四乡"①。在讲报技巧上，《京话日报》创办人彭翼仲一再强调，讲报员要完全依照报纸的意思讲，甚至索性念报："既要讲报，千万不可节外生枝，自己以为口才好，说了许多闲篇儿，一个不留神，还许要得罪人呢。"②《京话日报》亦屡屡刊文交流和研讨讲报之事，除前文《劝立讲报处》外，又如《讲报也不是容易事》③《奉劝诸位讲报的先生》④等，诸如此类，不胜枚举。

新式宣讲内容固然表现新的时代气息，但也并非因内容取胜就毫无条件的受欢迎，东北的一处宣讲所就乏人问津："本邑宣讲所经劝学极力经营，另派讲员当有一番新气象。近视该所旁听者仍属寥寥，每天不过七八人而已，未悉何故。"⑤为了招揽听众，宣讲所于是各显其能。有的从改良题材、内容上下功夫，1908年吉林巡抚下令省城各宣讲所讲员，将"密切吉省近日事实情势分段编辑，参以说部体裁，逐日次第讲演。务使听讲之人乐而忘疲，以动其公耻之心，并作其爱国之气"⑥。位于东马路一品茶楼附近的启文阁报社，"每日讲解报文仅择其有益民智者讲解一二段，一切浮文泛论概置不取"⑦。有的则别出心裁，以辅助手段取胜。北京进化阁报社配合讲报，特制幻灯片，以调动听众兴趣，致前往听讲的人"日以千百计"。如载："进化阁报社近于每晚宣讲报章之时，特备电影一具，其所用画篇，均由自造，悉绘以印度以及高丽等国灭亡情形。各讲员按图宣讲，藉以激起个人自强之机。于是往听之人日以千百计，该社筹思此策，想亦

---

① 吉林省地方志编纂委员会：《吉林省志》（39），吉林人民出版社，1992，第39页。
② 宗室凤平：《劝立讲报处》，《京话日报》第283号，1905年6月2日。
③ 《讲报也不是容易事》，《京话日报》第415号，1905年10月14日。
④ 高子江：《奉劝诸位讲报的先生》，《京话日报》第492号，1905年12月30日。
⑤ 《宣讲所旁听者寥寥》，《盛京时报》1910年3月29日。
⑥ 《批饬改良宣讲》，《大公报》1908年12月20日。
⑦ 《启文阁报社晚间讲解字义报文一切规章》，《大公报》1905年7月23日。

煞费苦心矣!"① 天津天齐庙宣讲所"自开办以来,每晚往听者约千余人"。除"执事人均极和气,而又预备茶水,以故人皆愿往"外,主要是因为"每礼拜一、礼拜三两晚,并有督辕每宣讲一次,即于讲毕歇息之顷乐声大作,以鼓舞人之兴致,每礼拜六晚,并添演幻灯,以开人知识"②。直隶保定大慈阁宣讲所于1907年6月22日晚演试电影。目的是为了帮助讲解农务,所演电影也都是有关农务的。当晚听讲的人特别多,以至拥挤不堪,将桌椅挤坏多件,被迫停止演试。③ 反光镜竟也派上了用场,"法界中国青年会饶君新由外洋运来返光镜,定于今晚七句钟演照万国运动大会各种情形。又定于星期日午后三钟,请素有道学名家全耀东君演说均有关于青年人德育发达之各题云"④。

　　如此的耗资劳神,却与"谋钱取利"毫不相干。宣讲反而需要一定的投入,无论是讲读材料的购置,还是讲员的聘用,都要有经费的支撑。那么宣讲所的经费从何而来?其主要来源于官方和民间捐助两种。官方经费主要由税收、亩捐项下支出,例如定州宣讲所由知州陈燕昌禀请设立,"开办经费每月制钱四十二千,长年统计制钱五百零四千,即在禀明亩捐余款项下提支"⑤。望都县由田房税、散牙中交大钱二百吊作为开办宣讲所阅报社半夜学堂的经费。⑥ 经费自民间出,主要靠集资或个人捐资。保定通俗教育茶话所用款由同人捐助,来听者由本所供给茶水不取分文,捐资者担任经理员或名誉员。⑦ 大城县邱大令鸿光个人捐廉组织宣讲所、阅报社各一区。⑧ 正如大多宣讲机构所标榜的,"本会以开通民智,实行社会教育为宗旨"⑨。"开启民智"作为晚清的时代焦灼,或用李孝悌先生所言"制约反

---

① 《讲报苦心》,《大公报》1906年5月4日。

② 《纪宣讲所》,《大公报》1905年7月26日。

③ 《宣讲所试演电影》,《大公报》1907年6月27日。

④ 《电影演说》,《大公报》1908年10月24日。

⑤ 《定州知州陈牧燕昌禀设立自治宣讲所情形文并批》,《北洋官报》1908年5月5日,第7页。

⑥ 《望都县莫令兰增禀筹办宣讲所阅报社半夜学堂各情形文附简章并批》,《北洋官报》1910年2月17日,第6页。

⑦ 《通俗教育茶话所小启并各章》,《大公报》1904年11月24日。

⑧ 《大令热心》,《大公报》1908年11月29日。

⑨ 《再纪演说研究会》,《大公报》1906年8月12日。

应"，驱动着一代知识分子、官绅、市民无怨无悔地投身"启蒙""救亡"的浪潮，这对于以利益驱动为法则的社会来说，是极难理解的；但无论如何，它以极其真实的画面，勾绘出晚清社会内外交困、贫弱不堪等刻板印象之外，令人震撼、令人神往的一面。

三　新式宣讲之内容

与传统讲圣谕以《圣谕广训》为主要内容，辅以阐释性文字及因果报应故事不同，清末新式宣讲的文本尽管仍受朝廷把控，却已经相当丰富，其性质也发生了根本性变化。光绪三十二年（1906）颁发的《学部采择宣讲所应用书目表》，较为直观地反映了清末宣讲所的传播内容。该表所列书目包括：《圣谕广训》《奏定巡警官制章程》《人谱类记》《养正遗规》《训俗遗规》《劝学篇》《国民必读》《民教相安》《警察白话》《警察手眼》《欧美教育观》《儿童教育鉴》《儿童修身之感情》《蒙帅箴言》《鲁滨孙飘流记》《纳耳逊传》《克莱武传》《澳洲历险记》《万里寻亲记》《世界读本》《普通新知识读本》《普通理化问答》《富国学问答》《农话》《普通农学浅说》《稽者传》《蚕桑浅要》《蚕桑简明图说》《冶工轶事》《致富锦囊》《普通商业问答》《蒙学卫生实在易》《黑奴吁天录》《启蒙画报》《劝不裹足浅说》。[①]《圣谕广训》虽为首列读物，却已被诸如欧美教育、西洋小说、世界知识、理工农务、商业卫生，以及批判旧俗等具有现实意义的题材所淹没。可见，政府的所谓"规定"并不教条，无论是"白话报"，还是"翻译小说"，都有大量的自选空间。实际上，清末宣讲传播的内容极其丰富，具体说来，大致有以下四方面。

其一，时事新闻。

清末最后十年，清王朝风雨飘摇，外有列强环伺，内有各派政治力量争锋，社会急剧动荡，不仅制造了新闻频发的环境，也为其提供了巨大的社会需求。国族命运与个人安危息息相关，而无论是清廷的新政，还是立宪派、革命派的争取同盟，都首先需要接受对象了解时事，故新闻性、社会性极强的报纸，尤其是白话报最为便利，成为新式宣讲的主要素材。可

---

① 《学部采择宣讲所应用书目表》，《盛京时报》1906年11月22日。

以说，清末宣讲的繁荣，一定程度上是缘于中国近代报业的大发展。正是初期阅报、讲报处之兴，才带动了官方宣讲事业的昌盛。

民间阅报、讲报处自然以讲报为主，著名的《京话日报》就设有讲报处数十所。北京宣武门内开办的宣明阅报社，每天下午一点到四点，聘请专人讲解报章。① 光绪三十年（1904）河北宣化县阅报研究所附设的半日学堂与阅报研究所相辅而行，备有农学报、启蒙画报、北洋官报、京话日报、徐家汇报、北洋各种学报、白话丛书等几十种报刊，并"借阅报之名，以行演说之事，拈书报中紧要节目以阐发之"②。所讲报章有《大公报》《京话日报》《天津日日新闻》等。③ 官方宣讲所对读报亦格外推重，1906 年 4月，天津巡警探访局开办的宣讲所，所讲内容包括侦探妙诀、侦探小说以及各种报纸"择其有益侦探"研究妙理的文章，甚至还"拟将时事编成白话演说，以广见闻"④。沧州牧在明伦堂设立宣讲所，"派人将《国民必读》及报中有关时局各件编成白话，每逢五、十集期详细宣讲，以开民智"⑤。直隶天齐庙宣讲所，"每晚自八点钟至十点半钟，宣讲《圣谕广训》及古今中外各种有益之书"，所谓"有益之书"除《朱子格言》《训俗遗规》等传统道德读本，以及《国民必读》等新教材之外，就是《大公报》《京话日报》《天津日日新闻》等"各种报章"⑥。天津北洋官报局，"于乙巳冬起增编白话报，报分发各州县，不另收价，以为宣讲之资"⑦。天津学董林墨卿在本埠各茶楼邀集同志友人，讲演书报，所讲报纸包括《敝帚千金》《京话日报》《启蒙画报》等各种新闻报、白话报，以及《五种遗规》《西史揽要》《国民必读》等。演讲的地点则有东西南北四马路、东新街万来轩、石桥胡同口义兴茶园、东南城角立兴茶园、侯家后东来轩、北马路天聚茶楼、大关口德顺轩、河北关上福来轩、河北大胡同忠和楼、西头湾子万有轩、

① 《阛桥听讲》，《大公报》1906 年 4 月 25 日。
② 《宣化县呈送阅报研究所暨附设半日学堂章程折》，《直隶教育杂志》1904 年第 2 期，第 12～14 页。
③ 《纪宣讲所》，《大公报》1905 年 8 月 15 日。
④ 《宣讲侦探》，《大公报》1906 年 4 月 17 日。
⑤ 《教育·各省报界汇志·直隶》，《东方杂志》第 3 年第 1 期，1906 年 1 月，第 24 页。
⑥ 《宣讲所牌示》《纪宣讲所》，《大公报》1905 年 7 月 1 日、8 月 15 日。
⑦ 《各省报界汇志》，《东方杂志》第 3 年第 3 期，1906 年 3 月，第 58 页。

驴市口六合轩、宝河轩等十几处。① 上文提及的吉林省伊通州拟定的《宣讲所暂行规则》，比较全面地反映了官方对于通俗教育宣讲的指导思想和内容界定。该规则主要条款如下：一、演说以《圣谕广训像解》为主，以直隶学务处颁定的《国民必读》及各种时务报为辅；二、各报择其于五洲之大势，我国之情形，其公利何以当兴、习俗何以当改，新政之无弊、民教之无猜，皆以白话委曲指陈，务使人人通晓；三、遴选公正绅士，兼能通晓时务者数员，每日轮流到热闹地方，由午刻开演，至未刻止；四、演说之际，不论民之听从与否，非议与否，统须化之以渐，持之以恒，以期经久而勿辍；五、朝廷诏令、官府示谕，凡时报所载者，亦当随时浅释其义，俾众周知，庶几奉行无隔阂之弊。② 报纸成为普遍读物，无疑增添了新式宣讲有别于传统的时代征象。

当然，报纸之外，时事新闻可以随处取材，自编自讲。1908 年 12 月，吉林巡抚下令省城的各宣讲所，"将密切吉省近日事实情势分段编辑，参以说部体裁，逐日次第讲演"③。湖北学政也设立了一所宣讲所，除了帝王恩德圣贤事迹外，还用白话编写时事，令人宣读。通俗教育茶话所"于每星期下午在城内小椿树胡同四川会馆官立小学堂内，以白话讲说新闻故事，不论任人均可入座听讲。自一点钟起，至四点钟止，定于本月二十一日开始，特此布告"④。

其二，政务宣传。

宣讲所作为官方的舆论阵地，其重要的任务之一就是灌输官方意识形态，配合官府进行政治传播。所以，有关谕旨、政令的解读，政策之宣传，占官方宣讲的大部分比重。官方需要公开发布的重要政令、文件，乃至皇帝太后的遗诏，皆可借助宣讲渠道。如："京师劝学所现将大行太皇太后，大行皇帝遗诏恭印数千百张，分送内外城八学区，饬令……宣讲并令听讲者每人领读一张，使知大行太皇太后，大行皇帝宵旰忧劳之苦云。"⑤ 利用

---

① 《大开民智》，《大公报》1905 年 12 月 16 日。
② 吉林省地方志编纂委员会：《吉林省志》（39），吉林人民出版社，1992，第 39 页。
③ 《批饬改良宣讲》，《大公报》1908 年 12 月 20 日。
④ 《通俗教育茶话所小启并各章》，《大公报》1904 年 11 月 24 日。
⑤ 《宣讲遗诏》，《大公报》1908 年 11 月 25 日。

口语宣讲配合政务宣传，亦早已成为朝野有识之士的共识。《大公报》曾刊文建议在各地宣讲所或酒馆、茶馆内宣讲新政。① 1908 年，清廷"通饬各省每州县皆派劝导宣讲员一人，以便按日宣讲现在改良新政及举办印花税事情。并饬此项人员皆在各候补员中考选"②。由于深知政策宣讲之必要，清政府通电各省督抚，"凡地方举办各种新政及关于筹款之事件，应先由自治局或官立之宣讲所，并派公正绅董将办理新政之理由，先行声明，以免误会"③。政府王大臣"现因预备立宪之际以宣讲所为开通民智之要点，拟咨各省将军督抚饬属广设宣讲所，拣选明干人员派充讲员。如有业经设立者，认真整顿以冀增进人民之程度，速定实行立宪之期云"④。为配合各级宣讲，学部特别提出"应即颁发各省宣讲要书"⑤。东北高等审判检查两厅"日前拟呈请督抚宪开办审检讲演会一事，闻作罢论业志本报，现又闻确实消息，此事业经督抚两宪批准在案，明春二月定行开办云"⑥。随着新政的推行，不少地方官员把"布行新政诸多棘手""办理一切新政每多掣肘"，归因于"民智不开""风气不开"，认为解决之道在于设立宣讲所、阅报社及推广演说⑦，于是纷纷行动。据 1906 年公布的《天津府自治局章程》记载："本局选派员绅在天津府属已设宣讲处讲演自治法理及利益等事。此外，四乡暂就巡警分区讲演，月编白话讲义一本，由浅入深，务期家喻户晓。"⑧ 1906 年，苏抚谕令蒋季和太史等设立了四处宣讲所，"每逢星期及二五日午后一时至四时，专宣讲宪法及地方自治制度并关系一切公益之事。不论军民，均准入内听讲"⑨。直隶候补州判彭述士在《直隶候补州判彭述士呈民政部稿》中，针对宣讲所提的建议之一即为"认定宣讲书宗旨以为立宪自治之助"⑩。1907 年，黑龙江高等学堂监督票准设立一处宣讲会，每天邀请同志，

① 伯泉：《直隶咨议局本年应行提出之议案》，《大公报》1909 年 7 月 10 日。
② 《通饬添设宣讲员》，《大公报》1908 年 5 月 28 日。
③ 《预防新政扰民之办法》，《申报》1909 年 10 月 2 日。
④ 《议饬广设宣讲所》，《大公报》1908 年 3 月 10 日。
⑤ 《学部拟颁宣讲书》，《大公报》1908 年 3 月 16 日。
⑥ 《审检讲演会仍旧开办消息》，《盛京时报》1910 年 1 月 13 日。
⑦ 《注意演说》，《大公报》1905 年 11 月 2 日；《开通民智》，《大公报》1911 年 9 月 11 日。
⑧ 《天津府自治局章程》，《大公报》1906 年 9 月 2 日。
⑨ 《宣讲所择地开办》，《申报》1906 年 12 月 6 日。
⑩ 《直隶候补州判彭述士呈民政部稿》，《大公报》1908 年 10 月 20 日。

分讲新政、新学及立宪等事宜。① 直隶长垣县令到任后，"因举办各项新政，士庶中尚多留心时务之人，而乡民绝少热心公益之辈，缘于城内设立宣讲所，仿照宣讲乡约之例，并附以各项报章，选派绅士，按期讲演。年余以来，下流社会已渐见开通云"②。而政策推行前的宣传，尤显必要。为了给预备立宪做好准备，"政府王大臣会议，以新疆地界极边，回汉杂处，人民程度太低"，决定在新疆地区"广设宣讲所，派员演说"③。东北"府经历职衔郭宗藩等，拟在城外四乡设立自治宣讲所，开通民智以为立宪之基础。拟抽收各村屠捐以充经费，现已将开办章程及收捐办法禀呈督抚宪请示核办。奉批：该职等设立自治宣讲所开通民智，自系为地方公益起见，惟抽收两界村屠零星捐款充作经费一节有无扰累，并是否大众情愿，仰即禀由地方官转呈再行核夺云云"④。湖南省举办城镇乡地方自治前，由自治筹办处拟定办事时间表，先将地方自治的有关内容进行宣讲，以开通风气。⑤ 地方自治调查研究会借用以前法政宣讲所的桌椅黑板等件，创设宣讲所，专门解说各项部颁及本省官定章程，去人民之疑。⑥ 湖北全省自治局司道"因人民能解释自治要义者诚不多见，爰就学务公所宣讲所派员演讲现在预备立宪须先办地方自治各学说，以免人民怀疑致生阻力"⑦。1908 年，武昌自治局"近以民愚未化"，施行自治"恐多阻碍，特于日前公议，创设白话宣讲所附于局内，以省经费而便开通"⑧。1910 年，湖北自治筹办处飞饬各郡守，通饬各牧令，赶即多设自治宣讲所，剀切演说自治意义。⑨ 有些宣讲所，甚至就是配合专项任务而设，镇江"官绅以日下正值预备立宪，必须研求自治，惟地方商民不明自治之意义者尚多，因特邀集各官绅会议赶设

① 《黑省阅报处宣讲事》，《顺天时报》1907 年 3 月 13 日。
② 《教育·各省报界汇志·直隶》，《东方杂志》第 5 年第 1 期，1908 年 1 月，第 43 页。
③ 《京师近事》，《申报》1909 年 4 月 24 日。
④ 《请收村屠捐设立自治宣讲所》，《盛京时报》1908 年 10 月 14 日。
⑤ 《地方自治暂缓调查》，《申报》1909 年 12 月 24 日。
⑥ 《敬告苏省地方自治调查研究会全体会员书》（苏州蒋炳章王同愈同启），《申报》1908 年 12 月 20 日。
⑦ 《派员宣讲自治要义》，《申报》1908 年 10 月 19 日。
⑧ 《自治局附设宣讲所》，《大公报》1908 年 11 月 8 日。
⑨ 《筹办自治进行之为难》，《申报》1910 年 1 月 19 日。

自治宣讲所，以为将来实行之基础"①。"鄂省自治局以启发国民政治思想，植立地方自治方针，非附设宣讲逐渐开导不可，兹特组织一所，每逢双日宣讲。日前适届讲期，由某君登台演说，先言中国之现状后论国债之理由，词旨恳切，听者颇觉动容。"② 常州武阳县③、扬州④、苏州⑤也都成立了自治宣讲所。直隶肥乡县孙县令自任职以来，"于学堂、巡警诸要政均各竭力"，"就城内已设之宣讲所，每逢集期，会同讲员轮流演说地方自治之宗旨"⑥。

宣统元年（1909）的户口调查引发了一场相当规模的反抗风潮。配合民政部开展的全国性户口调查，宣讲所更是责无旁贷。由于大多数民众不识字，故所张贴的宣讲告示并没有起到应有的作用。针对于此，政府决定推广教育，"每村百户筹设小学堂一区，宣讲所一处，并严定视学章程，勉力实行，以期教育普及"⑦。民政部在申告各督抚转饬所属将清查户口宗旨编成白话文告示，在城乡市镇广为张贴的同时，责成宣讲所详细演说，使得家喻户晓，以免发生事端。⑧ 在宣讲中告诉民众"闾阎之安谧，全在户口之清厘，户口一清则良莠既不至混淆，且可同享国民应有之权利。将来地方自治及有关公益等事自易次第推行，渐收实效，足见清查户口一事利国利民，裨益实非浅鲜"⑨。针对户口调查中事端迭起的情况，清政府也采取了相应措施，要求地方官绅洁身自好，晓谕乡民户口调查之宗旨，认真做好民众的工作，以免误会。江南筹办地方自治总局特订五条办法作为地方执行的依据。其中第二条即大力推举宣讲，其文如下："张贴告示后，即择人烟较盛之地，或茶肆，或庙集，邀同本处乡董，或一乡信仰之人，登台演说……凡纳税当兵之套话，以及缉奸查匪之危言，皆须屏绝勿谈，以杜疑惧。演说与贴示，应同时并行。"⑩ 北京警察厅"知照劝学所，请将购烟

---

① 《议设自治宣讲所》，《申报》1908 年 5 月 30 日。
② 《自治局开办宣讲》，《大公报》1908 年 11 月 24 日。
③ 《常州武阳县自治期成会简章禀稿》，《申报》1907 年 9 月 20 日。
④ 《研究自治之一班》，《申报》1909 年 6 月 29 日。
⑤ 《宣讲所定期开讲》，《申报》1908 年 10 月 29 日
⑥ 《内务·各省内务汇志》，《东方杂志》第 4 卷第 6 期，1907 年 6 月，第 295 页。
⑦ 《推广教育》，《大公报》1909 年 3 月 1 日。
⑧ 《拟饬揭示调查户口宗旨》，《大公报》1909 年 9 月 14 日。
⑨ 《民部解释调查户口之疑惑》，《申报》1910 年 4 月 22 日。
⑩ 《调查户口之慎重》，《大公报》1910 年 5 月 10 日。

发照及调查户口据实声报两问题。通告城内外各学区宣讲所详细演说，俾家喻户晓，不致再生疑虑"①。各省随即按照民政部的指令采取行动，"户口之清厘"被提到了"利国利民"的高度。② 但工作的开展显然不甚得力，在户口调查过程中，各地谣言蜂起、事端频出。如 1910 年 4 月，金坛乡民闹事即被归因"系未多设宣讲所所致"③；"使果一一解释宣讲透澈，则乡民于调查户口一事，耳熟能详，疑虑尽释，亦何至于谣言蜂起，相顾动色"④！或许，对宣讲作用的认识有些夸大，却一定程度上透露出清末官方宣讲的虚华与无效，进而从政治传播体系传达了清廷统治的式微。户口调查遭遇强烈的反抗，为避免激起更大的叛乱，不少地方请求暂缓。如湘省自治筹办处就提出："举办地方自治，系以调查户口为先务……但一经调查，恐各偏远之区不免误会，致生种种窒碍，现拟详请抚部院通饬各属遴选士绅分起各乡，先将自治名义明白宣讲，并设立研究所以开风气，俟明年夏季再行举办调查或可易于着手。"⑤

此外，针对清末民间反洋教所卷起的社会波澜，某些官员也极力倡导通过宣导开盲化愚，并身体力行。1906 年南昌教案发生后，御史杜彤在奏折中指出，"今民之仇教焚杀者，大抵皆昏蒙无识之辈，一唱百和，殊乏思虑，苟有人焉为之大声疾呼，反复开导，使知每次暴动，非惟无济于事，而转深受其害"，"民间此理大明，且闻之至熟，自非病狂，谅未有甘蹈覆辙者"。他提出"与其事后叹办理之难，何如平时尽开导之力"。"选择谙悉交涉通晓时务之员，将历次教案汇辑成书。每案之后，系以浅显论说，倡发暴动无益之所以然，刊行各省，遍颁各州县。凡教堂附近之地，往来稠杂之区，仿照讲报所、说书处办法，广为建设宣讲"，反复开导，"使民知自强之道"，并"告以务本之要"，"如此则民心由暗而渐明，民气由嚣而渐静，各处之闹教仇杀可望稀减，小民之生命资产可期保全"。"大局维持庶

① 《知照宣讲问题》，《大公报》1908 年 10 月 4 日。
② 《民部解释调查户口之疑惑》，《申报》1910 年 4 月 22 日。
③ 《金坛调查户口闹事详志》，《申报》1910 年 4 月 29 日。
④ 《闻宜兴乡民肇事感言》，《申报》1910 年 3 月 17 日。
⑤ 《地方自治暂缓调查》，《申报》1909 年 12 月 24 日。

几稳固。"① 四川总督赵尔巽苦于民智不开、盲目打教，写了一首《劝民醒迷歌》，令人到处张贴，并令宣讲员及识字热心者，"无论茶坊酒肆、城市村庄，随地演说……务使穷乡僻壤妇孺皆知，愚顽尽晓"②。有识之士极力主张择录白话报的内容对民众进行宣讲劝导，其宣讲的主要内容之一就是劝民众别盲目反教，致起衅端。③

当然，对于大多宣讲所而言，配合本部门的政务宣传，则是其不可回避的常务。如云："感发人之速莫如演说，今警部亦已用白话告示矣，吾国愚民并此不识海谆听藐，奚怪其然。而种种违警之行为即在此辈，故白话演说尤亟亟也。"④ 为了使一般人对各项规定有所认识，1906 年 "民政部日前咨行学部转饬督学局，略云外城宣讲所现已开办，亟宜演说警章以正人心，而维风化，应行饬令该所演说员每晚于演说之时，务以一个小时专为听讲人演说警章，俾得开通风气、共保治安"⑤。1908 年，"京师总劝学所近日会议，拟饬内外城各学区，每日于宣讲之时一律演说新订警律三十分钟，以期听讲者渐悉警律，于治安裨益匪浅"⑥。所以 "政府创立的宣讲所最初多半与警务有关，但很快就由劝学局、督学局等与学务有关的机构负责其事，并试图将之制度化"⑦。天津宁河县南埋珠庄粗通文字的警勇韩凤筠，受当地教员开导每日学习字母官话，不久即能向人演说白话报，并向村民劝募国民捐，宣传爱国精神。⑧ 1906 年，天津巡警探访局开办宣讲所，要求 "弁目差役一并赴堂听讲"，讲的内容除了包括侦探妙诀、侦探小说以及各种报纸 "择其有益侦探" 研究妙理的文章，还 "拟将时事编成白话演说，以广见闻"⑨。天津的一个巡警区长穆汉章，特意创立宣讲所，邀请当地的教员和士绅，向人们讲说国民义务，代收国民捐。"其余日期调集所辖

---

① 《御史杜彤奏陈宜将历次教案汇辑成书折》，朱金甫：《清末教案》第 3 册，中华书局，1998，第 823 页。
② 《川督赵札发劝民醒迷歌文》（附歌），《大公报》1909 年 9 月 1 日。
③ 《来函》，《大公报》1905 年 6 月 6 日。
④ 《朱太史上警部徐尚书书》，《大公报》1906 年 6 月 11 日。
⑤ 《饬演警章》，《大公报》1906 年 11 月 15 日。
⑥ 《演说警律》，《顺天时报》1908 年 6 月 9 日。
⑦ 李孝悌：《清末的下层社会启蒙运动：1901—1911》，河北教育出版社，2001，第 87 页。
⑧ 《巡警特色》，《大公报》1906 年 8 月 18 日。
⑨ 《宣讲侦探》，《大公报》1906 年 4 月 17 日。

各区巡警教授现行警察讲习文字用策。将来想该局员如此倡办以期善诱，俾沿海乡民渐明公理，渐知公益，不但使民向善，而于警政大有进步也。"① 山东巡警道"以违警律目下将次实行，拟招请宣讲员八人演讲巡警章程。俾行旅挑贩及目不识丁之人均能明白洞晓，以便遵守无违"②。镇江劝学所内附设宣讲所，按期宣讲学务。③ 商务组织开启商智，宣讲亦是通用的渠道：东北奉天商务总会"日昨总协理坐办往该会协议，现在商智不开，若不设法补助，商业终难发达，拟在该会添宣讲所，商董内有通达时务、文理明通者，每届开会之期登台宣讲，开通商智，振兴实业，以期商务之发达云"④。

清末农民受经济条件所限，既无缘新式农业学堂，也无力购买农书农报。在这种情况下，举办农事演说无疑是一种更加实际、有效的农业教育方式。1907年，农工商部奏定《农会简明章程二十三条》，规定"各省应于省城地方设立农务总会，于府、厅、州、县酌设分会，其余乡镇、村落、市集等处并应次第酌设分所"。"总会地方应设农业学堂一所，农事试验场一区，造就人才，分任地方农务，以挈各分会分所之纲领"；"分会分所地方应设农事半日学堂一区、农事演说会场一所，召集附近农民授以农学大意，以开风气"⑤。奉天"经省大府奏准，农工商部立案，于是省城立农务总会，各县立农务分会，由劝业道颁发钤记，各设总理、董事、评议、调查、书记、会计、讲演各员，以当地士绅充之。以及各乡亦设分所。旋又在省城设立农事演说会，劝业道黄开文为会长，演说有关农事各种新理，提倡改良。凡农林、畜牧、蚕桑、园蔬、肥料、害虫以及农产制造、农业经济等类，以蕲广开农民普通知识"⑥。风气所致，偏处东北边域的农事演说亦风卷云涌，省城劝业道黄观察出示晓谕略云："本道为提倡各项实业，

---

① 《警员特色》，《大公报》1906年4月29日。

② 《筹画演讲巡警章程》，《大公报》1909年6月25日。

③ 《镇江宣讲所成立》，《申报》1907年8月25日。

④ 《商会拟设宣讲所》，《盛京时报》1910年3月4日。

⑤ 上海商务印书馆编译所编纂《大清新法令》第4卷，韩君玲、王健、闫晓君点校，商务印书馆，2011，第243、244页。

⑥ 《农会及农事演说会》，王树枬等总纂《奉天通志》第113卷"实业志·实业一·农业"，1934年铅印本，第2页。

在南关地藏寺设立农事演说会场。每届星期派令农学专家宣讲有关农务者，以为改良预备。虽未能骤获实效，而听者云集，实已足资观感。"① "小南关农学演说会每逢开演之期，观者如堵。日前劝业道徐鉴事登坛，将土宜、种植、肥料诸法细为剖解，演毕，依听者坐次逐一叩之，闻能了解者颇居多数云。"② 总之，清末政务宣讲之内容极为丰富，涉及警务、学务、农务等方方面面，远不止人们印象中刻板教条的指令、规例，甚至具体到户口调查、务农与植棉新法，启蒙者之用心可谓良苦！

其三，新知新艺、新思想和新观念。

尽管经过几代人的探索，清末最后十年，知识分子对振兴国家的道路选择，由器物、制度层面的改良，最终上升到文化的反思与重构；但开启民智，首先要从普及现代科技文化开始，所以，伴随着西学东渐而来的工艺、理化、地理、世界史，乃至国际趋势等新知新艺成为新式宣讲的重要内容。天津东马路宣讲所从 1907 年 2 月始，连续两年内，几乎每月都由考工厂在此演说工艺、工商事理或物理、化学知识等。③ 天津南马路宣讲所开讲之期，演说"世界大势"，"人民、国民、公民之分解"以及"国势之危险"等。④ "仓廒街民立第一小学堂因近奉上谕，将教育宗旨宣示天下，以一风气。特于十一日下午四钟招集各生，在讲堂前将谕旨敬谨宣讲，并将学部原奏对诸生演说，直至五钟始散。"⑤ 新农艺当然也在宣讲之列，杭州知府林启痛感中国农人病不识字，致无农学的落后状况，于光绪二十三年（1897）督饬所属订阅《农学报》，并择其浅近知识广为宣讲。⑥ 北京督学局认为宣讲于风俗人心颇有影响，于是派讲员入外城宣讲所演说，以期"感动力日益膨胀，俾个人皆具有爱国之精神"⑦。

新思想的灌输，新观念的培养，尤为艰巨，润物细无声的渗透固为上乘之法，而振聋发聩、促人猛醒之举，在民众思想觉悟普遍不高的情况下，

---

① 《农事演说会添设实业阅报室》，《盛京时报》1908 年 6 月 30 日。
② 《农学演说会之进步》，《盛京时报》1909 年 4 月 2 日。
③ 《工商演说述闻》，《大公报》1907 年 11 月 25 日。
④ 《宣讲所开讲》，《大公报》1909 年 11 月 18 日。
⑤ 《宣讲教育宗旨》，《大公报》1906 年 4 月 6 日。
⑥ 浙江省教育志编纂委员会：《浙江省教育志》，浙江大学出版社，2004，第 660 页。
⑦ 《派员演说》，《大公报》1906 年 11 月 21 日。

亦为时势所趋。清末通常需要宣传方法的标新立异。北京东安市场《京话日报》讲报处"想出个激励大众的法子来，支搭了一个席棚，棚内安放着极大一个扑满，足有四五尺高，上写国民捐白话演说，……卜巽斋、张瀛曙二人，每日午前开讲，向着这个大扑满，演说爱国的感情"①。

1910年12月长寿县（今延寿县）的宣讲一览表，最能反映问题。该表所列宣讲书目有：于凤鸣演说《万里寻夫记》第1集，王炳辰演说《鲁滨孙飘流记》《克莱武传》，张文衡演说《现在社会》，傅永年演说《人民须知爱国》等。其他题目有：饱食终日、振兴学务、推广学堂、女子学堂的好处、开源节流、息讼、禁烟之利益、烟酒之害、鸦片不可复种、私塾急宜改良、民心向善、地方自治等。② 从翻译小说，到新式教育、现代社会观念，再到劝诫旧俗，可谓林林总总，无所不包，所涉范围之广，思想之前沿，令人哑然，传播者对启蒙民众的急迫与焦灼，勃然而出。当然，西方风俗、新事物，也在演说之列。"法界中国青年会定于礼拜日即今日下午三点钟，特请私立中学堂总监督张君伯苓宣讲本身游历西洋日记各事，想届时演说定有一番阔论也。"③ 新式学堂管理办法乃至其建筑式样及什器布置，对于如饥似渴索求新知的国人来说，都是颇具吸引力的话题："前晚青年会第四次师范研究会董王君阁臣主席，由校长曹雪赓君讲论学堂管理法，来听者甚众。兹又定于闰四月十七晚八点钟，请商部高等实业学堂监院冯玉番君主席、铁路总公司福开森君讲论题为学堂建筑式及布置什器法。学界诸君子盍往一聆伟论乎！"④

其四，批判陋俗。

识字率低、缺少文化固然是造成民智不开的要素之一，但其根本原因还在于流弊陋俗的桎梏。因之，批判陋俗，培养树立社会新风尚，成为启蒙者的又一重任。1907年2月，"（四川）仪陇县绅万邦宇、马协臣、李锐峰等约集同人，在县城天后宫开一演说公会，劝导乡愚，凡有关民生如农、

---

① 宗室文齨窳：《爱国大扑满》，《京话日报》第589号，1906年4月17日。
② 黑龙江省地方志编纂委员会：《黑龙江省志·教育志》，黑龙江人民出版社，1996，第702页。
③ 《演说纪闻》，《大公报》1909年3月28日。
④ 《青年会又定期宣讲》，《申报》1906年6月8日。

工、商、学务及戒烟、放足等事，皆在提倡之列，每日轮流派员赴各乡讲演"①。奉天三省自治会在人口集中的城镇乡普遍设立宣讲所，"所讲内容包括普及教育、禁绝鸦片、发展实业、强化治安等各界人士均感兴趣的一些问题"②。北京宣明阅报社，每天下午一点到四点，聘请专人讲解报章。其中一个讲员名叫斌小村从报社开办以来，天天到社讲演，讲的内容除了报纸外，还有国民捐和劝诫缠足等。③ 吸食鸦片、缠足作为传统时代流俗痼疾的代表，在以移风易俗为旨归的宣讲机构，都是不可疏漏的批判目标。1908年，"闻某部郎条陈于学部张相国，请饬督学局令各宣讲所每日演说禁烟之要义。庶黑籍中人耳濡目染，咸知湔除。张相国颇然其说，日内即通饬遵照矣"④。"闻度支部有某司员条陈学部荣尚书，请饬督学局令各宣讲所演说员每日演说禁烟自强之要义，以开民智而广流传。闻该尚书颇然其说，拟即通饬遵行云。"⑤ 肃宁县令别出心裁，将吸烟利害，用浅近易懂的词句编成歌曲，印刷了四千多张，派宣讲员和各村正、副等随时宣导。⑥ 天津"河东广育学会诸君热心教育。日前下午三句钟，假宣讲所轮流演说戒烟宗旨。诸君并拟合力倡办戒烟会"⑦。中国国民禁烟会顺直分会曾在1910年底拟定一个详细的鼓吹禁烟办法，包括在报纸上刊登白话文章，散播白话传单，委托宣讲所演说员在各宣讲所演讲，派人到戏园、茶馆及城乡内外热闹地点演说，派人"持旗鸣锣，游行各街巷演说"⑧。1906年初，宗室觉罗八旗高等学堂中等头班、师范班学生荫佑和善懋等人在京西设立的同德阅报社，同时开办讲演所。每日讲演以"宗旨纯正有益风化之书籍"为参考依据。⑨

---

① 四川省地方志编纂委员会：《四川省志·教育志》（上），方志出版社，2000，第273~274页。

② 曲晓璠、马岚：《清末东三省地方自治运动述评》，《辽宁大学学报》（哲学社会科学版）1994年第4期，第81页。

③ 《圜桥听讲》，《大公报》1906年4月25日。

④ 《条陈演说禁烟》，《顺天时报》1908年5月6日。

⑤ 《条陈宣讲禁烟》，《大公报》1908年11月17日。

⑥ 《注意禁烟》，《大公报》1910年3月3日。

⑦ 《公益莫大》，《大公报》1906年10月9日。

⑧ 《鼓吹禁烟办法》，《大公报》1910年12月29日。

⑨ 《魏允文等关于成立公立第一宣讲阅报所的呈及京师督学局的告示等》，北京档案馆藏，档案号：J004-001-00001。

也有利用宣讲扶贫的，东北"双城宣讲所王尚忠、王兆禄等缔结慈善会捐资赈给贫民，计王尚忠、王兆禄、亢永喜、张荣、孙顺兴五名各捐助市钱二十吊，高白氏捐助市钱十吊，剧成俭捐助市钱五吊，其续捐姓名俟访明再录"①。"农话"与"冶工"同列，翻译小说与警务手册并陈，儿童教育与世界读本共存，内容之繁杂，足以展露清末启蒙者急欲从尽可能广阔的领域开启民智的心迹。

直接的启蒙宣传，在清末更是不乏其例。这一类宣讲，或者直接表达忧患，声嘶力竭地呐喊，以唤醒处于迷梦中的国人，或者通过足以引起镜鉴的别国惨痛历史，震醒国人，往往充满忧患意识。事实上，清末宣讲内容之庞杂广泛，很难用区区几点来概括，上述分类只是笼统说来。新旧掺杂，传统与现代交融，才是清末宣讲最突出的特征。这方面，官办宣讲所的表现尤为显著。天津知县唐则瑀光绪三十一年（1905）十二月在西马路与河东地藏庵两处宣讲所的演说，便为我们提供了可供参酌的范本。演说开篇即提到："本县是地方官，有亲民之义务，有教养之责任。今与各位白话讲讲。设宣讲所是为民智不甚开通，不知争胜，不能自强。所以请几位读书明理的先生，每晚登台演说，或讲康熙皇帝的《圣谕广训》，或讲大人先生训俗警世的书，或讲本朝的《圣武记》，或讲劝人行善的格言，总是有益人心风俗的好话。而接下来演讲的主题，一次是'合群'与'崇俭'，一次是'正人心'与'自强'。"②《圣谕广训》《圣武记》与"合群""自强"等观念、术语同台亮相，如非过渡时代，实难理喻。直隶总督袁世凯授意创立的天齐庙宣讲所，讲读内容也是《圣谕广训》与《朱子格言》《训俗遗规》等传统道德手册，与《大公报》《京话日报》《天津日日新闻》等"各种报章"新旧杂陈。③ 吉林省于 1906 至 1909 年，在省府州县陆续设立了 11 处宣讲所（讲报馆）。宣讲的主要内容既有忠君、孝悌之类的封建道德，也有诸如国民教育、修身、历史、地理、格致之类的新学内容，此外，还有

---

① 《宣讲所缔结慈善会》，《盛京时报》1910 年 2 月 29 日。
② 《十二月初五日西马路宣讲所开讲天津县正堂唐演说白话》《十二月初十日天津河东地藏庵宣讲所开讲唐县尊演说》，《敝帚千金》第 9 册，1906 年 1 月 3、14 日，第 15、42 页。
③ 《宣讲所牌示》，《大公报》1905 年 7 月 1 日；《纪宣讲所》，《大公报》1905 年 8 月 15 日。

白话新闻等。① 安徽宣讲所宣讲内容为圣谕广训、富国问答、咨政局章程等。② 湖北省立宣讲所的主讲内容是"上谕、行政机关法令及时事等"。蕲春宣讲所的宣讲内容："每次首先必宣讲《圣谕广训》，劝导民众'敦孝弟以重人伦，笃宗族以昭雍穆，和乡党以息争讼，重农桑以足衣食，尚节俭以息财用，隆学校以端士习，……等等'。其次，结合当时中心任务进行宣讲，如宣讲兴办学堂等。"③ 从另一个角度看，这近乎矛盾的内容，意味着传统伦理虽脉息尚存，但新知、新理亦登上大雅之堂，取得与前者平等的地位，甚至大有超越前者之势。更不屑说，民间讲报处则大多钟情时新内容。

从宣扬封建伦常到传播时事政治，从培养顺民到教育公民，从制造闭目塞听的忠臣孝子，到造就拥有自主意识、关心国事的公民；从愚民到开启民智，清末新式宣讲内容的本质性变化，不仅是意识形态建构的需求差异，也是中国社会从农业文明转向近代工业文明的表征。

四 新式宣讲之受众群体

目前，学界已达成基本共识，清末言语传播之兴，主要缘于知识分子因救亡而发起的针对普罗大众的启蒙运动。李孝悌所著《清末的下层社会启蒙运动：1901－1911》对此做了最为全面、系统的论述；李斯颐的相关研究也得出类似的结论，"由于报业发展自身的规律，它所引发的某些客观作用，远远逸出了统治阶级的初衷。正是从这一时期开始，借助种种形式，包括作为本文论题的阅报讲报活动，报刊不再仅以冠带绅佩者流为对象，而是在更加广阔的范围内成为社会生活的重要组成部分"。"阅报讲报活动，是汇于这股变动不居的潮流中的一场范围广泛的活动。笔者翻检各类材料，觅得见诸记载的阅报讲报处所，凡 220 余家。""这项活动的实质，是以官吏和士绅阶层为主体、以城乡普通群众为对象，通过免费阅读或讲解报章，传播朝廷新制政要、国内外大势、科学知识和社会改良措施，达到启迪民

① 吉林省地方志编纂委员会：《吉林省志》卷 39《文化艺术志·社会文化》，吉林人民出版社，1992，第 12~13 页。
② 安徽省地方志编纂委员会：《安徽省志教育志》，方志出版社，1997，第 600 页。
③ 熊贤君：《湖北教育史》上卷，湖北教育出版社，1999，第 247 页。

智、开通风气、提高国民素质的目的。"①

从清末各级知识分子有关口语言说对开启底层民众智慧之优势的种种阐释，也不难看出，知识分子所预设的目标受众，有相当一部分是瞄准下层社会。如《顺天时报》中《奉劝诸君多立阅报处》一文指出："北京第一间阅报处，是开在琉璃厂工艺商局的楼上。不过这个地方因为太高雅，下等社会的人都不敢进去。后来由于乏人问津，很快就关闭。一直到1905年春天，西城阅报处成立后，才蔚为一时风尚。为了要人来阅读，这间阅报处不仅登报公告周知，还四处张贴传单。传单上写著'请看报'三个大字，下面注明在哪里看。名号打出后，读者一天天增多。阅报处又进一步，四处张贴报纸，还请人来讲报。种种措施，可谓用心良苦。西城的作法，很快就有人回应。南城、北城、东城以及崇文门外、东直门外也纷纷设立了阅报处所。"②江苏苏州从1905年起设置讲报处，到1906年底，已设置了6处。"按期将各报宣讲，于劳动社会颇有影响。"③而清末"开民智"社会启蒙运动也确实覆盖了广泛的底层民众，乃至苦工、劳力受到感染。1905年7月，北京护国寺西口天泰轩茶馆门口，贴有《京话日报》，某阅报者情不自禁，高声朗诵，茶馆现有苦工多人，一时蜂拥而至，某君且诵且讲，苦工等侧耳而听，多有连连点头而嗟叹者，某君去后，苦工相告曰"原来此报是我们中国报，惜无人每日在此讲解耳"④。黑省满洲里于1908年10月开办的宣讲所"来听者多系下等社会中人"⑤。"甘石桥泼街的水夫，名叫张健全，自从尚友阅报处讲报，泼完了街，他就去听，字眼儿也很明白，各种的报，他都看得下来。夜晚无事，现趸现卖〔可不要钱〕，到茶馆里去讲，感动了许多人，有吊眼泪的，有拍桌子的，有咬牙切齿要说话说不出来的。"⑥《学部奏定劝学所章程》明确规定，"宣讲时，无论何人均准听讲。即衣冠褴褛者，亦不宜拒绝。惟暂时不准妇女听讲，以防弊端"⑦。意

---

① 李斯颐：《清末10年阅报讲报活动评析》，《新闻研究资料》1990年第2期，第104页。
② 《奉劝诸君多立阅报处》，《顺天时报》1905年7月13日。
③ 《大开民智》，《大公报》1905年12月16日。
④ 《苦工亦喜听报》，《大公报》1905年7月22日。
⑤ 《宣讲所开讲情形》，《大公报》1908年10月31日。
⑥ 《水夫开化》，《京话日报》第327号，1905年7月17日。
⑦ 朱有瓛：《中国近代学制史料》第2辑上册，华东师范大学出版社，1987，第146页。

味着"衣衫褴褛"的贫民，很可能成为受众群体的一员。其实即便是妇女也并未被彻底排除在外，上海大东门火神庙的东南城地方自治会，就在1911年由会员王志公组织了一个宣讲处，讲解与地方自治有关的事宜，"听者甚众，大抵中下社会及妇女小儿为多，于地方自治、个人道德颇有补助"①。有学者专门搜集到10家女子阅讲报所的资料，"它们均以妇女为对象，创办者亦为女界中开通人士，如北京北新桥女子讲报社，就是由日新、采众、正俗三家阅报社主人之妻联袂筹办的"②。

而深受言语传播之惠者，并不限于社会底层。一些无法事先估量的因素，决定包括城市商人、平民、新兴文化人在内的各色人等，都有可能参与其中。天津河东地藏庵宣讲所，便是"商民均可入听"。为招徕听众，该所还准备"粘贴广告"③。奉天三省自治会"在人口集中的城镇乡普遍设立宣讲所，宣传自治。其中城市里由自治会定期派宣讲员到所举办宣讲会，而'村镇地方按集市日期'在当地组织绅士开办演讲。因所讲内容包括普及教育、禁绝鸦片、发展实业、强化治安等各界人士均感兴趣的一些问题，加之演讲者语言生动，浅显易懂，因此各地听讲之人，日见加多。每逢演讲日，时常是'官绅毕至，商工咸集'"④。北京观音寺昇平楼茶园主人穆子光，则从1906年7月起，每日晚间在茶楼上宣讲报章，以"开商人之智"⑤。京师督学局的第一处宣讲所，是1906年10月设在大栅栏广德楼茶园的南城第一宣讲所。"除妇女外，无论何项人等，均准一体入所听讲。亦可谓大开民智矣。"时间则是"自九月初五日起，每晚七点钟开讲，至十点钟止"⑥。《申报》在1906年刊载了一篇论说《论阅报者今昔程度之比较》，其中提到与过去相比，工商界阅报的人数增加，而农民以前完全不知道什么是报纸，现在也渐渐知道，甚至"闻讲报社之讲演，则鼓掌欢呼，惟恐

---

① 《组织宣讲处之手续》，《申报》1911年2月14日。
② 李斯颐：《清末10年阅报讲报活动评析》，《新闻研究资料》1990年第2期，第105页。
③ 《纪宣讲所开办日期》，《大公报》1906年1月4日。
④ 曲晓璠、马岚：《清末东三省地方自治运动述评》，《辽宁大学学报》（哲学社会科学版）1994年第4期，第81页。
⑤ 《茶楼讲报》，《大公报》1906年7月12日。
⑥ 《设宣讲所》，《大公报》1906年10月20日。

其词之毕，而恨己之不能读者"①。思维最为活跃，最容易接受新生事物的学堂学生，无疑也是清末演说传播的重要接受群体。受众中甚至包括了来华传教士，灯市口《京话日报》讲报处"从二十日开讲，去听的人很多，无不点头落泪。昨天有位美国牧师，也到那里听讲，听着听着，忽然挺身立起"，对着大众，高声发表反对美国华工禁约的演说，"讲报的这位先生，我并不认识他，听他讲的话，我可实在佩服，我美国待华人的意思，真是出乎道理之外。我虽是美国人，很觉着不好看，惟有盼望我们政府里，把禁约改好就是了"②。严修于 1904 年出任直隶学校司督办，主持直隶教育工作，不仅身体力行，为各宣讲所阅报社捐资助款，每月捐启文阅报社洋十元③，还前往各宣讲阅报社听讲、讲学。1910 年 6 月天津学界联合音乐会开会前后，严修即"每晚复往各宣讲所听讲"④。学部侍郎每晚带头听讲，固为个案特例，但听众群体中出现政府各级吏员，却并不罕见。天津巡警区长穆汉章开办的宣讲所，相当一部分听众便为当地"现行警察"⑤。天津巡警探访局宣讲所，则面向"所有弁目差役"⑥。天津从新蒙学馆的塾师吴家齐登报广邀同道协助其讲报，而且也可能是为了充电，他自己"晚间又上文昌宫听讲"⑦。

尤值得一提的是，尽管新式宣讲被政府利用为重要的政治传播渠道，每逢新政颁布，劝导民众，总要借助宣讲手段。其初衷当然是全面覆盖广大乡村在内的所有民众，但事实上，其影响面仍限于城市，乡村甚至镇子都无法网及，如言："殊不知告诫明文只能开导识字之人，而非所论于目不识丁之乡愚，即宣讲所之设大抵多在城市，绝不及于偏僻之乡镇。"⑧

茶馆作为清末重要的言语传播场所，其所具有的媒介文化征象，显非"启蒙说"所能解释。茶馆顾客的构成，即便靠不上上层社会，却也不可能

---

① 《论阅报者今昔程度之比较》，《申报》1906 年 2 月 5 日。
② 《美牧师被讲报人感动》，《京话日报》第 364 号，1905 年 8 月 23 日。
③ 《天津启文阅报社丁未十二月出入款项造具清册呈览》，《大公报》1908 年 3 月 27 日。
④ 《关心学务》，《大公报》1910 年 6 月 15 日。
⑤ 《警员特色》，《大公报》1906 年 4 月 29 日。
⑥ 《宣讲侦探》，《大公报》1906 年 4 月 17 日。
⑦ 《奉告我们同业诸君》，《大公报》1905 年 7 月 21 日。
⑧ 《论化导人心为今日地方绅士之责》，《申报》1910 年 4 月 17 日。

是衣食无依的社会底层，而且情况很可能发生变化。有资料就显示，"从前北京上等社会人，向来没有喝茶的举动。九城所有的茶馆，去喝茶的，都是下等社会中人"。升平楼位于北京前门外的观音寺街，"为南城喝茶的总汇处"。茶楼经过翻新，装上电灯，"备有各种报纸"，"日加扩充，日加文明"，渐渐吸引了上等社会的注意力。① 传播受众群体的真相，在展示知识分子心迹的同时，透露着社会关系与结构变迁的痕迹。

五　新式宣讲之传播效果

开启民智，是知识分子的良好愿望；通过口语言说启蒙下层社会，是他们历经挫折探索到的有效路径；但其成效，却并非听由知识阶层的一厢情愿。晚清宣讲传播的效果究竟如何，尤不能以传播主体的鼓噪程度，或者宣讲机构的数目来衡量，却应从受众情况来判定。从宣讲活动早期的记载，因风气未开，听讲情况并不乐观，如"大兴县唐令遵照顺天府饬知办法，于四乡设立宣讲所，因于东垻及黄村等处设所共计四区，惟听讲者人数寥寥，亦风气未开之一虑也"②。通常情况下，由于听去自由，人员流动性极大，特别是史料中关乎宣讲效果的记载，大多较为笼统。如学商公余社组织的宣讲社，邀请顾霖周等人演讲地方自治，"并分送讲义，听讲者络绎不绝"③。北京进化阅报社每晚宣讲报章时因配备电影，"于是往听之人日以千百计"④。天津河东小集同善六局水会内所设的一处阅报社，"刻复拟定每逢三六九及星期等日晚间敦请阎君华庭、鲁君嗣香、徐君襄平、钱君翊辰等轮班讲演报纸，听者异常踊跃几无伸足之地，想该处不过一隅尚且如此，倘津邑城厢内外各水会皆能照此办理，是亦开通民智之一助"⑤。虽能局部反映个别宣讲所的火热程度，但对整个清末宣讲之受众群体做具体的量化几乎是不可能的任务，这也许是至今尚未见相关统计的主要原因。宣

---

① 《升平楼最近现象》，《顺天时报》1907 年 5 月 21 日；《记升平楼最近佳现象》，《顺天时报》1907 年 6 月 11 日。
② 《唐令饬设宣讲所》，《大公报》1909 年 1 月 31 日。
③ 《学商公余社附设宣讲所》，《申报》1910 年 5 月 11 日。
④ 《讲报苦心》，《大公报》1906 年 5 月 4 日。
⑤ 《分期讲报》，《大公报》1911 年 12 月 18 日。

讲所的个案数据，却能够为我们以一斑窥全豹，提供可靠的线索。据《大公报》载，天津东马路宣讲所 1907 年 11 月 23 日晚前往听演说者达 200 余人①；在宣统二年（1910）冬长寿县（今延寿县）宣讲一览表中，列出了初一至二十九日，逐日某员讲某书某卷，某员讲何种话本，常听人数，暂听人数、宣讲员数等项，常听 29 人至 50 人不等，暂听 19 人至 40 人不等，宣讲员 2 人。全月讲书及讲演各 25 次，常听计 1100 人，暂听计 788 人。②北京宣武门内开办的宣明阅报社，每天下午一点到四点，聘请专人讲解报章。其中一个讲员名叫斌小村，从报社开办以来，天天到社讲演，讲的内容除了报纸外，还有国民捐和劝戒缠足等。由于口齿清晰，内容也吸引人，所以每天都能吸引一些听众，有的时候有二三十人，更多的时候有四五十人。③ 而另一则有关该社的报道，则记载听讲人数为四十余人。觉先和尚创议组织之宣明阅报社"开办后每日由一点钟至四点钟，特聘专员讲说书报，以开风气。闻日前入社听讲者共有四十六人"④。其中，天津东马路宣讲所听众人数暴高，尚属特例。总的看来，抛开暂听人数，各宣讲所的常听人数不外二三十至五十人。再佐以全国宣讲所及讲报处数目，受众总量便约略可见。

事实上，即便没有精确的数据，我们仍可以通过时人的相关描述，感知清末宣讲活动所产生的强劲影响力。据《大公报》的一则报道："上次宣讲所演说工商要理，约请日本教员演说各专门学问，一时听者甚众，内有高等工业学生多人在内听演，既无浮嚣矜躁之习，亦无惰靡不振之容，其进退有法，动作合度，犹余事也。当经该学堂监督查系明白，即行悬牌嘉奖，谓德育进步可见一斑。此虽细微之事，亦可见该堂管理员等鼓励学生之苦心矣。"⑤ 在偏僻的东北小城开原，随着风气渐开，宣讲所听众以致颇行拥挤："由自治团体慨捐巨资倡办公立简易识字师范传习所，内分文武两

---

① 《工商演说述闻》，《大公报》1907 年 11 月 25 日。
② 黑龙江省地方志编纂委员会：《黑龙江省志·教育志》，黑龙江人民出版社，1996，第702 页。
③ 《阛桥听讲》，《大公报》1906 年 4 月 25 日。
④ 《阛桥听讲》，《大公报》1906 年 4 月 25 日。
⑤ 《德育进步》，《大公报》1906 年 4 月 7 日。

科并附设宣讲所、阅报室，正临通衢。每日午正开讲，聘请义务讲员景芳、杨焕斗二君苦口热心，颇动众听，每日堂内满座，站立者尚觉拥挤，可谓风气渐开矣。"① 天津天齐庙宣讲所倡议国民摊还国债，"各学堂学生莫不踊跃输将争先恐后"，以致"直省各教会中人闻风兴起，业经集有钜资以尽国民义务"②；同在天津，"枣强县宅城村有王玉存者，刻赴天津户部银行交津钱二十串，愿纳国民捐，并称系农人子家，仅薄田二十余亩，只足糊口，本年闻城内设有阅报室，日日来城听讲，颇有动于国民捐之感情，遂归而谋诸家人，慨然以一亩六分有余之地变卖，得价愿尽义务云"③；据报道，"骡马市讲报处演说烈士陈天华投海的事，有打磨厂纸行黄姓在座，听罢之后，大哭不止。打听是二十九日的报，到本馆买了一张去，要跟伙计们去讲讲"④。"北城某胡同新近逃跑了一个小孩，名叫大善，年纪才十三岁，平常作小买卖。前两天他的父亲，得了些便宜丁字烟卷，逼着孩子去卖，大善听过醉郭讲报，起誓不卖美国烟，不肯依他父亲的主意，老人家生了气，把孩子好打了一顿，偶不留神，他可就撒了鸭子了。"⑤ 1907 年以前黑龙江原有两个阅报处，但开办了一年，对于不识字的"下等社会"，仍然无法开通智识，于是，高等学堂监督等人禀请设立一处宣讲会，每日邀集同志，分讲新政、新学及立宪事宜。一日，一位林姓官员向众人讲黑龙江的乡土历史，以及"爱珲庚子之难"，讲到"江北旗屯五十余所，男女七千余人，尽为俄人驱而投诸黑龙江"时，听众"莫不呜咽垂涕，击胸顿足"，"可见演说时事，足以感动社会之国家思想"⑥。北京内城第五学区宣讲所劝学员乐绶卿"登台演说，大声疾呼，历述韩国灭亡史，语言激励，慷慨动人，听讲者肃然而敬，竦然而畏，颇有振起自立自治之精神，于以见演说之影响，于人心亦大矣"⑦。难怪山东道监察御史杜彤对各报馆讲报所的作用大加肯定，奏称"查近年京外各处，多设有讲报所、说书处，名目不一，要

---

① 《公立宣讲所渐形拥挤》，《盛京时报》1910 年 1 月 9 日。
② 《教会倡捐》，《大公报》1905 年 12 月 13 日。
③ 《宣讲效果》，《大公报》1906 年 3 月 24 日。
④ 《买卖人痛哭陈烈士》，《京话日报》490 号，1905 年 12 月 28 日。
⑤ 《有志气的小孩》，《京话日报》366 号，1905 年 8 月 25 日。
⑥ 《黑省阅报处宣讲事》，《顺天时报》1907 年 3 月 13 日。
⑦ 《演说动人》，《大公报》1907 年 7 月 27 日。

皆以开通民智，启发愚蒙为宗旨，虽市井负贩不识字之徒，皆得随意环听，需费无多，而受益甚普。各省民智渐见开明，其得力处未尝不由于此"①。北京第五高等小学教员常静仁，联合同志创立了朝阳阅报社兼宣讲所，"开办以来，成效昭著，东南一隅风气开通，胥赖此举"②。

　　总之，清代宣讲从雍正年间的制度化，至王朝中后期的衰微，以至20世纪初期新式宣讲的崛起，作为一种重要的媒介手段，经历了起伏跌宕的发展历程，其内容、表现形式也追随社会变迁顺势进化。宣讲以言语传播，本身或许不存在技术层面的跃进，但整个宣讲过程的演化，其内容、仪典、形式，以及传者与受众群体的异变，使它具有了更强烈的时代气息，深刻地反映了时代的更迭，社会结构与社会交往关系之变，进而传达出时代变迁的讯息。

---

① 《御史杜彤奏陈宜将历次教案汇辑成书折》，朱金甫：《清末教案》第3册，中华书局，1998，第823页。
② 《组织联合会》，《大公报》1908年3月24日。

第三章
清末的演说活动

　　晚清人这样解释讲演："在同一时间和地方，一个人对着许多听众，用他自己所构成的资料，有头路有条理，从口里说出来，使听众们都明白了解。"① 对演讲的界定可谓见仁见智，著名演讲家邵守义提出，演讲是"演讲者在特定时境中，借助有声语言（为主）和态势语言（为辅）的艺术手段，针对社会的现实和未来，面对广大听众发表意见、抒发情感，从而达到感召听众并促使其行动的一种现实的信息交流活动"②。有学者则认为，演讲，"即一个人在公开场合运用语言艺术，有目的的向听众传递信息、传播知识、引起感情共鸣的人际传播方式"③。显然都注意到了演讲一对多，言语配合态势语言，具有强烈的感召性质的传播特征。演说是口语传播时代的信息主道。口语言说有较之文字更强烈的鼓动性，所以，在交通工具落后、物质载体不发达的古代，非但文化程度不高的社会底层采用言语传播，就连统治阶层都常运用。演说既是政治家、思想家传达政令、宣德布道的有效手段，也是起义领袖传播宣言的重要渠道。

第一节　演说活动溯源

　　如果不是生逢清末演说活动异军突起，创造了中国传播史上的奇迹，

---

① 俞雍衡：《通俗讲演》，浙江省立图书馆，1931，第 2 页。
② 纪殿录：《说服艺术概论》，辽宁大学出版社，2012，第 238 页。
③ 刘建明主编《宣传舆论学大辞典》，经济日报出版社，1992，第 675 页。

人们或许根本不会注意到文字之外的言语媒介。所以，不唯西方学界，即便是国人也有不少认为演说这种传播形式舶来于西方。在西方，演说活动源远流长，早在古希腊时期就涌现出众多演说家，苏格拉底、柏拉图、亚里士多德等哲学家，他们不仅是著名的哲人，而且无一不精通演说。公元二世纪，西塞罗、昆提利安等演说家创造了西方演讲的黄金时代。进入近现代以后，演说更成为政治家政治宣传的重要渠道，创造了一个又一个宣传奇迹。事实上，演说活动在中国也由来已久。早在先秦的殷商西周时期，奴隶主贵族的演说活动便见之于记载。《尚书》中即保留了大量演说辞，据专家考证，其中的《甘誓》为我国第一篇演讲辞。① 商朝第二十个国王盘庚则堪称我国古代第一个演说家。他为了实现自己的迁都主张，对贵族和平民先后发表了三次演说，《尚书·盘庚》即是它的记录。② 这些或许就是中国最早的演说体。而春秋战国大的社会变革时代，不仅迎来了演说传播第一个繁荣阶段，"百家争鸣"，"处士横议"，诸子为了"传道"，或办学施教，或集会演讲，或游说于列国，造就了演说空前兴盛的景象；也为后世流传了宝贵的口语传播思想，既有儒家孔孟对口语传播要切合政治伦理需要的强调，又有墨家墨子与法家管子、商鞅等关注口语传播如何发挥其社会功能，以及道家老庄看重语言表达与意义呈现之间的辩证关系；以鬼谷子、苏秦、张仪为代表的纵横家主要关注对辩论和说服的探讨。③ 但从秦朝统一中国之后，漫长的集权专制统治以及皇权的绝对权威使得民众唯有俯首听命，演说只能以说书、讲经、讲学、辩论等方式出现，言语传播活动渐行寂落，直至清末再行复兴。

在接触新生事物，尤其是西方舶来品时，通过回溯传统，找回古已有之的证据，进而作为心灵的慰藉，是近代国人普遍的心态和做法。演说，这种在清末社会变革中发挥了巨大作用的言语传播形式，同样在清末引起各方注意。变法失败后，康有为在《论语注》中再次提到："德行、政事、文学，后人皆知重之，至言语立科，则后世不知。岂知言语之动人最深，

---

① 张寿康：《先秦演讲史话》，《演讲与口才》1987 年第 2 期，转引自刘德强《先秦演讲史探略》，《上海师范大学学报》1996 年第 3 期，第 78 页。

② 宋嗣廉、黄毓文：《中国古代演说史》，东北师范大学出版社，1991，第 2~3 页。

③ 庚钟银总主编、王壮辉主编《口语传播范例与作品分析》，高等教育出版社，2016，第 2 页。

盖春秋战国尚游说辩才，孔门立此科，俾人习演说也。观董子词辩而《公羊》立，江公口讷而《穀梁》败，即论经学，亦重言语矣。汉晋六朝尚有立主客以辩难者，宋人不知此义，乃尽扫之，于是中国言语之科乃没。今宜从四科之义而补之。"① 对演说曾经的辉煌不无感慨，也道出了中国演说传统源远流长的历史事实。

宋恕对时人谬议演说为日本新名词的忘本无知颇为无奈，感佩于古人言语设科之英明："今我国顽固士大夫尚多憎闻'演说'二字，其实不知'演说'二字见于《南、北史》，为唐以前之常语，而谬指为日本之新名词，可谓不学之甚矣。今海外民主政体及君主立宪政体之国，演说皆极发达，而皆特有演说之学以造就演说之人材。增生幼读《论语》，即怪言语为孔门四科之一，而何以当世无此教科？及长，而闻海外有演说学，即深服其暗合孔子设科之法。"②

刘师培说："昔释迦传经，首崇说法。而中国当三代之时，有所谓纵横家者，亦以言语代文字。降及宋代，语录一门，已开演说之渐，此固讲学家所恃以传道也。"③ 推宋明理学为近代"演说"之源头。也有人将圣谕宣讲视为演说之发端，提出清代自康熙朝即有演说。如《申报》发文称："迨我朝圣祖仁皇帝御制《圣谕十六条》……颁布天下，令民间于朔望宣讲，藉以觉愚警顽，俗谓之讲乡约而演说乃奉旨施行。"④ 而无视中国自古就有演说的事实，把演讲归为新生事物，是由西洋舶来者，亦不乏其人，如云："而演讲之学，本属专门，我国无此人才。"⑤

1900 年《开智录》上发表的一篇署名"冯懋龙自由氏"的《论演说之源流及其与国民之关系》⑥，是中国人较早专门讨论演说的文章。演说在清

---

① 康有为：《论语注》，康有为撰，姜义华、张荣华编校《康有为全集》第 6 集，中国人民大学出版社，2007，第 464 页。

② 宋恕：《创设宣讲传习所议》，《宋恕集》上册，中华书局，1993，第 415～416 页。

③ 刘师培：《论白话报与中国前途之关系》，《刘师培论学论政》，复旦大学出版社，1990，第 341 页。

④ 《演说篇》，《申报》1903 年 9 月 17 日。

⑤ 《如麟君台鉴》，《京话日报》第 446 号，1905 年 11 月 14 日。

⑥ 冯懋龙自由氏：《论演说之源流及其与国民之关系》，《开智录》，1900 年 12 月 22 日，第 3 页。

末获得新生，成为备受欢迎的传播渠道。除了演说场所遍布全国各地外，无论是政坛明星，还是学界闻人大都擅长演说术，甚至绅商市贾、普通的劳动者，皆投身其中；而且在新时代形势下产生的各种团体、组织、机构，亦多专设演说员。奉天农务总会在各县所立农务分会设置的若干干事，"讲演"员也赫然名列其中①，成为该会的专职人员。演说也是各种组织机构进行宣传的重要手段，天津同仁会就把"登坛演说以博记闻"作为其主要活动之一。② 而以演讲为主的聚会，则是天津法租界基督教青年会各类集会中比较重要的一类。该会第九次大会召开前，曾在《大公报》上刊登预告："法租界青年会定于本月二十三日晚七点半钟举行第九次大会，仍假座英国工部局戈登堂中，刻已遍发请帖矣。""又经司胡同志学会社学堂亦于是日午后一点半钟开演说盛会，有驻京美钦差府派来汉务参赞官卫君代致贺词，并有军乐以助兴致云。"③ 该会第十一次大会的演说会序，亦直接刊于《大公报》。内容如下：

> 昨晚天津青年会假英工部局戈登堂开第十一次大会，到者甚众。今将其演说秩序记录于左：
> 一、督署乐队奏记念忠君爱国之乐；
> 二、圣道堂甘牧师演说开会；
> 三、大会副会正连警斋先生演说；
> 四、大公报社长英敛之演说；
> 五、再奏军乐；
> 六、美国华盛顿城司礼门先生演说；
> 七、三奏军乐并唱歌；
> 八、会中友人致词；
> 九、四奏军乐；
> 十、本会总董格林先生演说；

---

① 《农会及农事演说会》，王树枏等总纂《奉天通志》第113卷"实业志·实业一·农业"，1934年铅印本，第2页。
② 《拟立同仁会社议》，《大公报》1902年12月27日。
③ 《青年盛会预闻》，《大公报》1905年4月22日。

十一、卢木斋学台演说；

十二、徐静澜观察演说；

十三、五奏暂别后会之乐，闭会。①

1904 年 11 月，保定四川会馆官立小学堂内设立通俗教育茶话所，于每星期下午举办通俗演说，"以浅显之词，阐文明之化，或用俚言，或加趣语，感人最易，入人最深，开智牖明，此为至便"，达到开通风气，裨益民生的目的。② 1905 年，清政府派五大臣出国考察宪政，马相伯立刻在《复旦公学章程》中列出第十六章"演说规则"，要求"每星期或星期六下午开演说会，校长及校员、教员登堂演说"；"非星期日，有特别事应讨论者，于课暇开谈话会"。"中国将行立宪，此后中央政府、地方自治，皆有聚集会议之事。其聚散之仪文，辩论之学术，诸生允宜亟讲。故于演说会外，诸生可于暇时随时开议，推举首座书记，其问题古今间立，以凭论决。自会合举员，至于出占决胜，勒为成规，以便习练语言，摩厉识力。"③ 阅报社定期开办演说成为时尚："大宛试馆设立阅报处已于二十一日开办。兹传闻有江苏某某志士因赴大宛馆考察触发感情，拟纠合同志在宣武门外北半截胡同江苏会馆设一开智书报社，除京津各报外，广集上海香港等处新报，并政治小说、科学小说及各种图样标本，并公举一演说员每星期午后演说一次，演说毕许人辨难，惟辨难之人须自行表明姓氏，宣示同社众辨难确有见解……"④ 另据报："京师阅报社日益推广，足见风气之大开，现在又有陈兰圃君约集热心同人，在地安门设立勉志阅报社一区，并拟按日宣讲。已定于初十日开办。至期京师各社会人均至该社。以次演说。"⑤ 演说之风甚至向兵营渗透，"亲军营去岁曾由侍卫倭允中君发起设立演说会，以期开通风气，旋因无人提倡遂致停办，昨闻倭君仍拟筹画款项续为开办，现正

① 《青年盛会》，《大公报》1907 年 5 月 8 日。

② 《试办茶话所禀稿并批照登》，《大公报》1904 年 12 月 31 日。

③ 马相伯：《复旦公学章程》，朱维铮主编，李天纲、陆永玲、廖梅编校《马相伯集》，复旦大学出版社，1996，第 60 页。

④ 《江苏会议设阅报处之风说》，《大公报》1905 年 5 月 30 日。

⑤ 《又立勉志阅报社》，《大公报》1906 年 7 月 27 日。

布置一切"①。1906 年《大公报》刊载了一篇题为《特别茶话》的消息，文称："法界中国青年会定于今晚开特别茶话。尚友会约定外洋乐师赴会演奏西乐，并请中外名家到会演说，想届时入座听讲者，当屡满户外云。"② 茶话会之所以"特别"，显系缘于"外洋乐师赴会演奏西乐，并请中外名家到会演说"，演说与西洋乐成为茶话会的特别佐料，可见其在当时的流行程度。也是在 1906 年，一份文献干脆说："舍演说不能输入智识，舍开会不能演说。"③ 清末演说之地位与开展之热烈程度，由此可见一斑。

第二节　演说形式之衍化

演说由演讲者当众高谈阔论，宣传思想观念，在媒介技术受限的时代，除了语言和表演技巧的提升外，从外在形式来看，本没有什么进化可言。但是，广泛应用于社会启蒙的清末演说，却并非对这种古老传播形式的照搬袭用。清末演说不仅纳入了日本演说的近代精髓，而且频频在近代报刊上登台亮相。在晚清的报刊上，保留了大量演说稿件，《湘报》就刊载着南学会历次集会的演说词。其实，报刊开设演说专栏，在清末并不鲜见，1904 年 8 月 16 日创刊的《京话日报》"第一个采用'演说'栏目名称，使之成为京津白话报的标志性栏目"④。从颇富影响力的《京话日报》，到普通刊物，如《上海白话报》的"演说坛"、上海《女报》的"白话演说"，以及《四川官报》《农工杂志》《广东劝业报》《女学生杂志》等都专设演说栏目。《大公报》刊载的一篇消息，最能生动地反映当时"演说"之于报刊的重要："兹有某志士拟创设爱国报，以开民智，分内外两篇。内篇时事论说，外篇小说附演说。白话虽妇孺乡愚稍识字者即能顺辞解意，最易开民智慧。拟月出三册，至于排印，或在津或在京刻尚未定。"⑤ 设想中的《爱国报》，"演讲"赫然成其栏目之一。章炳麟、陶成章主持的《教育今语杂

———————————

① 《亲军营疑设演说会》，《大公报》1909 年 2 月 27 日。
② 《特别茶话》，《大公报》1906 年 11 月 24 日。
③ 《论湖南学务处禁开德育会事》，《申报》1906 年 11 月 28 日。
④ 胡全章：《清末民初白话报刊研究》，中国社会科学出版社，2011，第 28 页。
⑤ 《记爱国报》，《大公报》1902 年 12 月 20 日。

志》以白话演说为主要形式，以传授国学为主要内容①；《顺天时报》聘有专职的"白话演说员"②。演说成为报刊宣传不可或缺的阵地，甚至出现了专门的演说报，如《湖南演说通俗报》《河南白话演说报》《海城白话演说报》等，在传达其勃兴盛况的同时，也昭示了这种古老传播手段在清末的变化与发展。一方面，其中多数演说文是已经演讲的稿本，通过借重于报刊媒体再次传播的方式，避免了演说内容稍纵即逝、影响不够久远的传播劣势，实现了更大的宣传价值。另一方面，有相当一部分演说文从未由人登台讲演，而是作为近代报刊一种新兴的、特殊的白话文体得以广泛使用。

　　清末新式演说较传统演说的另一明显变化，是类型愈加丰富多彩。利用讲报处或宣讲所定期定时演说，成为普遍的做法。天津东宣讲所即将开办的"工商演说"就曾提前在《大公报》登广告："启者：十二月初三日晚八钟至十一钟，仍在东宣讲所内演说工商各项要理，并请刘巨川先生演说开煤续论，纪管涔先生演说信用关乎商业盛衰之理，何子琴先生演说风水与气等力之速率，韩镜湖先生演说制火药与炸弹之理法，李子鹤先生演说商人以择术为要务。希各工商届时惠临入听，不取分文。特先布告。"③ 天津东马路天齐庙宣讲所"初八日晚七点钟，萧心甫君演说《拳匪纪略》，宋祝亭君演说《国民读本》"④；"初十日晚七点钟，叶仰波君演说《黑奴吁天录》，沙骏声君演说《圣武记》"⑤。虽主讲及演说内容变化，但定时开办演说无疑成为该所常态。讲报社亦为开办演说会的现成场所，"东安市场会友讲报社卜君特定于本月二十八日开演说大会，约集京师各阅报社代表人前往演说，并演唱爱国新戏一日以助其兴"⑥。

　　有时，讲报处或宣讲所内开办的演说与宣讲很难分辨，如光绪三十年（1904）河北宣化县阅报研究所附设的半日学堂与阅报研究所相辅而行，备有《农学报》、《启蒙画报》、《北洋官报》、《京话日报》、《徐家汇报》、北

---

① 胡全章：《清末民初白话报刊研究》，中国社会科学出版社，2011，第29~30页。
② 胡全章：《清末民初白话报刊研究》，中国社会科学出版社，2011，第34页。
③ 《工商演说广告》，《大公报》1908年12月24日、25日。
④ 《热心宣讲》，《大公报》1906年6月1日。
⑤ 《分门演说》，《大公报》1906年6月3日。
⑥ 《讲报社开特别演说会》，《大公报》1906年6月21日。

洋各种学报、白话丛书等几十种书报，并"借阅报之名，以行演说之事，拈书报中紧要节目以阐发之"，而且"演说务使明白易晓，妇孺皆知"，"须以方言俗语为主"。演说又分为"小演说"和"大演说"。即"每日阅报，同人可轮日演说，此名小演说"；后者即"每月宜请官长，或朔望日，或三、八、五、十临所，仿学政讲书例，于同人指定一人出场开演，如说平书者然，此名大演说，或曰演说会"①。此所谓"小演说"以报做读本，更似宣讲；"大演说"仿讲书方式，又如说书，显然与读报有异，更接近演说。到热闹场所讲演，因简便易行也很有市场。中国国民禁烟会顺直分会曾在1910年底拟定一个详细的鼓吹禁烟办法，包括在报纸上刊登白话文章，散播白话传单，委托宣讲所演说员在各宣讲所演讲，派人到戏园、茶馆及城乡内外热闹地点演说，派人"持旗鸣锣"游街演说。② 官方或民间学堂、机构、会所开学开业、集会庆典，自然也少不了演说。1907年5月26日，法政讲习所开学之日，郑孝胥即登台演说，为言"欧洲以科学立国，非一时所能及；能使国人悉有法政之知识，亦足以暂图自存"之意。③

而在戏院、茶馆，配合演戏甚至放映电影、幻灯演说，采用特殊手段吸引视听，收效更佳。如天津法租界基督教青年会的演说会，就常常以奏军乐营造气氛。"并有德国军乐以助其盛云"④，"并奏西国音乐，验试奇妙灯影"⑤，"加以电光演照环球著名青年会所，并请法国音乐以助雅兴"⑥。"朝阳阅报社发启于第五高等小学教员常静仁诸君，一切组织之法异常完善，兹特于本社每晚添演幻灯射影以关于教育风俗，各图篇按照所演各篇详细演说，使人目视耳闻一切优劣情形如历实境，足可为学校教育之补助云。"⑦ 江苏"常得图书馆购有日本幻灯一具，画片甚多，皆关于科学之发明者，日来考试中学堂考生聚于郡城，该馆因遍贴招条于某夜在考棚试演，

---

① 《宣化县呈送阅报研究所暨附设半日学堂章程折》，《直隶教育杂志》1904年第2期，第12~14页。

② 《鼓吹禁烟办法》，《大公报》1910年12月29日。

③ 中国历史博物馆编，劳祖德整理《郑孝胥日记》第2册，中华书局，1993，第1092页。

④ 《青年盛会再志》，《大公报》1905年4月27日。

⑤ 《法界盛开青年会》，《大公报》1906年2月10日。

⑥ 《周年大会》，《大公报》1909年6月5日。

⑦ 《幻灯演说》，《大公报》1908年1月1日。

并倩雷茂才逐张演说，亦开风化之一端也"①。天津劝工陈列所定期在东宣讲所开办的演说，每周一请乐队助兴："初三日为劝工陈列所本年末次演说之期，仍在东宣讲所。是晚七钟二刻开演，依次登台，听者鼓掌称善。并闻有南段巡警军乐队到所，因每届星期一日即到所奏乐以助兴味，所有各演说员讲解一段便作军乐一番，听演者计有五百余人之多，至十一点钟演毕分散。"②1907年江北大水灾，民间的赈灾活动异常活跃，演说成为重要的募款手段。随着新戏的推出，在正戏开场前后，请几位知名的启蒙人士登台演说，也是常见的场面。如1906年5月，北京广德楼戏园在开演新戏《惠兴女士》前，就邀请彭翼仲、王子贞、张展云三人登台演说，"彭演说本日演说之宗旨，王演说国民捐之历史（是日看戏者每人加收国民捐五百文），张演说惠兴女士全传。演说毕而惠兴女士新戏开幕矣，一时观者颇动感情"③。据载："进化阅报社以本社房室较狭，每于演说之时颇为不便，故拟俟忌辰之日戏园停演之期，假座该园特开演说大会，以期广开民智激动人心。闻已商之与某戏园之园主矣。"④1906、1907年江北大水灾，各处义演赈灾活动踊跃。"京师乔荩臣志士联合田际云、王子贞诸同志倡办普仁戏会，于二十四日在打磨厂开演。午后三点钟先由讲员登台演说江北灾状，继之以风琴乐谱，至七时开戏，并有中国妇人会到场出售物品，以所得之价，均汇往江北灾区。"⑤福寿堂为此演义务戏，一名京官的夫人葆淑舫登台演说劝捐，言辞激烈，声泪俱下，听众皆为之感动，捐助踊跃。⑥1907年，为了赈助直隶永固水灾的灾民，天津丹桂戏园在八月慈善演出。戏过几出后，《大公报》社长英敛之、天津移风乐会会长刘子良等人，先后登台演说，筹赈灾款。⑦北京的乐群阅报社从1906年7月25日起，每天在朝阳门外的半亩园演唱各种改良新曲，收入充作国民捐。他们又联合其他报社，

①《幻灯演说》，《大公报》1903年9月3日。
②《工商演说》，《大公报》1908年1月8日。
③《演说创举》，《大公报》1906年5月30日。
④《揭开特别演说会》，《大公报》1906年6月15日。
⑤《义务戏会助善》，《大公报》1907年3月8日。
⑥《葆夫人演说劝捐》，《顺天时报》1907年3月19日。
⑦《再纪丹桂演戏助赈》，《大公报》1907年8月20日。

每天轮流派人到半亩园发表演说。① 演讲之后，演说词又可以登在《京话日报》上。这样，新戏、演说、报章，形成了一个启蒙的连环网，效果可几何倍增。关外的吉林省城各戏园，也"时有于演剧之余，登台演说者"②。1911 年江皖一带发生水患，4 月 24 日，华洋义赈会为赈灾在上海三马路大舞台举办义演《苦社会》。演出前，该会美、中籍会长分别发表演说，"闻者感动，鼓掌如雷。并有出资狂掷台上者"③。"有名的满族戏曲艺术家汪笑侬（一八五八～一九一八）曾在大连演出'哭祖庙'，他以'国破家亡死了干净'的有力唱词，感动了无数爱国人士。"④ 比较放电影和幻灯，尤其是演戏，配乐演说似乎更简便易行，所以更为流行，"津邑杨家庄民立第三小学堂定于月之十九日下午一钟起六钟止开讲演会，并约有军乐及来宾演说，届期往听者必不乏人矣"⑤。连天津的一所农村小学都能请军乐助兴讲读会，可见其并非罕见之举。

如电影这般新生事物，在清末启蒙的时代思潮之下，也不可避免被拿来为言语传播助威。1907 年初开始，天津的公益善会在李公祠内开演新戏并放映电影，为江北募捐。第一日，演戏毕，由英敛之上台演说"爱群救灾之意"。接下来由中国妇人会会员英淑仲、英怀清两位女士分发白话劝捐传单，"男女来宾踊跃输助"。接着南段总局音乐队作乐，"次演电影。新奇、清爽、极为有趣"⑥。又如："启智社自开演电影以来，每日入览者不可胜数。现在该社主人又约集演说研究会讲员每日至该员以一小时演说，并约请学界中人至该社试验理化仪器，以期广开民智云云。"⑦

在通常的大众演说外，尚出现了小说中演说、戏中演说，乃至演说小说等新颖形式。梁启超是近代中国第一个把演说引入小说的作者。他的《新中国未来记》是演说与小说相结合的开山之作。在《新中国未来记》的影响下，演说在晚清的小说中成为一种普遍因素。"喜欢谈论'演说'，将

① 《提倡国民捐》，《大公报》1906 年 7 月 26 日。
② 《明定演说章程》，《大公报》1908 年 3 月 18 日。
③ 佚名：《"苦社会"之感人》，《大公报》1911 年 6 月 2 日。
④ 王魁善：《近代东北史》，黑龙江人民出版社，1984，第 362 页。
⑤ 《开讲读会》，《大公报》1906 年 7 月 9 日。
⑥ 《公益善会演戏纪盛》，《大公报》1907 年 2 月 23 日。
⑦ 《设演说会》，《大公报》1907 年 1 月 18 日。

其作为'新学'的象征，这在晚清小说中比比皆是。"① 刊登在《新小说》
上的另一长篇小说《东欧女豪杰》（岭南羽衣女士著，谈虎客批）中也出现
了大量的演说内容。

　　此外，考虑到"戏中有演说，最可长人之见识，或演光学、电学各种
戏法，则又可练习格致之学"②。加之"即便发表政谈演说，孩子、老人听
不懂；而且警察干涉得厉害，稍稍过激的言论就要被禁止"③，因此，利用
戏剧的形式，借戏中人物之口发表演说传播思想观念，服务于现实政治，
不失为比较安全可行的办法，新型的戏剧演说于是应运而生。戏剧演说，
可称"化装演讲"，19 世纪末 20 世纪初在革命高潮的推动和鼓舞下出现于
中国戏剧舞台。"为着政治鼓动和迅速反映生活的需要，进化团习惯采用幕
表制和即兴表演的方法。任天知还学习日本新派剧的做法，创造了'言论
派'的角色，不拘剧情地插入激昂慷慨的演说。"直截了当地向观众品评时
事，宣扬某种思想主张。此种演剧方式由"进化团派"演剧推至高潮，并
获得极大的社会影响力。④ 随着辛亥革命的失败，进化团等戏剧团体的解
体，中国早期文明戏日益成熟，戏中演说才在舞台上逐渐消失。⑤ 根据现有
资料，戏中演说最早出现于 1906 年。这一年"三月初八、九两日"，妇女
匡学会"在福寿堂开演"。"并闻不惟演惠兴女史历史，并演潘子寅烈士历
史。每日于开戏前先有演说员对众演说，然后开剧云。"⑥ 开演前，铺陈剧
旨大意。演剧之始，由演说员对剧情、剧意进行概括。⑦ 剧中人物结合剧情
直接向观众陈词，更具有煽动力和感染力。1911 年 5 月，北京《广益群报》
刊登《优人亦关心国债》一文，称赞当时著名河北梆子武丑兼京剧老旦演
员张黑"乃近日于某园演戏时，每演说筹还国债事，语极痛切。并引据印

---

① 陈平原：《有声的中国——"演说"与近现代中国文章变革》，《文学评论》2007 年第 3
　　期，第 5 页。
② 三爱：《论戏曲》，阿英：《晚清文学丛钞·小说戏曲研究卷》，中华书局，1960，第 54 页。
③ 〔日〕伊原敏郎：《明治演剧史》，岳麓书社，2001，第 649 页。
④ 陈白尘、董健：《中国现代戏剧史稿》，中国戏剧出版社，1989，第 62 页。
⑤ 黄爱华：《中国早期话剧与日本新剧》，岳麓书社，2001，第 243 页。
⑥ 《记妇女匡学会》，《大公报》1906 年 3 月 24 日。
⑦ 张谦：《"戏中演说"成因考论》，《广西大学学报》（哲学社会科学版）2011 年第 3 期，第
　　101 页。

度、越南、朝鲜各亡国之惨状，满园听者无不鼓掌叫绝"①。1907 年 5 月 19 日，天津移风乐会编排的一部劝戒鸦片的戏剧《民强基》，在桂仙戏园演出。由名角路三宝饰演女主角罂粟花，其他角色如烟楼掌柜尹也大，劝友戒烟的时务达，都是一语双关。戏中随段演说，情节沉痛。演出结束，观众"欢欣鼓掌称善"②。

由于长期受男尊女卑社会习俗观念的压抑，中国妇女普遍对时局政事漠不关心，却喜爱情节生动的小说，"讲演小说"遂为启蒙者所利用。1908 年吉林巡抚下令省城的各宣讲所，将与吉林有关的时事新闻编成小说体裁，逐日宣讲。③ 显然，为警醒世人，清末的启蒙者们真可谓是无所不用其极。

而在所有演说类型之中，现场感和煽动性最强的，莫过于临时性的大型演讲。《时报》曾对一场大型演说现场做过详细的报道，"本月初三日山西省城各学堂学生于上午十点钟时，集于贡院之丰树堂开晋省第一次演讲会，摩肩结袂，履行迹塞门，与会者约千人，学日本归国之某君及各学堂学生先后演说。演说之事一为福公司于山西矿务言专办二字，原定合同窦，谋抵制之法；二为学堂公约禁购美货；三为创设山西全省学会并民立中学堂一处。痛且指陈，闻者鼓掌，至午后一点钟始散。各学生以筚路蓝缕之资格振刷精神，结成此空前之一大团体，进步之速殊可惊也"④。光绪三十二年（1906）十月初九，在保定西关农事试验场举行的直隶农务总局首届农产品评会上，"除官绅外，农民赴会者二百余人，公推布政司韫为会长，演说开会宗旨及直隶农业应行振兴改良各事，复由洋教员演说东西洋农业。农民闻所未闻，欢欣鼓舞，莫可名言"⑤。大型演说会所具有的特殊感染力，由此可见一斑。

综上，清末演说文化的近代化不仅表现在它所富有的"启蒙"精神内涵，还表现在其形式的进化。演说形式之纷呈，一方面是对清末启蒙运动

---

① 刘文峰、周传家：《百年梨园春秋》，中国经济出版社，2000，第 40 页。

② 《新戏特色》，《大公报》1907 年 5 月 20 日。

③ 《批饬改良宣讲》，《大公报》1908 年 12 月 20 日。

④ 《晋省学生开大演说会于贡院》，《时报》1905 年 10 月 20 日，转引自《清末国民意识与文化启蒙》，《史学月刊》2003 年第 4 期，第 62 页。

⑤ 《农工商部奏直隶保定设立农务总会请予立案并饬各省仿办折》，《东方杂志》第 4 年第 12 期，1907 年 12 月，第 178 页。

如火如荼之势的真实写照，同时也蕴蓄着社会转型时期言语传播作为媒介本身的近代化。

第三节　演说内容主题之变革

与传统社会演说承担政令传达、政治动员、社会教化等功能，因而主题较为单一不同，清末演说的内容丰富多彩、五花八门，如《顺天时报》刊文《论中国宜遍设白话演说所》中提到："主持其事者……时订所讲学科，以为演说之资料。如所谓修身伦理、中外时政、现行法律以及各种实业，以白话演之。"① 据此，演说的素材，从个人修身到时事政治，乃至法律实业，各个领域层面均有涉及，而此仅为其冰山之一角，实无法涵盖清末演说的全部。比之宣讲，演说的内容也略有差异，宣讲更侧重时事性与配合具体的政务，因而显得拉杂；而演说往往具有独立的主题，关注重大社会事件以及社会风习。具体而言，主要有以下几个方面。

一　政治传播

清末，随着清廷统治式微，官方意识形态的主导地位受到严峻挑战，尤其是新政之推行，需要强化官方宣传，拥有特殊传播功效的演说，不可避免地成为官方政治传播的主要渠道。清廷开展的各项改革举措，大多通过演说予以推广。如"政府诸公与巡警部徐菊人尚书会商，拟饬内外城总分各厅广设演说会，专讲立宪要义开通民智。并咨顺天府转饬所属州县一体遵照办理"②。1907 年，黑龙江高等学堂监督等人"禀准设立一处宣讲会，每天邀集同志，分讲新政、新学及立宪事宜"③。"顺天府孙大京兆自抵任以来，于讲求学务开通风气各端无不尽心筹画，现又约会大兴宛平二县于十六日齐集本署特开演说会，宣讲学务、农务、警务及改良风俗、举办自治各问题，业经通饬四乡五局各学董绅董至期一律齐至本署入座听讲，

① 《论中国宜遍设白话演说所》，《顺天时报》1905 年 8 月 25 日。
② 《京师拟设演说会》，《申报》1906 年 9 月 25 日。
③ 李孝悌：《清末的下层社会启蒙运动：1901—1911》，河北教育出版社，2001，第 84 页。

并准各抒所见，条陈一切故良章程，藉收集思广益之效。"① 1910 年 11 月，山西提学使骆文宗自抵任后，以整顿初等小学为急务。"昨于初二日轻车简从，往省城北乡一带视学。闻到处慷慨演说，各村父老儿童闻之，多能领悟。"② 演说还被地方官用于鼠疫防范等宣传，"锡督以各属地方官于瘟疫一症尚未经验，以致防范之法诸多不合，特于省城开办防疫讲演会，饬令各地方官交代晋省悉心听讲，以资研究"③。配合清末官方的户口调查，"民政部堂宪近查各省办理地方自治多有因调查户口致起风潮，此实由于乡民无知妄生疑虑之故，日前特电致各省督抚通饬所属州县按照地方情形编辑白话演说，剖解地方自治之利益及调查户口之宗旨，派员分赴各乡切实演讲，以期开通乡民智识免致时有暴动之误"④。

　　1908 年，河南河朔学会于覃怀会馆提议国会请愿事件，"并请宪政公会会员演说"，其中"方表演说今日舆论所以成立之历史及今后国民应采之政治行动"，"罗杰演说教育与国会之关系"，"熊范舆演说政治团体之必要，因痛论各地宜亟亟预备组织政党以谋全国之利益，不可仅拘拘于一地方之事业"⑤。1910 年，山西晋阳绅民开会请求速开国会，"李君庆芳演说筹备宪政之敷衍，非速开国会无以监督政府"⑥。清末各种时兴的政治改革构想和主张，都进入演说的论阈，为传播者所大力传颂。关于谘议局之设，1908年，常州绅士集会演说，"孟庸生演说，一、谘议局之地位，二、谘议局之利益，三、谘议局之关系重大，四、谘议局之选举不可缓，五、调查选举人之方法"。"庄博喻演说开办谘议局之可贺及选举权之不可放弃"，"徐米人演说谘议局可以通达民隐及选举资格之宜宽"⑦。"保定府属之清苑县已于日前举办调查开幕之日，由县主黄国瑄莅会演说谘议局之关系，颇为肯切。"⑧

① 《开演说会》，《大公报》1907 年 2 月 27 日。
② 《骆文宗提倡小学》，《大公报》1910 年 11 月 14 日。
③ 《锡督开办防疫演讲会》，《大公报》1911 年 2 月 26 日。
④ 《通饬编辑白话演说》，《大公报》1910 年 5 月 8 日。
⑤ 《湘汴士绅国会请愿之行动》，《申报》1908 年 6 月 6 日。
⑥ 《晋阳绅民请求国会详记》，《申报》1910 年 11 月 4 日。
⑦ 《各省筹办谘议局类志》，《申报》1908 年 9 月 26 日。
⑧ 《各省筹办谘议局·官长调查》，《申报》1908 年 11 月 8 日。

清末最后十余年，各派政治势力进入总决战时期，没有硝烟的宣传战役尤为激烈，演说自然备受各派青睐。1905 年革命思潮迅猛发展，已嫌落伍的旨在维新的公忠会依然定期举办演说会："是会宗旨在谋维新之进步，正时下之伪说，以挽国是而端人心。三月十九日借张园安垲第为第一次演说之期，凡有同志皆可往聆说论也。"① 资产阶级革命派为争取舆论支持，更不会放弃口语宣传。著名的革命家林森"每逢例假，则广购报纸，携赴近郊各地，举行通俗演讲，向民众灌输革命思想"。1905 年，他派人在福州成立了"福州阅报书社"（又称桥南社）。"凡有革命之书报，皆寄由该社秘密散布，社员每星期轮值讲时事，藉以唤醒民众。"② 在 1911 年黄花岗之役中担任总指挥的赵声，除了开学堂、普及教育外，他还主张四处演说，务期"说得人人都胆壮，民智渐开民气昌"③。"1904 年 4 月，上海、北京等地掀起群众性的拒俄运动。在赵声的推动和组织下，南京各学堂师生暨群众数千人，在鸡鸣寺北极阁集会，声讨沙俄的侵略罪行。赵声登台演说，'假拒俄事，极论革命'。……听者皆感动涕流，义愤填膺。赵声的威名，远扬苏、皖、湘、鄂诸省。"④ 赵声更大的贡献，是首先注意到在军队中从事宣传的重要性。他"到广西，曾用太平天国起义于广西的故事演讲，激励本地人革命，同样收到很好的效果"⑤。革命者利用演说进行革命宣传不足为怪，外国传教士类似的举动，就不由得不令人称奇，这或许正是晚清那一光怪陆离，大转型大变迁时代的真实写照，如载："基督教牧师玉嘉利君（美国人），于昨日二十七日下午七钟在西沽公理会开特别演说会，演说革命原理及地球古今各国革命之因果，复论及普通人民欲食革命良好之效果，必须具有学识智力道德并法律政治各种能力，多方譬喻，委婉讲演，

---

① 《公忠会定期演说》，《申报》1905 年 4 月 20 日。
② 郑存毅：《林森与阅报社》，《黑龙江史志》2009 年第 21 期，第 42～43 页。
③ 赵声：《歌保国》，扬州师范学院历史系编《辛亥革命江苏地区史料》，江苏人民出版社，1961，第 95 页。
④ 肖梦龙、戴志恭：《杰出的资产阶级民主革命家赵声》，江苏省历史学会编《一次反封建的伟大实践——江苏省纪念辛亥革命七十周年学术论文选》，江苏人民出版社，1983，第 439 页。
⑤ 宋婕：《论赵声》，江苏省历史学会编《一次反封建的伟大实践——江苏省纪念辛亥革命七十周年学术论文选》，江苏人民出版社，1983，第 429 页。

末复由该堂执事徐汇川君代为详细解说，俾得易于领悟。"①

　　由于充分认识到演说配合政务宣传之功效，地方自治组织的演说活动也格外活跃。自治研究所修业生朱凰章禀请自治局推广演说，其禀稿如下："为推广演说以启愚氓事。窃地方自治原为立宪之始基，选举议员以备自治之代表，倘选举人之程度不高，则被选之人自必不当，于地方自治难收实效。现在办理分区选举议员事宜，挨户分送格式纸，居民多有误会，惊疑异常，议论纷纷。"② 就在该禀请见报的前一天，《大公报》报道了东马路宣讲所南路选举分课内所收之格式纸填写多不合格的消息③，可见朱氏反映的情况的确属实。在东北小城，"辽阳自治研究所已于昨日开办，洪牧亲临演说，士绅临所者计三十余人。闻此次研究以三月为限，云自治前途必能为辽阳人民增进幸福也"④。"周牧史刺史日昨奉到省城自治筹办处札饬，并札发白话演说二十课本，谓现在举办自治而民间未悉自治之义意，故刊刷白话演说，由地方官发给乡会董事演说于民间，州牧奉札后已照办矣。"⑤ "民政司张司使元奇带同随员于上月启程，赴北路各州县考察民治情形，并到处演说开导人民之智识。兹闻业已毕事，于日前回奉覆禀徐督矣。"⑥ 雷继兴受上海沪南总工程局之邀，"演说地方自治团体选举法"⑦。1907 年 2 月，苏州商学两界开会演说地方自治，到会者约二三百人。⑧ 同年，在上海地方自治研究会大会上，唐绍仪演说了 "地方自治为预备立宪之根本"，提出 "研究地方自治应分三层，（一）理由、（二）目的、（三）结果"，"地方自治不限于上海一隅，各省之人皆有此责"⑨。1908 年 4 月，安徽路矿公会在愚园开会欢送欧洲留学生监督蒯礼卿，由胡伯平、窦希文诸君相继 "演说讨论路矿、学务、国会各问题"，"继蒯先生再登坛演说讨论地方自治，谓

---

①　《演说纪闻》，《大公报》1911 年 12 月 19 日。

②　《禀请推广演说》，《大公报》1907 年 4 月 21 日。

③　《加添演说》，《大公报》1907 年 4 月 20 日。

④　《开办自治研究所》，《盛京时报》1908 年 9 月 24 日。

⑤　《札发自治白话演说》，《盛京时报》1910 年 2 月 24 日。

⑥　《民政司公毕回省》，《盛京时报》1908 年 11 月 1 日。

⑦　《总工程局定期演说》，《申报》1906 年 6 月 28 日。

⑧　《商学界开会演说地方自治》，《申报》1907 年 2 月 28 日。

⑨　《地方自治研究会周岁大会纪事》，《申报》1907 年 4 月 1 日。

地方自治要点一在征兵，一在纳税"①。在苏州市民公社成立会上，"金吟谷演说城镇乡地方自治非一朝可以办成，须从小团体做起"，市民公社的成立"小言之为地方自治之起点，大言之即为地方自治之基础"②。在松江，卫家寿"演说地方自治之要素，并谓今日到会诸君亟宜研究调查户口方法"③。

推行宪政与社会改良也成为清末言语传播者的自觉担当。预备立宪时期，各地为自治需要而设立自治宣讲所。临榆县地方自治中区会员张殿卿、王佩余、陈雨亭三人组织一自治宣讲所，以开通民智。④ 1910 年 11 月，顺直绅民"于昨十一日下午，假议事会场开会，筹商此后人民对于国会应行预备及结合团体组织机关各事宜"。各界代表纷纷登台演说，其中就有人"并请组织游行演说，总以发达绅民知识为第一要义"⑤。镇江"私塾改良会会员沈戟仪重来镇地到处演说，并商肯某绅托向江督端午帅缓颊指拨公款三千金以充费用云"⑥。美籍传教士丁义华在宣讲所演说各种改良事宜和中国人自强之要法。⑦

遇有中外交涉、国族命运之大事，如在拒俄运动、反对美国华工禁约运动、各地收回利权等运动中，演说往往成为政治动员的重要手段。1911年，为反对清政府的铁路国有政策，四川保路同志会在全城发动了大规模的演说活动。"烟潍铁路招股公司已经开办早志本报，兹闻该埠股实家及各商号情愿认股者甚属寥寥，经该公司发起人互商，拟择日开一演说大会，俾人人洞悉此路之关系及其利益之所在，庶几股份或不至于难招。"⑧尤其在大规模的国会请愿运动中，"采取了讲演、贴标语、散传单等方式，还运用了学生罢课、下乡宣传这种近代学生运动的方式"，"显示了相当的群众性"⑨。

---

① 《旅沪皖人欢送蒯监督开会记事》，《申报》1908 年 4 月 24 日。

② 《市民公社开成立会纪事》，《申报》1909 年 6 月 27 日。

③ 《珠家阁镇议设研究自治公所》，《申报》1909 年 7 月 4 日。

④ 《组织自治宣讲所》，《大公报》1910 年 3 月 21 日。

⑤ 《会议志详》，《大公报》1910 年 11 月 15 日。

⑥ 《私塾改良会请拨公款》，《申报》1906 年 12 月 12 日。

⑦ 《演说改良社会》，《大公报》1910 年 5 月 6 日。

⑧ 《拟开招股演说会》，《大公报》1910 年 3 月 31 日。

⑨ 耿云志：《论清末立宪派的国会请愿运动》，《中国社会科学》1980 年第 5 期，第 50～51 页。

二 移风易俗

制度的改良固然重要，但民众观念、社会习俗的革新才是一切社会变革的基础。清末社会启蒙运动的一大主题就是破除恶习恶俗，启发民众摆脱愚昧无知的思想状态，养成良好的行为习惯，增强公民意识。1910 年 11 月，直隶省视学陈蔗圃"假东门内石桥胡同对过义兴茶园演说日本《风俗谭》一段，座客非常悦听，可惜时光太促，难尽其辞。因定于二十日下午四钟，仍假该园接演日本行路上及小买卖人之公德诸事。是亦改良风俗之一助云"①。而清末，影响社会进化，最切要解决的恶俗，莫过于鸦片和缠足。正如天津县知县在天足会成立大会的演说中所言："禁烟、天足两项问题为近今切要之事，诸君既极力组织进行，本县更愿遇事扶助，以期官绅互相维持，克收速效。"② 禁烟、反缠足作为缺少新闻性的话题，虽在切关时事的宣讲所、讲报处也有传播，但毕竟不为其主务，却成为清末演说的重要主题。1904 年，《东方杂志》发表署名可权的文章《改良风俗论》，开篇即论"文明各国，无论何等社会，皆有演说，中国则悬为厉禁"。提出"去鸦片毒之法有三"，其中第三法即为"立演说会"，认为"此法不独为攻治鸦片毒而设，而鸦片毒亦因此可以减少。又烟馆之中，特许青年志士，连袂入座，互相演说，馆主不得禁阻。庶几下流社会之人，知所警戒，免于沉溺，则第二毒除而风俗美矣"③。在苏州小镇光福镇开的第一次演说会，就两种主题皆有涉及。如报："……开场由冯宣告宗旨，继由讲报社会员汪凤椿陈说鸦片之害，次由陶听松演说教育关系国家之利益，次由邵立斋历陈天足放足之利便。是日到者四百余人。"④

山西临汾当地种植鸦片极为盛行，致使全境吸烟者"十居八九"。有鉴于此，天津基督教青年会请英敛之到会演说"改良风俗"的主题。⑤ 北京的

① 《演说动听》，《大公报》1910 年 11 月 18 日。
② 《天足会纪事》，《大公报》1911 年 8 月 1 日。
③ 中国科学院近代史研究所近代史资料编辑组：《近代史资料》总第 31 号，1963 年第 2 期，中华书局，1963，第 136 页。
④ 《光福镇开第一次演说会情形》，《申报》1906 年 9 月 6 日。
⑤ 英敛之：《青年会演说改良风俗》，《大公报》1910 年 10 月 21 日。

一些热心志士在琉璃厂"专为吸烟贫人"开办了普仁戒烟会社，所有药料饭食概不取资，该社定期开会演说戒烟事宜。"会中有阅报处，并有义务员，宣讲一切，办法均极文明。"① 山西临汾县城绅士阎懋德家境富裕，因"心伤不忍坐视"鸦片毒害乡民，于是骑着骡子下乡向村民演说"吸烟之弊，国家之难"。每逢演戏赛会，即赴演讲。② 天津顺直民禁烟会曾于1910年底拟过一个详细的禁烟办法，包括委托宣讲所演说员在各宣讲所演讲，派人到戏园、茶馆及城乡内外热闹地点演说，甚至"持旗鸣锣"游街演说。③ 天津海河白塘口村一位范姓村董，"在该村公地邀集本村吸烟各户演说吸烟利害。谆谆激劝，闻者动容，当即公同议定戒烟期限。倘有逾期再不断绝者，共相指摘议罚"。④ 在苏州，"苏垣姚君清溪创办拒烟会，嗣后有谢序、王春、陈孟等添设分会。上月二十九日暂假祥符寺巷云锦公所开会演说。是日，到会听讲者约有五六百人，并有徐姓到会报告鹅郎草效验云"⑤。1909年3月，山西巡抚丁宝荃"委官绅百余员分赴各州县演说，劝令改种五谷"⑥。随后，又"乘春烟未种之前，遴选七十余员并各绅，分赴各属会同印官逐村演说"，劝村民放弃鸦片，"改植嘉禾"⑦。

　　1908年，清廷厉行禁烟之后，演说宣传之内容，也由单纯的禁吸鸦片，扩展至禁止种植。云南总督锡良便"饬局撰拟白话报纸，刊印图说，遴派士绅到处演讲，劝令改种豆麦，讲求桑蚕"⑧。山东巡抚袁树勋"一面通饬各州县选派士绅，于朔望在市集，将吸烟之害编为演说，分投劝诫；并用浅说白话拟成告示，张贴各处，以期渐移风俗至戒烟社会，得力尤大"⑨。1909年，山西榆次县谘议局照会劝学所员绅，分派绅董五路，"剀切劝导，

---

① 《开办戒烟会社》，《顺天时报》1907年6月4日；《参观普仁戒烟会记》，《顺天时报》1907年6月6日。

② 《绅士热心禁烟》，《顺天时报》1910年1月23日。

③ 《鼓吹禁烟办法》，《大公报》1910年12月29日。

④ 《戒烟踊跃》，《大公报》1911年2月20日。

⑤ 《戒烟会演说》，《申报》1906年4月25日。

⑥ 《山西实行禁种鸦片之有效》，《顺天时报》1909年3月25日。

⑦ 《晋抚奏禁种土药一律肃清等折》，《顺天时报》1909年9月17日。

⑧ 护理云贵总督沈秉堃：《奏查禁烟情形请饬部筹办矿务以资抵补折》，《顺天时报》1909年5月5日。

⑨ 山东巡抚袁树勋：《奏东省办理禁烟情形折》，《顺天时报》1909年6月15日。

令农民力除积习”。刺史阮子怀也亲至榆次，“遍历城乡，不辞劳苦演说诱导”[①]。襄陵县河东地区多名乡绅，则“邀集河东六十七村庄管乡诸公，在乡主镇开一禁烟自治团体会。是日，署理该县王大令到会，与韩绅、吉绅、张绅，分别演说。到会者不计其数”[②]。

反对缠足，作为妇女解放运动的重要议题，也自然进入清末启蒙志士的视野。在妇女普遍不识字的年代，通过演说倡导放足比书报宣传更加便捷有效。清末劝止缠足的演说，可谓花样频出。1895 年 4 月，“由西国众女教士及女善士在上海设立会所”，成立天足会，“专司劝戒绑足，著书作论，印送行世，期于家喻户晓”。其劝戒之法，“不但刊印小书，且常到处演说，并劝令官长出告示，绅士作榜样”[③]。獽川天足会“每月定期集众，由会友实行演说一切利益”[④]。演说宣传的效果想是不错，以致有人听了天足会演说后大发感慨：“自泰西人来华后，每言中国致弱之由，因无用之人太多，一为妇女之不能皆读书识字，一为妇女皆误于缠足以致艰于行动，不能作事竟成废物，其不能不仰食于男子者，职是故也。”[⑤] 彭水县童君“在城创设一天足会，入会者极多。近闻第二次会于邑东郁山镇，赴会天足妇女数近百余人。童君对众演说，观听如堵墙，洵一时之盛会也”[⑥]。厦门天足会 1906 年开周年纪念会，“官绅商学各界以及西国男女教士到者四千余人，会长陈超英氏宣读开会祝词，主席林景商氏及英国男女教士各有演说”[⑦]。1911 年天津县天足会成立即举行城厢游行演说，前列龙旗两面，军乐队随行鼓吹，后随大旗一面，正面恭录谕旨，背面书天津县天足会字样；会长会员诸君三四十人，声称奉旨不缠足，并挨户散不缠足谕旨及劝导文，“一时阗街塞巷，争先快睹”。天足会对这样的游行颇满意，曾拟“每月二十日

① 《榆次戒烟情形》，《顺天时报》1909 年 4 月 21 日。
② 《禁烟自治团体会出现》，《顺天时报》1909 年 5 月 6 日。
③ 〔美〕林乐知辑《天足会兴盛述闻》，任保罗译，《万国公报》第 184 册，1904 年 5 月，第 38 页。
④ 《天足开会》，《四川官报》1907 年第 29 册，本省纪事，第 3 页。
⑤ 《书本报纪演说天足会事后》，《申报》1900 年 1 月 13 日。
⑥ 《天足开会》，《四川官报》1908 年第 2 册，“新闻”，第 2 页。
⑦ 《天足会周年纪念会》，《申报》1906 年 11 月 8 日。

举行巡行演说一次，并周游小街曲巷"①。

　　配合演说吸引听众的招法可谓五花八门，天津"邑绅某某诸君，提倡女子实行天足"，"兹闻其进行方针，先书奉旨不缠足五字小报贴示街衢，俾一般社会人触目惊心。……然后联络学界商界诸大志士巡行演说，切实劝导"②。更有人主张"妇女放足一事，虽为救世宝筏，无如民智未开，积重难返，若非游行演说，不足以挽浇风。现拟由本月十五日起，举行城厢游行演说，以资竭力开导"③。非但《天足演说广告》屡现《大公报》④，天津天足演说会的演说会盛况亦及时见报。1903 年 5 月 1 日的《大公报》，便配合"来稿带论"《天足会演说》，另在"中外近事"栏报道《天足会演说纪盛》。⑤ 1904 年 1 月 26 日，《大公报》发表《订期演说》，预报天津青年会总董美国格林君组织的劝戒缠足、革除陋俗演说会："天津青年会总董美国格林君于教育青年极具热心，兹定于本月十二日晚七点半钟，约公益天足社主刘孟杨氏，在城内普通学堂演说天足社之宗旨。刻已刊发传单，遍请青年会友暨普通学堂众学生及一切青年人届时齐集听讲，从此同心造福，转相劝戒，陋俗之革其庶几乎。"⑥ 随后于 30 日对该会盛况进行了追踪报道："青年会总董格林君约公益天足社主刘孟杨氏，于十二日晚七点半钟在城内普通学堂演说天足社之宗旨已纪本报。是晚，来堂听讲者百数十人，先由格林君演说是日聚会之意，次由刘孟杨氏演说缠足之弊害及其劝导之法，次仲子凤先生演说缠足之当革、女学之当兴并劝听讲诸君署名天足社同挽恶习，次格林君演说力劝诸君从此革除陋俗。既毕将刘孟杨氏所印送之劝戒缠足浅说，按每人各给二、三张，至九点余钟乃各散去。"⑦

　　相关的宣传也并非浅白的劝诫和呼号，却有着颇为高远的境界和品味。不缠足甚至被提到了国家自强的层面来宣传。直隶宝坻县于家堡的一位志士于聘卿，联合一些同志，组织了一个不缠足会。一日在学宫明伦堂内请

----

① 《天足会之游说》，《大公报》1911 年 10 月 14 日。
② 《实行天足》，《大公报》1910 年 8 月 17 日。
③ 《劝导放足》，《大公报》1911 年 9 月 27 日。
④ 《天足演说广告》，《大公报》1903 年 4 月 27 日。
⑤ 《天足会演说》、《天足会演说纪盛》，《大公报》1903 年 5 月 1 日。
⑥ 《订期演说》，《大公报》1904 年 1 月 26 日。
⑦ 《演说纪盛》，《大公报》1904 年 1 月 30 日。

了两个人演讲。一个强调缠足不仅贻害个人，还对整个国家造成伤害，因为个人不能自强，国家必随之衰败。另一人则介绍不缠足会成立的目的在协助女性同胞脱离苦海，以树立独立自主的成人。据估计，听讲的人"不下千余人，颇集一时之盛"①。"江都于提倡天足会一事最著热心，去冬业已撰发简明告示，通饬各属张贴，以期家喻户晓。现复以此事于地方自治大有关系，特饬江南自治局演成白话，痛陈利害，刊刷数万章，仍照前案颁发各州县自治会，广为演说，认真劝导，务期革除锢习，大开风气。"② 四川隆昌县在 1904 年 8 月创办天足会，"并预备酒席三十棹，座无虚位，妇女均改妆赴会，官亦到场演说不缠足之利及缠足之弊。颇极一时之盛云"③。

1906 年 10 月 10 日，北京各阅报社组成的公立演说研究会借用大栅栏的三庆园，举办了一场规模庞大的演说会。虽然前一天晚上下过雨以致行路不便，听讲的还是有三百多人。与其他演说不太一样的是这次讲员特别多，前前后后上台发表高论的共有二十三人之多，和研究会研究、观摩演说的宗旨相合。有人先讲如何开通不识字的人，接下来的讲题也绝大多数反映了讲者启蒙的意图。除了戒烟、爱国、教育、自强、国民捐等主题外，还有"论自由""议院的基础""国家国民之关系""优胜劣败"等在上层社会也算得上是相当新鲜的议题。④ 南开私立第一中学堂假东马路宣讲所开办的第三次通俗演说会，就以反陋俗、树新风为主题，其会序如下："（一）作国乐；（二）该堂监督张伯苓先生演说开会宗旨及女学天足、人民不应有阶级之见并鸦片之害尚未尽去而纸烟之害又来等语；（三）宣讲员唐荫卿君演说；（四）该堂学生陈福洪演说女子宜求学以除陋习而培母教；（五）学生白焱南演说和睦二字；（六）作乐；（七）宣讲员张绍三演说；（八）学生福源演说风俗之最有害者莫过于赌；（九）学生俞文濬劝人识军乐；（十）演照美国各名胜灯影，并由张伯苓君详细说明。迨至作乐闭会时，已钟鸣十一下矣。"⑤ 不仅涉及惯常的鸦片、缠足之害，尚关注到女学之宜，

① 《创设不缠足会》，《大公报》1905 年 3 月 21 日。
② 《江都提倡天足会》，《大公报》1909 年 6 月 6 日。
③ 《天足盛会》，《大公报》1904 年 11 月 30 日。
④ 《论党之效用》，《顺天时报》1906 年 10 月 12 日。
⑤ 《演说详志》，《大公报》1909 年 11 月 30 日。

乃至破除"阶级之见",视野不谓不广。有人甚至将中国之衰弱归之于"母教未立",因而倡导女学。① 改良风俗甚至到了关乎国家存亡的新高度,所以为演说界所关注:"改良风俗亦现时我国救亡之一紧要问题,青年会董理先期散布传单,邀集绅商学工各界中人,订于昨晚八句钟时,在东门迤北总会所内开智育演说会,特请本报社长英敛之氏演说关于改良风俗各事,届时来宾一堂已满,其演说词见今日本报附张。"②

三　新知识,新观念

在"启蒙"的时代主题下,改变国民陈腐的思想观念,树立新思想、新观念,几乎是所有仁人志士的共识和追求,因而传播新知识、新观念占据清末演说相当大的比重。一向活跃的天津东马路宣讲所,在话题上也领风气之先,其演说主题异常丰富,仅举天津劝工陈列所一个单位于此开展的演说数例,便可见一斑。"启者:本月十八日晚八钟至十钟,为本所本年开始演说,仍在东马路宣讲所内,并请何子琴先生演说风水与气等力之速率,韩镜湖先生演说轻气球之理解,李子鹤先生演说天津商业之大概,宋则久先生演说学问与工商之关系。务希各工商届时惠临入听,不取分文。特先布告。天津劝工陈列所启。"③ "启者:二月初三日晚八钟至十一钟,仍在东马路宣讲所内演说工商各项要理,并请刘巨川先生演说生财有大道论,何子琴先生演说业上画书之学不可缺之理,顾石臣先生演说欧美之工业教育,李子鹤先生演说商业兴衰紧乎人才,宋则久先生演说精气神务。务希各工商届时惠临入听,不取分文,特先布告。天津劝工陈列谨布。"④ 从风水力学、氢气球原理、地方商业概况、学问与商业之关系,到生财之大道、欧美之工业教育,乃至精气神务,跨度之大、涉猎之广令人咋舌。以"考工厂"名义在这里举办的演说内容也丰富至极:工厂将定于十八日晚八点钟到十一点钟,还在东马路的宣讲所里进行演说工商各项事务的要理,并邀请了刘巨川演讲矿学工程学,韩镜湖先生演说电报的功效作用,宋则九

---

① 《演说女学》,《大公报》1904 年 11 月 11 日。
② 《演说改良风俗》,《大公报》1910 年 10 月 21 日。
③ 《工商演说广告》,《大公报》1909 年 2 月 7 日。
④ 《工商演说广告》,《大公报》1909 年 2 月 19 日。

先生继续演说有关未来经济的问题，李子鹤先生演说经济学，现在张贴广告以方便工商学专家到时候进场观听。① "天津考工厂于月之十八日晚八点至十一点，仍在东马路天齐庙宣讲所内演说工商各项要理，并请刘巨川先生演说矿学、何子琴先生演说虚马力与实马力之区别、韩镜湖先生演说生理学、宋则久先生续说生利分利之别、李子鹤先生演说经济学。现已张贴广告以便工商家届时入听。"② "考工厂于十八日晚仍假天齐庙宣讲所开会演说工商各项要理。请韩镜湖先生演说铁硫养，何子琴先生演说机器飞轮之妙用，宋则久先生演说生利分利之原因，李子鹤先生演说经济学。刻已遍贴广告，以便工商家届时入听。"③ 无论是工程学，还是电报之功效，虚马力与实马力之区别，生理学以致未来经济，在当时都是最为时尚的先锋话题。再以法租界中国青年会举办的几次演说为例，"法租界中国青年会准于今晚特请教育品陈列馆格致演试员韩君至会，以机器演试无线电报之奥理，想商学两界诸君届时入座听演者，必济济盈庭也"④。"顷闻法界中国青年会准于今日下晚特请天津西医艾君乃天津最著名之牙医生至会演说保卫牙齿之要理并医治之妙法，想届时赴会听演者座为之满云。"⑤ 又 "探闻法界中国青年会定于今日礼拜六晚七句半钟特请北洋军医学堂帮办伍连德君演说保身良法。伍君于西医一门研究有年，阅历甚深，想届时宣讲定有一番阔论也"⑥。即是青年会附设的政治研究会定期举办的演说，也时常聘请外国专家主讲 "日本历史" 等题目。⑦ 格致之说，牙齿、身体健康，在今天看似平常的话题，对于清末那样一个刚刚脱胎于传统的时代来说，已相当时尚。而类似主题的讲演在清末可谓比比皆是，并不鲜见，如天津教育品陈列馆举办的第十一次仪器讲演会，"专讲声浪之原理及声音高低大小并各质传声之速率，随又试验自制之声浪器"⑧。乃至讲说 "声学发明、声浪之奥理，

---

① 《工商演说》，《大公报》1907 年 6 月 27 日。
② 《工商演说》，《大公报》1907 年 4 月 29 日。
③ 《工商演说》，《大公报》1907 年 5 月 29 日。
④ 《格政演说》，《大公报》1907 年 3 月 9 日。
⑤ 《西医演说》，《大公报》1906 年 12 月 15 日。
⑥ 《卫生演说》，《大公报》1909 年 3 月 20 日。
⑦ 《政治研究会第三期演讲》，《申报》1906 年 12 月 14 日。
⑧ 《纪仪器讲演会》，《大公报》1906 年 11 月 19 日。

并试验沙瓦特齿轮及测音表与风琴各音高低之比较"①，炼钢法②，"专讲光
学发光之原、传光之质、光行之速率、透光体与半透不透体阴影，并试验
度光器之量算法"③，都不稀奇；中西法律之别，也自然在言说之列："修订
法律大臣沈家本在法律学堂演说云，西律经多数学者之讨论，故能高掌远
跖，推陈出新；中律则研究者少，缙绅先生多视为名法家言，甚或张皇补
苴，不能探立法之源，又安能得法外之意，此则吾人之责。当闭关时代或
可守吾故步，今当环球竞争逼于时事之宜，实有不能不改弦更张之处，海
牙平和会已露其端倪矣。"④ 天津法租界青年会组织的演说也动辄涉猎法律，
"法界青年会于本礼拜六即二十四日晚七点半钟，特请由美政府委派大律师
贝塞特君至会演说。此君系法律学家巨擘，其由美经菲律宾岛至上海以及
天津，将各律师所疑惑难判之案均经剖决一清，毫无滞难。今至该会演说
此事颠委，并详细指陈法律学之奥诀。想届时欲识风范乐闻宏论者必座为
之满也"⑤。连明显带有宗教色彩的天津基督教青年会聚会的演讲主题，都
不离教育、留学、健康、科学、宗教、儿童教育等时兴话题。如 "请学务
处留学日本各员，至会演说日本学堂情形，并中国留学生在日本之进步"⑥，
"请天津西医艾君，乃天津最著名之牙医生，至会演说保卫牙齿之要理，并
医治之妙法"⑦，"特请美国大博学家罗基君，在东门北路西新置会所内演讲
新科学"⑧。"法界中国青年会今晚特请西沽大学堂副教习德君到会演说中国
煤矿要题，此君乃矿务名家，且于中国煤矿久为阅历，想届时必有一番名
论矣。"⑨ "法界中国青年会定于今晚八点钟特请学务处留学日本各员至会演
说日本学堂情形并中……"⑩ "中国青年会于今晚六句钟，在本会公所内开
智育演说会，专演欧洲特别活动电影，现由该会散发入座票，以邀该会同

---

① 《讲演仪器》，《大公报》1906 年 12 月 17 日。
② 《演说工艺》，《大公报》1907 年 1 月 15 日。
③ 《讲演会纪盛》，《大公报》1907 年 4 月 16 日。
④ 《沈侍郎在法律学堂之演说》，《大公报》1908 年 1 月 22 日。
⑤ 《开演说会》，《大公报》1907 年 4 月 6 日。
⑥ 《夏季演说》，《大公报》1906 年 7 月 7 日。
⑦ 《西医演说》，《大公报》1906 年 12 月 15 日。
⑧ 《特别演说》，《大公报》1909 年 12 月 29 日。
⑨ 《特别演说会》，《大公报》1906 年 5 月 5 日。
⑩ 《夏季演说》，《大公报》1906 年 7 月 7 日。

人往观。"① 法律界中国青年会今天晚上约有广东教会学堂院长卫君为大家演说关于日本教育的现况，听闻卫君到中国二十多年最关注学界人士前往日本调查大小学校管理教授的规则，现今又到天津考察情形，想必想要到会听演说的人一定很多。② "今晚法界青年会有英国工部局麦总办，以英文演说日本进步情形，想当时往听者必不乏人云。"③ "东马路普通中学堂于昨初六日晚八钟开智育演说会，特请顺直禁烟会编辑员赵熙臣先生演说社会学对于目今之急务。是晚，各界到会听讲者拥挤异常，几无插足之地。"④ 诸如矿物、活动电影，乃至社会学如此生僻的专业领域，也进入演说的话题。近代国人观念由"重农轻商"向"商业救国"的变迁，使得商业成为演说的时髦论阈，"万寿宫内定于月之十八日晚七点钟演说商务。想届时商界诸君必欲一闻广长之舌云"⑤。1905 年 6 月，皖省商会开会，"商务局提调任太守廷枚邀集各商互议一切，太守复登坛演说"本省商务状况。⑥ 天津宣讲所内演说"泰西新史揽要，日本维新史及铜工铁工制造各法"，听者无不"振刷精神，大动观感"⑦。在传统时代，民众只知有君王、天下，普天之下莫非王土；不知有国家和国民。观念近代化的核心之一，就是国家意识的培养与全新国、民关系的建立。因之，宣扬国族意义、介绍中外历史、倡导爱国精神，成为清末言语启蒙的焦点。1908 年 6 月 30 日，吉林地方自治会在商会召开大会，演讲国家、人民之关系，以及国会之责任前途。"一时在会议员莫不鼓掌欢呼，颇形踊跃"，称"此诚吉省之第一盛会，而民权发达之起点"⑧。鉴于宣讲对风俗人心颇有影响，北京督学局派讲员入外城宣讲所演说，以期"感动力日益膨胀，俾个人皆具有爱国之精神"⑨。

保定的通俗教育茶话所纠集几十个同志，从 1904 年底开始，"于每星

---

① 《开智育演说会》，《大公报》1908 年 1 月 25 日。
② 《开智育演说会》，《大公报》1907 年 6 月 8 日。
③ 《特别演说》，《大公报》1906 年 4 月 14 日。
④ 《演说纪闻》，《大公报》1911 年 5 月 6 日。
⑤ 《讲演商务》，《大公报》1906 年 5 月 10 日。
⑥ 《纪皖垣商会演说》，《申报》1905 年 7 月 16 日。
⑦ 《演说有效》，《大公报》1906 年 10 月 11 日。
⑧ 《请开国会之会议》，《盛京时报》1908 年 7 月 1 日。
⑨ 《派员演说》，《大公报》1906 年 11 月 21 日。

期下午在城内小椿树胡同四川会馆官立小学堂内，以白话讲说新闻故事，不论何人，均可入座听讲"①。一位不知名的志士在北京东直门小药王庙"大开演说，于朝鲜亡国情形，中国未来现象，以及偿国债、保国种等事分晰，讲演至暮始归。是日，闻者多为坠泪。惜某君之未道其姓名也"②。而清末对中国思想界产生巨大影响的"天演论"，当然毫不例外为演说界所关注，"本埠法界新学书院各洋教员，现拟于每星期六晚七句半钟在该院之袁宫保堂开演说大会，以天演学为题。拟于六星期内将天演学大纲详细演完，并拟今晚先讲地球之天演。凡官商学各界通晓英文诸君子，均可前往听讲"③。

普通的农学讲演，都担承着观念启蒙的自觉。鹤山县农务分会"设农事演说场，招集附近农民，授以农学大意，及东西洋最新发明之农学新理新法，得以唤起改良旧学之观念，振兴实业思想"④。亦不乏医药卫生知识之普及，在东北铁岭"初四日晚，侨居铁邑日本人民在俱乐部开演说会，并演电光影戏，邀请中国各官绅并商人莅会，到会者约有二三百人。先演电影，戏嗣由卫戍病院长半田君演说，由交涉局翻译王少轩君译成清语，略谓满州地方固佳，惟于卫生殊欠讲究，如痢疾、霍乱、鼠疫等症俱系危险，医生棘手。愿大家注重卫生，少食生冷，一切器物用热水洗涤，并设法以除鼠害而防瘟疫共臻康强之幸福云"⑤。选举方面，浙江新昌县"石润金君演说选举大旨，当公议选举调查员之资格及分划投票区"⑥。1909年《四川官报》针对"我国向来习惯，无论牌上贴的条文，街头粘的榜示，官府费尽苦心，大家视作具文。况蚩蚩之氓，识字无多"，能够理解选举的人有限，致使相关政策不能有效落实，专门登载白话演说，介绍有关选举的规定，强调选举权不可抛弃。⑦

---

① 《通俗教育茶话所小启并各章》，《大公报》1904年11月24日。
② 《演说热心》，《大公报》1906年6月7日。
③ 《开会演说》，《大公报》1911年12月9日。
④ 《广东劝业道呈鹤山县农务分会章程》，中国第一历史档案馆藏，全宗代码：20，案卷号：124。
⑤ 《俱乐部演说会》，《盛京时报》1908年10月1日。
⑥ 《士民动议调查》，《申报》1908年12月17日。
⑦ 《说选举权不可抛弃》，《四川官报》1909年第12册，第73～76页。

清末演说的内容也并非一味地"高大上",皆涉及国族兴亡之宏大主题,毕竟在由传统向近代变迁之际,社会观念之变化不可能一蹴而就,人们的思想,包括一些启蒙者在内,亦极其复杂多样,陈腐与新锐并存,传统与现代交杂,在演说场域有着明显表现。比如天津东北马路启文阁报社内一段时间的演讲,就与当今的认知大相径庭:"近日晚间演说拳匪纪事。将拳匪肇祸家国流离情形演说一番,以为滋事者戒。"① 中国传统文化对待死亡往往讳莫如深,极力回避,这一状况在清末发生了前所未有的变化,生死问题成为公开演说的主题,就深刻反映国人于此的观念变迁,"法界中国青年会定于今晚七句半钟在该会内开哀悼大会,并请有普通学堂教员讲论生荣死哀诸说,想届时学界诸君赴会听演,定必跄跄济济也"②。

总之,从新知新艺,到世界大势、中外历史,乃至爱国精神,清末演说所涉及的新思想、新观念极其庞杂丰富,如非亲临其境,单凭想象实难领悟其一二。

四　职业和专业教育

清末,随着新的社会职业分工、新兴职业的问世,对新兴职业群体进行专业教育和职业培训,甚或对民众进行专业知识的普及,势在必行。各种应运而生的专业学会、同业协会大多借重演说开展活动。单是警察体系,相关的培训、教育便触目可见。为使下层民众对警察制度有所认识,1906年民政部咨行学部转饬督学局,"亟宜演说警章以正人心,而维风化,应行饬令该所演说员每晚于演说之时,务以一个小时专为听讲人演说警章,俾得开通风气、共保治安"③。北京"内城工巡东局现又添设演说课程,特派成恩波君讲演警察要义,饬令巡长兵前往听讲,以期洞明事理,攸往咸宜"④。巡警探访局开办宣讲,"开演侦探妙诀,弁目差役一并赴堂听讲。有各种侦探小说、各种报纸,择其有益侦探研究妙理,意在由浅入深,并拟

① 《演说拳祸》,《大公报》1906 年 2 月 15 日。
② 《特别演说》,《大公报》1908 年 11 月 21 日。
③ 《饬演警章》,《大公报》1906 年 11 月 15 日。
④ 《演说警察要义》,《大公报》1906 年 5 月 31 日。

将时事编成白话演说，以广见闻"①。1906 年，"警部徐尚书谕内外厅丞，设法多用白话演说，俾众周知，闻内城总厅已拟多聘演说员分赴各处演说矣"②。"西头芥园马巡队任巡员因巡兵率多不谙警章，刻在该处设立讲堂一所，演说警务紧要规则，每晚饬巡兵及兵学生入听，以期造就军人之资格云。"③1908 年，京师总劝学所"会议时决定饬令内外城各学区每日于宣讲之时一律演说新订警律三十分钟，以期听讲者日事渐染，习为固然，庶于维持治安大有裨益云云"④。天津巡警局内开设宣讲所，演说侦探妙诀，由浅入深并将时事编成白话演说，以广见闻⑤。"刻闻审判厅内，每早十句钟有法政毕业诸学员挨次演说日本律学规则，所有在厅承审各员均届时入听，以资考镜。"⑥ 配合官府的征兵活动，也需要广泛的社会动员，据《申报》报道："奉委至上海征兵之阮慕咸君已在大东门内火神庙设局开办，今日二时会同沪绅在邑庙萃秀堂开征兵演说大会。"⑦ 次日，此次演说"志略"见报："……午后二时，本埠营县各官及征兵官阮君等齐至开会，先由汪大令登台演说，次征兵官，再次各绅董，其大旨则谓现在当兵非与昔比，极有体面，各人须奋尚武精神云。"⑧

兴商重工，发展近代工商业，作为晚清重要的社会思潮，也不可能不进入启蒙志士演说的论阈。1904 年，学董林君等人在天津文昌宫内设立一间有益茶社，每天晚上八点到九点半，请来学堂教员向"手艺买卖人"讲解算学、单字、修身、手艺等课程⑨。天津考工厂 1904 年底，在万寿宫连办了三天的演说，有人讲中国工商败坏之由，有人说整顿之道，还有人探讨外国工商兴盛之理。每晚的演讲都吸引了上千名听众。这些人不是商铺

①　《宣讲侦探》，《大公报》1906 年 4 月 17 日。
②　《警部拟聘员演说宪政》，《申报》1906 年 10 月 4 日。
③　《宣讲警章》，《大公报》1906 年 12 月 22 日。
④　《演说警律》，《四川官报》1908 年第 18 册，第 62 页。
⑤　《宣讲侦探》，《大公报》1906 年 4 月 17 日。
⑥　《演说法政》，《大公报》1907 年 1 月 3 日。
⑦　《征兵官开会演说》，《申报》1906 年 5 月 6 日。
⑧　《征兵会演说志略》，《申报》1906 年 5 月 7 日。
⑨　《有益茶社》，《大公报》1904 年 9 月 26 日。

的老板伙计，就是工匠艺人。[①] 周学熙设工商研究总所，为开通民智，普及
科学技术，开阔眼界，该所借东马路宣讲所，每月初三、十八日召开两次
工商演说会。聘各学堂专门教员及精通工商之绅商演说工艺要理，试验化
学制造，使知其原理，以便设法制造。[②] 甚至农业演说场也增设工业演说，
在东北"小南关农业演说场今特附设工商研究所，系由工艺传习所酌派工
艺师一名住该所，每逢朔望日由十一钟起一钟止演讲工艺学，无论工商均
可入所研究，以期工业精益求精云"[③]。天津商会 1905 年创办的《商报》，
主要报道商务、市场消息、商界汇闻和商会纪事等，受到广大绅商的欢迎。
大名分会所设阅报处便"备各商报及他项报纸，以资公览，并择其可以宣
讲之处，会议数人轮流演讲，在会与不在会者均可入听"；顺德分会则规
定，"由县发商报一份，共举人轮流演说，以谋进步改良"；彭城镇分会阅
报所为益知识而广见闻，亦要求"本镇绅商到所阅报，凡报上有益于国家
社会人群事件，须随时誊录，以便演说而启愚蒙"[④]。而在商言商，1905 年，
江南商务局"拟于商品陈列馆分期由员司研究演说及随时刊行商学报章"[⑤]。
同年，天津工艺总局"每月则演说工商各要理，试验理化各用法，以广人
见闻"[⑥]。1907 年，镇江荣观察演说了储蓄银行开办之利益。[⑦] 此外，《四川
官报》连篇累牍发表演说，论述勤苦可以致富[⑧]、广商学开商智[⑨]，以及富
人经商的道理[⑩]。

　　在推动农业近代化的时代浪潮之下，各地农会组织开展活动的一个重
要方式，就是演说农务改良。东北奉天，"农业演说场设在小南关地藏寺

① 《说考工厂的事》，《大公报》1904 年 11 月 29 日；《奉告工商》，《大公报》1904 年 12 月 6、
　　10、11 日。
② 郝庆元：《周学熙传》，天津人民出版社，1991，第 76 页。
③ 《附设工商研究所》，《盛京时报》1908 年 9 月 26 日。
④ 《天津商会档案汇编（1903—1911）》（上册），天津人民出版社，1989，第 162、269、193、
　　202～203 页。
⑤ 《四续江南商务局禀复筹议设立商品陈列馆及商业学堂经费办法房屋建制情形禀》，《申报》
　　1905 年 1 月 10 日。
⑥ 《详记天津筹办工艺各事情形》，《申报》1905 年 4 月 2 日。
⑦ 《镇道演说储蓄银行开办之利益》，《申报》1907 年 9 月 22 日。
⑧ 《论勤苦可以致富》，《四川官报》1904 年第 21 册，第 70～75 页。
⑨ 《劝广商学开商智》，《四川官报》1905 年第 5 册，第 80～81 页。
⑩ 《劝富人经商》，《四川官报》1907 年第 17 册，第 73～74 页。

内，现因房屋狭隘不敷应用，拟将该寺前宽阔官地建修大楼一座作为演朔场，已于日昨鸠工庀材大兴土木矣"①。看来农业演说需求比较大，遂需开辟场地。又有关于该演说场的后续报道："小南关农业演说会由年前二十日停演开会，日昨奉劝业道札饬，定于正月十五日开会演说，该会奉札后已晓谕商民人等周知云。"② 显然活动持续进行，并未中断。福建闽中农桑局教习董少尹"不时分赴各乡演说浅理，俾民间周知种桑饲蚕诸学，各图改良，各求生利"③。保定农务学堂总办王树善设立农学会，"约集义务讲员以时开会，演说农学原理及配合肥料之法"④。全椒西乡沙河坊"试办农务分会"，"按期召集本坊乡民，演讲改良种植"⑤。奉天"经省大府奏准，农工商部立案，于是省城立农务总会，各县立农务分会，由劝业道颁发铃记，各设总理、董事、评议、调查、书记、会计、讲演各员，以当地士绅充之。以及各乡亦设分所。旋又在省城设立农事演说会，劝业道黄开文为会长，演说有关农事各种新理，提倡改良。凡农林、畜牧、蚕桑、园蔬、肥料、害虫以及农产制造、农业经济等类，以蕲广开农民普通知识"⑥。"小南关农学演说会每逢开演之期，观者如堵。日前劝业道徐鉴事登坛，将土宜、种植、肥料诸法细为剖解，演毕，依听者坐次逐一叩之，闻能了解者颇居多数云。"⑦ 江西万载县创设农业肄习所，演说"农事宜改良者，旧说新知之可以仿行者"⑧。在推动近代农业的过程中，民间志士是值得关注的力量。1908 年，四川"三台县陈宛溪茂才，平日留心蚕业，曾刻有《禅农最要》一书，早已风行。兹闻其室人某氏近亦组织一蚕桑演说会，每逢朔望集合乡村妇女，将种桑饲蚕之法详细解说。闻已经开会一次"⑨。

清末职业教育演说的题材相当广泛，远不止上述诸项。甚至连家政改

---

① 《农业演说场建筑楼房》，《盛京时报》1908 年 9 月 19 日。
② 《农业演说会示期开演》，《盛京时报》1910 年 2 月 19 日。
③ 《蚕学进步》，《大公报》1903 年 7 月 11 日。
④ 《教育·各省教育汇志·直隶》，《东方杂志》第 3 年第 9 期，1906 年 9 月，第 231 页。
⑤ 《全椒县创设农会详请立案》，《申报》1911 年 6 月 6 日。
⑥ 《农会及农事演说会》，王树枏等总纂《奉天通志》第 113 卷，"实业志·实业一·农业"，1934 年铅印本，第 2 页。
⑦ 《农学演说会之进步》，《盛京时报》1909 年 4 月 2 日。
⑧ 《再续江西万载县张子晋明府创设农业肄习所章程》，《申报》1904 年 5 月 16 日。
⑨ 《演说蚕业》，《大公报》1908 年 4 月 16 日。

良会这样的社团，亦每周集会，演说诸如"家政与社会之关系""家庭之进化""家政改良""儿童教育"之类的题目。① 青年会下属的政治研究会，时常"敦请中外名儒，订期演讲"中外历史。② 志学会社同人在南开私立一中开特别宣讲会，美国博士明华德氏演说国际交涉之要素，供同仁学习。③ 监生张良卿等在渔业公司办宣讲所，研究水产。④ 天津民立五十二学堂堂长陈君热心卫生，于南马路阅报社每晚演说医药。⑤ 天津教育品陈列馆举办的演说会，"专讲生理学之血管及动静脉之组织、血液、大小循环、毛细管之功用，淋巴管、淋巴液之补助……"⑥ 还有以介绍改良为目的的，如天津劝学所在西马路宣讲所内演说私塾改良一切进行要理。⑦ 赛会方面，1905 年，"杭州周君梅谷近从美国圣路易博览会回华，应阅书社之请，于正月二十五日在地藏寺演说会场情景。是日，来宾约六七十人"⑧。

关于新式教育，1904 年，直隶学校司教育研究所总长演说了"教育会社"的重要组织意义，强调教育研究所对于发展学校教育所起的指导作用。⑨ 1905 年，学务大臣张百熙视学天津时，针对其与"南皮张宫保"会订学堂章程中"女学一端"，以及蒙养院和家庭教育法的缘由做了长篇演说，以消释"海内通人所疑议"⑩。1905 年，芜湖商务局"传集各帮绅董，演说半日学堂便于商人课学之利"⑪。1910 年，名山县劝学所发布劝学通告，演说学堂的好处、新学与旧学的优劣，劝民送子弟入学堂。⑫ 1909 年，华阳县知县的劝学白话告示刊登于《四川官报》的演说栏。⑬ 可见，从农工商

① 《家政修改之先声》，《申报》1906 年 11 月 27 日；《纪家政改良会》，《申报》1906 年 12 月 18 日；《家政改良会纪事》，《申报》1907 年 3 月 25 日。
② 《青年会组织政治研究会》，《申报》1906 年 11 月 28 日。
③ 《开特别宣讲会》，《大公报》1908 年 5 月 31 日。
④ 《是亦公益》，《大公报》1908 年 11 月 16 日。
⑤ 《热心卫生》，《大公报》1910 年 3 月 7 日。
⑥ 《纪一次仪器讲演会》，《大公报》1907 年 4 月 2 日。
⑦ 《演说纪闻》，《大公报》1910 年 4 月 22 日。
⑧ 《演说赛会》，《四川官报》1905 年第 8 册，第 41～42 页。
⑨ 《直隶学校司教育研究所总长演说辞》，《四川官报》1904 年第 8 册，第 27～28 页。
⑩ 《学务大臣张尚书天津视学演说》，《四川官报》1905 年第 26 册，第 32～33 页。
⑪ "芜湖"，《申报》1905 年 2 月 27 日。
⑫ 《名山县劝学所劝学通告》，《四川官报》1910 年第 30 册，第 93～96 页。
⑬ 《华阳县知县钮劝学白话告示》，《四川官报》1909 年第 26 册，第 67～69 页。

业，到医药卫生、警察教育，乃至家政和博览会，无所不包，清末新兴职业教育，大都能在演说中找到痕迹。

五　爱国运动

演说同样成为清末各社会团体、仁人志士发起爱国运动的重要动员手段。大学堂开学举办的一次奇葩演说，便从反面印证了爱国励志在清末演说中极其普遍的事实，如载："正月二十七日为大学堂开学之期，抚宪率同司道总办教习各员谒孔子，礼毕，例有演说之辞，无非立身报国等语，藉此激发学生志气而已。乃某大宪则云你们学生住的如此阔房子，每日尚有三餐，且有如此电灯相照，你们家中能如此否，我当日做八股时苦极苦极，实不如尔此际也，勉之云云。堂上堂下共三百余人，莫不掩口，谓自有演说以来未有如此之妙者。"① 而爱国首先要从爱人做起，如果无视灾难深重的同胞，又谈何爱国！所以，清末最为常见的爱国运动，莫过于赈灾募捐。1907 年，江北、直隶发生水灾，天津慈善组织"艺善会"利用茶楼等公共场所，在为灾民募集捐款的系列演说中，英敛之都是主力军。他基本上每日必到，有时甚至一日讲演两次。如其日记载："刘子良之艺善会，予每次必至演说，陆续一月后方毕。北方捐赈踊跃者，实予为之鼓动也。"② 三月，在天福茶楼召开第一次会议，听讲者达三百多人。晚上"八点钟后，座客已满，先由刘子良君引刘少坪登台演说不收茶资，开会助赈大意。并劝人勿以善小而不为诸语，极合爱国保种之理。次由英敛之演说爱人救灾之义务及合群保国之真理"，娓娓道来。③ 第十一次演说在地处荒陋的聚合茶楼进行，刘子良、英敛之到场演说。晚间移至天泉茶楼举行第十二次大会。"座客甚满，数段曲艺后，由英敛之、刘子良演说。""醒俗画报社数君将报助赈，温子英复登台演说大意。"④

清末著名的国民捐运动，更离不开演说的策动。1901 年签订的《辛丑

---

① 《演说如此》，《大公报》1905 年 3 月 12 日。
② 方豪编录《英敛之先生日记遗稿》，沈云龙主编《近代中国史料丛刊续编》第 3 辑第 3 册，文海出版社有限公司，1974，第 1096 页。
③ 《纪艺善会》，《大公报》1907 年 3 月 7 日。
④ 《艺善会第十一次十二次开会》，《大公报》1907 年 3 月 23 日。

条约》中国将赔款四亿五千万两白银。《京话日报》的热心读者王子贞"自己出资成立了'尚友阅报处',专替《京话日报》做宣传。他在一次演讲中偶然提到庚子赔款 4.5 亿银两,莫如由全国四亿同胞一次凑齐还清的话"①,其演说稿经彭翼仲修改后,于 1905 年 9 月(光绪三十一年八月)以王、彭合稿名义刊出。② 很快引发了一场全国性的轰轰烈烈的国民捐运动。国民捐由演说挑起,也经由演说推动。1906 年,国民捐运动成为妇女界③、学界与政府④演说的焦点。有报道称:"两江学务处以国民捐开办以来直隶京师群相翕应,山东亦次第举行,其捐数不拘多寡,集腋成裘备偿国债,因订于闰四月初五日下午,在两江师范学堂开国民捐演说会,请有志诸君登坛演说并筹议办法。"⑤ 倡捐活动中,也活跃着官员的身影,"武强县知县杨大令登县城内戏台演讲国民捐,并说创议国民捐的意思。名为还国债,其实是各人还自己的债,并不是给国家聚敛民财。愿大家生爱国的热心,本官也不能勒派。听的人无不感动,各村正副董事,一齐劝办起来了"⑥。1909 年11 月,为"冀保国权而饵巨患",天津商会决定先在天津组织筹还国债会,然后联合各省商会组织共同进行。这一倡议得到全国各商会的广泛响应,筹还国债会、爱国公债会等民间团体竞相成立。其中,顺德商会编写了简明白话歌,到处张贴,并择定市面繁盛之地,按集期设所讲,实力劝导,商民认事认捐者争先恐后,几乎无日无之。⑦

在清末国族危难之际,反对外国侵略,抵制洋货、收复路权,激发爱国精神,无一例外成为演说传播的主题。1901 年,面对俄国对东三省的步步紧逼,上海有"好事者更乘机簧鼓,迭次纠人演说,甚且当众足踏俄旗以辱之"⑧。反洋教自然也是抵制外国文化侵略不可或缺的环节。1906 年,

① 梁漱溟:《忆往谈旧录》,中国文史出版社,1987,第 59 页。
② 王子贞、彭翼仲:《尚友讲报处的演说》,《京话日报》第 374 号,1905 年 9 月 2 日。
③ 《廉惠清部郎上江督书》(为请提倡女子国民捐事),《申报》1906 年 4 月 23 日。
④ 《官绅庆祝立宪并劝办国民捐》,《申报》1906 年 9 月 21 日。
⑤ 《师范学堂开国民捐演说会》,《申报》1906 年 5 月 22 日。
⑥ 《武强县登台演讲国民捐》,《京话日报》第 569 号,1906 年 3 月 28 日。
⑦ 《天津商会档案汇编(1903—1911)》(下册),天津人民出版社,1989,第 1922 页。
⑧ 《续记中俄订约事》,《申报》1901 年 10 月 23 日。

江西南昌绅士因南昌教案在百花洲集会演说。[①] 抵制美国华工禁约作为清末的一次重大社会运动，其声势之浩大，亦得益于演说新工具。1905 年 5 月，上海公忠会开特别演说会抵制美禁华工，“演说抵制之法”，“到者数百人，先后演说者数十人”[②]。几个月之后，于“老闸徐园外十二楼再开力维抵制大会，到者千余人”[③]。上海四明同乡会开大会“共议抵制美约事宜，到者数千人”[④]。受大会感染，“诸同胞皆为感愤，相戒不用美货。闻于八月始，定期每月初六、十六、二十六三日仍至所中演？兼论崇学善俗劝工诸要端云”[⑤]。7 月，上海“南北各报关行装货工人，于二十六日下午一点钟在三马路逢源里的祥裕公内，公议实行抵制禁约，并请穆杼斋君到会演说，以讲求文明办法云”[⑥]。上海新关邮政所有办公华人因美约事集会，“到者二百余人”。请“何君剑英、穆君、林君子起相继演说。皆一致以抵制禁工为此会所争之目的。说毕，同人互相讨论决定，一函各关各邮政局协力抵制，二联络各洋行办事华人及各报关行……四联络本埠与各省同志到乡僻演说”[⑦]。“厦门商会成立以来，惟前道黎观察国廉演说一次，近因抵制美工约事又本月十四日午后开会演说。是日，参列者官场有商部左参议王清穆、员外郎王大贞、单镇翻译徐恩元、著与泉永道玉书、厦门同知黄遵楷等，绅士有陈纲林、辂存王锡庆等，此外总董傅政叶、崇禄黄秀琅及议员三十六名，并商家等不下三四百人，陈京卿演说筹拒美禁华工一节界皆娓娓动听，闻者咸为感动，惟官场皆未便赞成，故须另日再议抵制之法。”[⑧] 四明同乡会在四明公所定期演说。[⑨] 即使在偏远的村镇，也闻风而动，比如绍兴昌安门外的孙瑞镇，就在新学堂的学员组织下，设立了一个益智演说会，每个礼拜六下午向乡民演说如何抵制华工禁约，和其他报纸上的时事。[⑩]

---

① 《续江西绅士致同乡京官公函》（为南昌教案事），《申报》1906 年 4 月 4 日。

② 《公忠会演说抵制美禁华工》，《申报》1905 年 5 月 16 日。

③ 《公忠演说会集议抵制美约办法》，《申报》1905 年 9 月 1 日。

④ 《四明同乡会第三次筹议抵制美约略情》，《申报》1905 年 7 月 31 日。

⑤ 《四明公所定期演说拒约》，《申报》1905 年 9 月 4 日。

⑥ 《报关行及装货工人定期集议》，《大公报》1905 年 8 月 3 日。

⑦ 《上海新关邮政中人之会议》，《大公报》1905 年 7 月 1 日。

⑧ 《厦门商会演说抵制美约》，《大公报》1905 年 7 月 2 日。

⑨ 《四明公所定期演说拒约》，《申报》1905 年 9 月 4 日

⑩ 《学院组织演说会》，《申报》1905 年 9 月 9 日。

伴随"华工禁约"之抵制,往往是愈发猛烈的拒绝美货运动。1905年,上海①、苏州②、安庆③、广东④、杭州⑤等地的学生、士绅、商人纷纷集会演说,抵制"华工禁约"之事。随后,上海⑥、常熟⑦、太仓⑧等地商界人士又相继发表演说掀起了抵制美货运动。7月17日,上海各界"假西门外务本女塾大讲堂开特别大会,公议实行不用美货办法。男女宾到者,除上海各学会、各学堂及内地商界、学界代表人外",上海本地商界中,洋布业、火油业、杂货业、纸烟业、铁业、参业、麻袋业、糟业、南北货业、海味业,以及广帮、建帮、汉口帮、山东帮商务总会、商学会等共计一千四百五十余人,商议抵制美货的办法。马湘伯君到会演说。⑨ 上海的施兰英女士召集百余人开会,决议"分往本埠各家演说不用美货"⑩。同时,僻处皖省的棕阳镇亦借上海拒约社社员武仲英的到来,开特别大会,演说"美国虐待华工始末及对于美约之利害",商界中人聚议停销美货以期施行抵制。⑪ 武仲英显然是个非常活跃的人物,他到扬州后,又受当地拒约社延请"在广储门外史公祠演说抵制美约办法"⑫。抵制美约美货之影响面,波及和美国相关的诸多领域。1905年5月,上海人镜学社的一次演讲中,"有人劝告码头小工以后凡遇起卸美货,一律加价者"⑬。1905年6月,闽帮商人在上海泉漳会馆集议抵制美国限禁华工办法。据悉"来者甚众,续到者无插足地。钟鸣三下,曾小卿观察登坛演说",申明如果美国政府不挽回定例,两个月之后,一律不买美货。"美船揽载华人不应装货","美人所设学堂华

---

① 《学生抵制华工禁约之先路》,《申报》1905年5月24日。
② 《纪苏州会议抵制华工禁事》,《申报》1905年6月4日。
③ 《皖商对于美禁华工感情》,《申报》1905年6月5日。
④ 《粤省筹拒美禁华工新约续志》,《申报》1905年6月8日。
⑤ 《浙绅商演说美虐华工》(杭州),《申报》1905年6月26日。
⑥ 《商务总会决定不用美货之大会议》,《申报》1905年7月21日。
⑦ 《常昭茶商决议抵制美约》,《申报》1905年8月17日。
⑧ 《太郡士商集议抵制美约》,《申报》1905年8月18日。
⑨ 《议决实行抵制之大会》,《大公报》1905年7月27日。
⑩ 《女界之运动》,《大公报》1905年7月19日。
⑪ 《皖省棕阳镇第一次演说抵制工约会》,《申报》1905年10月21日。
⑫ 《拒约社定期演说》,《申报》1906年2月22日。
⑬ 《上海人镜学社启》,《大公报》1905年5月26日。

人子弟不应入堂读书"，"美人所开之行华人不应应聘为作买办及通译等事"，"美人住宅所雇佣工劝令停歇，庖御等人一概在内"①。

各地区域进行路权宣传，演说也无疑成为得力渠道。1904 年，在争取粤汉铁路的路权时，"罗雨三观察演说合兴公司如何背约，各工程洋员如何横暴，如何关系中国全局，如何联合一体力争废约以固主权"②。河南省"襄城县杨令溶、太康县王令元瑞，派该县开通绅董亲赴四乡，将汴省铁路利害、集股方法竭力演说"③。

演说主题之立意甚至上升到国家存亡高度，"武昌府黄伯雨太守以立宪为中国存亡至关键，亟宜慎重办理，日前因初选期限将届，特会集各属，申送听讲调查员谆谆演说，并谕示办理方法，一时闻者无不欢腾"④。爱国、合群之主题也并不鲜见，在地方省城的平常演讲中屡屡出现，"民政司谢司使此次巡阅各属，所至召集士绅商民演说劝谕，以冀开通风气于学务、商务、警务、自治、禁烟诸大端，尤三致意灌注爱国合群思想于各属士民心意中，并令息止词讼，共保治安，复谆劝旗民化除畛域之见，互结团体，相与支此危局云"⑤。军界之动员演说，尤能显现清末言语宣传爱国主题之境界高远。单是镇江府一地，"太守邀集吴君暨地方官，城乡绅董至万寿宫演说，先由吴君演说军人之可贵，继由太守演说人人有当兵之义务，众皆鼓掌称善，闻报名应征者颇觉踊跃异常"⑥；驻镇江的南洋常备军第六标龚协戎统领"遵照练兵处奏定新章，拟于各军队中添设演说一门，撰成演说书，责成营书等按期分班登坛演说，晓以有勇知方之义，并将军中应行法律及外国战事一一讲演以期开通兵士智识"⑦。言语宣传特有的现场感、感染性、开放性与参与性，使其备受各界青睐，从而造就了清末社会动员前所未有的奇观。

---

① 《补志闽商会议抵制美国禁约事》，《大公报》1905 年 6 月 1 日。

② 《力争粤汉路约》，《申报》1904 年 10 月 29 日。

③ 《县令提倡路股》，《盛京时报》1908 年 10 月 23 日。

④ 《演说立宪要旨》，《大公报》1909 年 1 月 13 日。

⑤ 《谢司使之演谈》，《盛京时报》1908 年 11 月 7 日。

⑥ 《常州征兵纪事》，《申报》1906 年 2 月 2 日。

⑦ 《龚协戎演说练兵》，《申报》1906 年 2 月 17 日。

第四节　清末演说的受众群体、政府管制及其效果

演说用口语言说，其易于接受的特点，使人们常常想当然以为它主要在启蒙下层社会，有如《大公报》所赞："北京志士纷纷设立阅报处、讲报处，诚于下等社会及寒士有大裨益。"① 该报在报道行医者卜广海创设讲报处后，同样感叹"从此下等社会可以重见天日矣"②！又有时人提出："开通风气惟报纸为利器，开通下等之知识又非讲演报纸不为功。"③ 上海松江"自鸦片有由官专卖之说，松郡学界中人姚君咏华等，定于二十一日借普照寺设立戒烟演说会，专为下流人说法云"④。在苏州，"苏城讲报社开办年余，推广已至六处，按期将各报宣讲，于劳动社会颇有影响，商学各界早经公认赞成"⑤。通过口语言说开通下层社会，当然也在官方的设计之中，在京师，"预备立宪明诏颁发后，中外臣民同声欣贺，惟下流社会之人向未开通，疑议在所不免，近由警部徐尚书谕内外厅丞设法多用白话演说，俾众周知。闻内城总厅已拟多聘演说员分赴各处演说矣"⑥。但事实上，从传播效果来看，演说的覆盖面远比宣讲更加广泛，不限于下层社会，而是波及各个社会阶层。对有文化者观念、思想的启蒙，也是清末这场运动格外值得关注之处。"二十三日晚七点半钟青年会在英工部局戈登堂举行第九次年会，中外官绅士女到者甚多"⑦，显然，"官绅士女"亦为接受群体。又如："省垣商务总会前在长安寺开第一次大会。午前八点钟，商务总局彭总办、商总总理孙绅等督率协理，先期传知二十二行会董会友整备衣冠至会，午前九点钟军督学院率省垣大小官员……"⑧；"劝业道萧观察因有要公道出济宁经该州，杨太史润东孙君静峰等在谘议研究所开欢迎会，观察乘机演

---

① 《又一阅报处》，《大公报》1905 年 6 月 12 日。
② 《医生演说报章之创闻》，《大公报》1905 年 5 月 15 日。
③ 《第一阅报处》，《大公报》1906 年 7 月 27 日。
④ 《开戒烟演说会》，《申报》1906 年 4 月 14 日。
⑤ 《讲报社将改宣讲所》，《申报》1906 年 11 月 16 日。
⑥ 《警部拟聘员演说宪政》，《申报》1906 年 10 月 4 日。
⑦ 《青年大会记盛》，《大公报》1905 年 4 月 29 日。
⑧ 《奉天商务总会第一次开会演说》，《大公报》1906 年 2 月 20 日。

说实业各事，语语恳挚，闻者倾心，是日到会共百余人，颇极一时之盛云"①。各级官府的例行聚会，也大都以演说形式举办，各级官员无疑成为听众主体。乃至偏离中心的东北开原小城，"二十九日，在南门里巡警教练所内，经学商警三界开欢迎大会，恭候司使演说广开民智，听讲者约有数千人。张司使登台演说，首以禁烟为当今之急务；继说凡有子弟者，当知早婚之为害；终以开邑闿法大坏，市井萧条，急当设法疏通，或集股开设当铺，或借款兴修工厂，以资实业之发达等诸要务。演毕后，有随园王君讲解地方自治，并巡警与人民之关系；而保令接演司使钧谕各宜凛遵，勿再迷梦不醒等语。其时时计钟已报五下矣，众遂欢声载道散会而归云"②。到会的显系"学商警"三界人士。各省督抚巡视地方，往往发表演说，其听众也一般不会是乡野村民。如鄂督至两湖师范学堂视学，便"传集省城各学堂教员，在该学堂听讲"③。以往研究过多强调对下层社会的启蒙，其实在晚清那样一个新旧交替、思想混杂的时代，不只是文化水平低的下层民众需要思想的启蒙，既是文化人，又何尝不需要一场观念的洗礼呢？

知识分子意在启蒙的底层民众固然为首选，直隶农务总局于光绪三十二年（1906）十月初九在保定西关农事试验场举行的首届农产品品评会，除官绅外，农民赴会者200余人，公推布政使增韫为会长，在会上演说开会宗旨及直隶农业振兴改良各事，又由洋教员演说东西洋农业，"农民闻所未闻，欢欣鼓舞，莫可名言"④。浙省绍兴之山阴县的一个小镇，自开办新式学堂以来风气渐开，"兹由学员公设一益智演说会，定期每礼拜六下午，摘取各报章所纪时事，详加讲论，左近乡民环而听者甚多"⑤。但事实上为演说所惠及的社会群体更加广泛。商部因北京商会"业经办有端倪"，而组织的演说会，所聚集者为"各行商董"⑥。1904年底，河北保定"优贡知县谷钟秀、举人刘宝慈、廪生韩德铭、王金绶等试办茶话所"。"于星期下午广

① 《欢迎会之演说》，《大公报》1909年4月27日。
② 《张司使赴会演说》，《盛京时报》1908年9月26日。
③ 《鄂督演说纪文》，《申报》1905年10月6日。
④ 《农工商部奏直隶保定设立农务总会请予立案并饬各省仿办折》，《东方杂志》第4年第12期，1907年12月，第178页。
⑤ 《学员组织演说会》，《申报》1905年9月9日。
⑥ 《北京商会演说》，《大公报》1904年7月19日。

为演说，无论士农工商，皆可入所听讲，藉以开通风气，裨益民生。"① "志学会社于今日晚八句钟仍在东门内经司胡同普通中学堂开特别智育演说会，……邀官绅及各学界、报界执事人员届时到会。"② 听众对象明显系官绅学及报界等文化阶层。学堂学生亦是一个不容忽视的群体，"闻八旗第三小学堂某教员以报纸之起发人心收效颇速，特于本堂添购各种宗旨正大之报纸，每日功课完竣之后以一小时为学生逐件演说，以期大加开通明晓时事"③；"探闻天津县劝学所定于今晚七钟召集本埠各小学堂头班学生，齐集西马路宣讲所内开特别演说会。由陈庶圃先生首先提倡，并约张伯苓、胡玉孙、刘竺生三君协同演说。昨已函致各堂管理员，届期务各带领学生（每堂至多限三十名）前往听讲藉增学识"④。"初三日，北关师范学堂东洋教习前往四川会馆高等小学堂演说教育大义，各小学堂员司带领学生齐赴该堂听讲云。"⑤ 甚至连兵营中的学兵都成为言说的对象，"陆军部现又添派景桐轩笔政前往南苑扈卫营，逐日演说一切忠君爱国事项，以期学兵易于开通，并可端其趣向"⑥。

在商业被提升到前所未有的高度的时代，商界人士当然为演说之首选对象，"考工厂总办定于十一月初一初二初三等三天，在北马路万寿宫内演说工商各项要理。每届是期由晚七点半钟开演，至十点半钟止，业经书印请帖数千张于日前请商务总会饬派会差人等持帖分往各处，散送各行商铺及各工艺人等，以便周知，届期齐集听演云"⑦。上海五马路商学会，"延请商部王丹揆参议，杨仁山、单束笙二随员，暨张季直殿撰、严幼陵观察莅会。先由王公丹揆登台演说，继张君严君各演说毕，七下钟，请诸宾入席。会长起立，宣读颂词，并表感谢之意。是日，外宾预坐者共三十余人，而往听演说者约百余人。先日登报发票，无票者不得入听。然往听者众，颇

---

① 《试办茶话所禀稿并批照登》，《大公报》1904 年 12 月 31 日。

② 《开特别智育演说会》，《大公报》1907 年 12 月 19 日。

③ 《小学堂演说报章》，《大公报》1906 年 2 月 9 日。

④ 《开演说会》，《大公报》1909 年 11 月 4 日。

⑤ 《演说教育大义》，《大公报》1905 年 1 月 12 日。

⑥ 《派员演说》，《大公报》1907 年 5 月 13 日。

⑦ 《演说工商》，《大公报》1904 年 12 月 6 日。

为拥挤也"①。凭票听讲竟至如此拥挤程度，想来听众不见得皆为商界人士。

　　此外，传统时代的塾师、新式学堂的教员，乃至捕房员都在接受群体之列，1909 年 12 月 1 日《大公报》"演说"专栏所载文题即为"省视学陈恩荣对于临榆县塾师演说"②；天津玉皇阁内教育品陈列馆于 1907 年召开本年第二次仪器讲演会，提前在报上预告，"特请各学堂教员届时入听"③。天津教育品陈列馆举办的第十一次仪器讲演会，"工艺总局提调陈大令、赵参议及学董华君芷苓，均先后到襄理一切。主讲者私立第一中学堂教务长张君伯苓，……是日，除馆中员司执事生外，其听讲各教员到者三十三人，来宾听讲者一人系督署西席徐君霱生，至四钟闭会始各散去"④。又"闻崇文门外巡捕东局近日于局中购备宗旨正大各种报纸，日由该处委员为各捕兵按条演说，以期增长智识洞悉时事"⑤。"闻政府王大臣议商整军经武，为今日要图现虽力加整顿已著成效，恐各军不知讲求尊君亲上用命王事之义，拟即通饬各军中添设演说官，随时训导，俾期各具血诚咸思报国云。"⑥ 尽管初衷是为了培养忠君勤王之士，但没有什么比在军营中添设演说官的动议更能体现清末对演说的推崇了。同时也显示，清末演说的受众群体远非下层社会，却是士农工商无所不包。甚至连传统时代无法抛头露面的妇女，都在其中。

　　志在反清的革命派尤其宣传有道，常常利用宗教聚会。革命志士刘静庵是日知会的主事者。日知会原为宣传教义之所，刘静庵"以传教为名，宣传革命，每星期日开会演说一次，听者约在千人以上"⑦。1911 年，武昌起义后，在革命向各地推进之际，局势扑朔迷离。谣言四起，人心惶惶。十月初，革命党尚未抵达荆州沙市时，"荆沙人民，妻啼子泣，昼夜惊惶"。"适十月初七夜，居民失慎，一时哭声震天，相传旗兵来沙，迁徙不绝，流

---

① 《记商学会演说》，《大公报》1904 年 6 月 22 日。
② 《省视学陈恩荣对于临榆县塾师演说》，《大公报》1909 年 12 月 1 日。
③ 《开讲演会》，《大公报》1907 年 4 月 14 日。
④ 《纪仪器演讲会》，《大公报》1906 年 11 月 19 日。
⑤ 《巡捕局添演报章》，《大公报》1906 年 2 月 21 日。
⑥ 《请令军营添演说官》，《大公报》1906 年 1 月 19 日。
⑦ 熊秉坤：《辛亥首义工程营发难概述》，《辛亥首义回忆录》第 1 辑，湖北人民出版社，1957，第 20 页。

离载道，或溺于江中，或被劫于乡间。种种状况，惨不忍睹。"① 在这个混乱的当头，一个叫涂垣的邀集十几位同志，合办沙市演说会。每天从上午十一点到下午四点，会员轮流出动，或是借用戏团，或是借用会馆，演说革命反清的因由与革命的现势。听讲的人据说每天有两万多人。"鼓掌者有之，泣泪者有之。"所以论及演说的作用，时人云："鼓吹上等，则恃乎报纸，鼓吹中流及下等，则演说其最有力者也。迨后湖、鄂两军围攻荆州，人民之心理必欲得而甘心，尚何迁徙逃避之有？皆缘演说之功。是故光复荆州，不待城破而清兵遂降，虽云兵胜，实则人民之气有以胜之也。"② "灯市口集成阅报社宣讲所朱芷沅君为改良社会起见，特邀万国改良会丁义华君于昨二十六日午后七钟开会，演说关于改良事宜及中国自强之要法，一时商学各界前往倾听者实繁有徒。"③ 演说以声音为传播载体，固然听力残障者无法接受，但在清末言语传播的热潮中，弱势的"暗哑"群体似乎也能间接享受到"启蒙"之恩惠，如启："烟台暗哑学堂总理，美国梅女士刻由北京来津，偕有暗哑学生四五人，昨闻学界诸公约请该女士讲演教授暗哑法，并请哑学生演试说话。现已定于十八日下午二句钟先在严宅，保姆讲习所为女学师生演说至晚六钟半，复假南开私立第一中学堂演讲，届时各学堂师生均可往听，藉以增长见闻。"④ 对此次演说之盛况，《大公报》有详细记载："月之念日夕，为梅女士在西宣讲所演说暗哑读书之事。一时学界传闻联袂参观，几无容足之地，届时余亦莅会旁听。未几开会由严约聪先生演说大意，谓以梅女士之热心善举挟其巨资不远千里而来，以教授吾中国暗哑残废之人，使此等人博一完全无缺之教育，具一完全无缺之资格，为吾中国生莫大之感情，造莫大之幸福，洵可喜而可敬，吾人对待梅女士一方面应如何感激，如何奋勉，以不负梅女士之乐善不倦之苦心乎云云。旋梅女士登台，众皆鼓掌伸欢迎之意。"⑤ 其实，听力残障之人不仅可以成

---

① 佚名：《沙市演说会鼓吹革命助成荆州光复节略》，《武昌起义档案资料选编》中卷，湖北人民出版社，1982，第133页。
② 佚名：《沙市演说会鼓吹革命助成荆州光复节略》，《武昌起义档案资料选编》中卷，湖北人民出版社，1982，第134页。
③ 《演说改良社会》，《大公报》1910年5月6日。
④ 《暗哑演说》，《大公报》1908年11月11日。
⑤ 《记美国梅女士演说事》，《大公报》1908年11月17日。

为清末中国启蒙大潮的受众群体，甚至可以作为传播主体置身其中，此种设想，早在 1903 年就有国人提及，乃是受外人之启发："英国伦敦有从男爵聋哑亚沙、花培农二氏于伦敦开茶话会中演说，以五指作用聋哑，来观听者有二百余名之多。西欧诸邦学科均列演说为专门，凡有集会无不演说，聋哑如此，可见其全国之一斑矣。若我国仿而行之，集聚燕饮，总以演说当为文明进化之一助云。"① 述者艳羡之情溢于言表。

　　一般的大型集会演说，都事先借助报纸或者张贴广告发布消息。清末极为活跃、比较有名的天津东马路宣讲所每举办演说，一般都是"遍贴广告，以便工商家居时人听"②。张园的革命演说，则都在《苏报》发布预告，欢迎各界参加，因而往往盛况空前，规模宏大。"1901 年 3 月 15 日，汪康年等二百余人在张园集会，反对清政府与沙俄签订卖国条约。""3 月 24 日，吴趼人等近千人集会拒俄，黄宗仰、汪康年、薛锦琴等十余人演说，有数十名外国人旁听。此后，张园演说成为上海人生活中习以为常的事，每遇大事，诸如边疆危机、学界风潮、地方自治、庆祝大典，不用说，张园准有集会。"熊月之先生根据"《申报》、《中外日报》、《时报》及《近代上海大事记》等资料统计，从 1897 年 12 月到 1913 年 4 月，张园举行的较大的集会有 39 起"③。

　　集会和演说远不及张园、愚园的西园，演说动辄超千人。"1911 年 3 月 12 日，南北商团公会 1000 余人，沈鳗云、宋教仁等演说爱国自强"；"1907 年 1 月 2 日，振新戒烟会 1000 余人两次集会，演说鸦片之害"④。厦门天足会 1906 年开周年纪念会，"官绅商学各界以及西国男女教士到者四千余人，会长陈超英氏宣读开会祝词，主席林景商氏及英国男女教士各有演说"⑤。平常的集会，既是内容比较专业的演讲，也常常不下数百人。天津劝工陈列所平常的演说，1907 年 12 月的一次"计到会听演者四百余人"⑥；次年 1

---

①　《聋哑演说》，《大公报》1903 年 3 月 3 日。

②　《工商演说有期》，《大公报》1907 年 8 月 26 日。

③　熊月之：《晚清上海私园开放与公共空间的拓展》，《学术月刊》1998 年第 8 期，第 77 页。

④　熊月之：《晚清上海私园开放与公共空间的拓展》，《学术月刊》1998 年第 8 期，第 74 页。

⑤　《天足会周年纪念会》，《申报》1906 年 11 月 8 日。

⑥　《工商演说汇志》，《大公报》1907 年 12 月 11 日。

月的一次 "听演者计有五百余人之多，至十一点钟演毕分散"①。1909 年锡金农会举办开幕式，其中一项重要活动便是 "演讲蚕务及农业"。演讲内容 "切近利弊"，旁听乡农达 300 余人。② "1905 年 9 月 13 日，公忠演说会 2700 余人集会宣传抵制美货。1905 年 11 月 20 日，工界和平社 500 余人宣传抵制美货。"③ 既是普通的宣讲所，空间有限，举办演说活动也动辄听众数百。据《大公报》载，天津东马路宣讲所 1907 年 11 月 23 日晚前往听演说者达 200 余人。④ 天津劝工陈列所在该处举办的一次寻常演说，主要涉及非常专业的商业信用、商业竞争、爱国与工商之关系，甚乃 "发电机（即代电模）与火轮机工业致用之比较" 等问题，竟到会 "听讲者约三百余人"⑤。官方宣讲所内的活动也是如此，在东北长春，"陈希贤观察、孟秉初太守并谢观察，均于初一日均在宣讲所内登台演说新政。先由谢观察演说，次则陈观察、孟太守。其宗旨系劝导商学各界维新以自强，乡民亦须研究种植以裕国课而资事畜，而各局所员弁并商民等而环听者不下数百人云"⑥。如果说讲报处、宣讲所由于职能和地点的关系，其听众限于左近社区人群的话，那么演说往往在公开集会场合，或者公园、戏院、闹市街衢，能够吸引到大量游园、看戏、逛街等非专为听讲的人员，有如郑孝胥日记所述，1903 年 4 月 25 日，他与汤蛰先饭后至张园闲游，"方演说广西土匪之乱、王之春欲引法兵入粤事。吴稚晖叙入粤西所历之状，颇动听"⑦。所以听众成分更加多元。1911 年 5 月，天津东马路普通中学堂举办的一次演说会，"特请顺直禁烟会编辑员赵熙臣先生演说社会学对于目今之急务。是晚，各界到会听讲者拥挤异常，几无插足之地"⑧。1906 年 10 月 10 日，北京各阅报社组成的公立演说研究会举办演说会，从其戒烟、爱国、教育、自强、

---

① 《工商演说》，《大公报》1908 年 1 月 8 日。
② 《锡金农会之开幕》，《申报》1909 年 4 月 8 日。
③ 熊月之：《晚清上海私园开放与公共空间的拓展》，《学术月刊》1998 年第 8 期，第 74 页。
④ 《工商演说述闻》，《大公报》1907 年 11 月 25 日。
⑤ 《演说记闻》，《大公报》1910 年 3 月 3 日。
⑥ 《观察太守同演说》，《盛京时报》1908 年 10 月 29 日。
⑦ 中国国家博物馆编、劳祖德整理《郑孝胥日记》第 2 册，1903 年 4 月 25 日，中华书局，1993，第 873 页。
⑧ 《演说纪闻》，《大公报》1911 年 5 月 6 日。

国民捐等平常的主题外，"论自由""议院的基础""国家国民之关系""优胜劣败"等在上层社会也算是新鲜的议题①，可见该会的启蒙对象显然不限于下层社会。天津南开私立第一中学堂虽然自己不经营阅报、宣讲等设施，却定期在各宣讲所举行通俗演说。1909 年 11 月，该学堂"假天津西马路宣讲所内开第二次通俗演说会。是晚，听讲者几及千人"。演讲从晚上七点开始，结束时已是晚上十一点。开会秩序如下：（一）作国乐；（二）该堂监督张伯苓君演说开会宗旨；（三）宣讲员翟玉书演说；（四）该堂学生陈福淇演说劝国民人人自治；（五）张曰辑演说十月初一日焚化纸钱之迷信；（六）作军乐；（七）宣讲员演说；（八）该堂学生冯振铭演说兄弟和睦；（九）福源演说人当立志；（十）作军乐；（十一）演照欧美及日本各名胜之灯影。每演一片，均由张伯苓君详解无遗。②

　　清末集会演说的公开性、开放性与参与性，决定其非凡的社会影响力，犹如一把双刃之剑，对清廷统治或建构或解构，全在演说内容的价值取向。因而，官方管控在所难免。正如江苏巡抚陈夔龙所奏陈，"各处演说，事关公益者，固居多数，而出于私见小忿，妄逞臆说，簧鼓听闻，以致激成事端者，亦在所不免"。"若漫无稽核，势必横议成风，妄言妄听，职为乱阶。"③又由于"演说悖妄之词，摇惑人心，实属荒谬，有违国家法律"④，"闻二十二日军机处发下民政部步军统领衙门顺天府交片各一件，略谓本日军机大臣面奉谕旨，京师辇毂之下，近闻有聚众开会演说等事，殊属不成事体，流弊甚多，著民政部步军统领衙门顺天府一体严行查禁云云"⑤。所以，各地政府对演说活动采取一应管制措施，但租借的自由环境，却使清廷鞭长莫及，为公开集会演说提供了便利。1903 年 4 月 19 日，上海公共租界工部局规定新的管理章程：（一）所有租界内华人和外国人，无论何案，未经会审公廨核明，一律不准捕捉出界；（二）界外差人不准入界擅自捕人；（三）界外华

---

① 《论党之效用》，《顺天时报》1906 年 10 月 12 日。
② 《开会纪闻》，《大公报》1909 年 11 月 16 日。
③ 故宫博物院明清档案部：《清末筹备立宪档案史料》（上册），中华书局，1979，第 150 页。
④ 《禁止演说》，《大公报》1903 年 6 月 12 日。
⑤ 《谕饬严禁开会演说》，《大公报》1907 年 12 月 29 日。

官所出拘票，需送会审公廨定夺、派员协捕。① 集会演说因之合法化。据熊月之研究，两江总督即曾设法取缔张园演说，却因其在租界不了了之。有了租界当局的保护，租用会场，"只需事先联系一下，照单付款便可，园主并不过问什么政治态度，也不需要什么部门批准"。甚至"许多人演说都是即席发挥"②。然而，外人所赋予的自由实际上也是有限度的，一旦其权威受到威胁，这种自由便大打折扣。湖北武昌宣讲所就因"演说国耻极其痛快，日前演讲中东战纪，闻者竟至泣下。事为英领事所闻"，即以"主持排外，有伤邦交"为由，照会鄂督查禁。③

传统时代女性地位底下，在公开场合抛头露面被视为不合礼法，有伤风化，出入开放性极强的演说场所当然也受到非议。1905 年《大公报》的一篇报道就反映了当时的社会观念："考工厂于每月初三、十八两日晚间，借万寿宫内演说工商要理，每次往听者甚多，足见风气之开也。惟听演说之人或不免有喧哗纷乱者，致碍旁人静听。今日又届演说之期，往听者幸勿尔也。又中国风俗与外洋不同，男女杂坐未免不便，该厂现拟定每演说时但准男子入听至妇女入听一节，俟将来酌度情形再为订章办理。"④ 其实，对于聚众集会，清廷早有注意，1906 年 1 月，"警部命令各区巡捕等将京师内外城讲报处共有若干处并各处名目以及经理行名、发起何人，详细调查清楚，呈报本部，以备编册立案云云"⑤。又据报："政府因某督之条陈，业已电饬各督抚出示严禁一切秘密及谋为不轨之社会凡学生等集会演说，皆禁用激烈之言语，并派妥员于不论何处演说时亲往察听云。"⑥ 天津"南段总局传饬各区域境内遇有结会演说者至十五人以上，须经官许方准，并选派明白事理之巡长前往监督云"⑦。出于社会治安，尤其是危机管理的考虑，地方政府对演说活动监控有加，一有苗头即厉行查禁。1903 年，山西规定

---

① 熊月之：《晚清上海私园开放与公共空间的拓展》，《学术月刊》1998 年第 8 期，第 81 页。

② 熊月之：《晚清上海私园开放与公共空间的拓展》，《学术月刊》1998 年第 8 期，第 77 ~ 78 页。

③ 《英领事干预宣讲之原因》，《申报》1908 年 6 月 20 日。

④ 《听演说者请看》，《大公报》1905 年 5 月 21 日。

⑤ 《调查京师讲报处》，《大公报》1906 年 1 月 10 日。

⑥ 《调查集会演说》，《大公报》1906 年 1 月 31 日。

⑦ 《慎重开会演说》，《大公报》1906 年 1 月 7 日。

"今之入学堂肄业者，动以演说鼓动人心，演说者惟教习所应为，学生固不得越分者也"。① 在安徽，"爱国会陈潘诸君因东三省事，于二十一日会议于藏书楼演说设立社会事，桂太守亲赴藏书楼，宣谕禁止外旋"②。"皖抚冯梦帅近因官绅商学各界为浦信路线、铜官山矿有互易苏杭甬路债之谣，议论纷纷，人心惊恐，特面谕各界，以后不准开会演说，以镇人心云。"③ 1903年，安徽安庆有游学日本归国之人，在藏书楼演说 "俄人占据东三省，地方务须举办民团与之鏖战，并议设爱国社以期众志成城"，遭到安庆知府查禁并晓谕 "各学生须知讲求实学蔚为国家有用之才，切勿轻听邪说，自取重咎。至于国家应办之事，朝廷自有权衡，毋庸该生过虑，以后不准在藏书楼演说并私设社会，他处亦不准行，如违，提究不贷"④。这一禁令在当时受到了舆论的支持。《申报》刊文称，自 "建学堂，停书院，并资遣学生出洋游学，而演说社会之事各直省遂接踵而兴"，"乃观近日各直省皆开学堂，各学堂多行演说，演说之人又多以外洋教习及出洋回国者任其职，虽其中演说忠君爱国，演说孝亲敬长，而于宗旨相合者亦不乏人，然自团体平权为彼蛊惑，故所演之说大多彼所谓忠君非我所谓忠君，彼所谓爱国非我所谓爱国，彼所谓孝亲敬长非我所谓孝亲敬长，于是先改服色，继去发辫，其恨不能尽仿西式者"，"以致龃龉教习，要挟官长"。文中称赞安庆知府 "谕言真不愧义正辞严，而于风俗人心大有裨益"，"假令谬托维新，力避守旧，任若辈照常演说，窃恐安庆一府相率效尤，由府而省，由省而推诸统天下，凡习闻此学堂之荒谬演说者，靡不明目张胆以荒谬之说生荒谬之心，而并行荒谬之事，将资遣出洋而冀收大效者，不转酿乱国大患乎。初不料广开学堂，广行演说为开民智、洗国耻之根源，而竟为坏民心、蠹国脉之基础"⑤。可见，对待演说，也并非如人想象般一边倒的支持。角度不同，所生发的观念也不同。特别有意味的是，在声势浩大的国人拒约运动中，外人竟能通过种种手段对拒约演说活动予以干涉，如 1906 年 3 月 26

---

① 《书客述晋中事》，《申报》1903 年 3 月 18 日。
② 《安徽禁止演说》，《大公报》1903 年 6 月 12 日。
③ 《论禁开会演说路矿》，《申报》1907 年 12 月 7 日。
④ 《禁约学生》，《申报》1903 年 6 月 3 日。
⑤ 《论安庆府桂太守禁止演说》，《申报》1903 年 6 月 20 日。

日《申报》报道："汉口商学界中人去年因抵制美货创立文明抵约社。每星期借各会馆公所演说一次，至年底又改为善邻演说社，仍按星期借地演说。日昨，江汉关道继运溪观察饬令禁止中有既有碍于邦交，复无益于人民等语。闻系为某领事所运动云。"①

不仅是在安庆，1903 年，嘉兴演说会刚刚成立，地方官府即以大逆的名义逮捕组织者敖君，所幸有人通风报信才得以逃脱。嘉兴演说会因何触犯官府，据悉其主要原因恐怕是宣传"外间事变关系地方之事"以及"地方人论地方事"②。1906 年，江督因恐立会演说"持论偏宕，屡变失真，宗旨不同，遂多妄谬，即如上年冬月上海公堂一案，演说不已因而罢市，罢市不已旋致抢掠"，依据《天津警察章程》，下令"以后地方如有结会演说人数至十五人者，除已经官许立案外，应派巡长明白事理者临场监督，并将会名、会规及开会处所存记备查，毋违特扎"③。清政府对学生演说屡加禁止主要是认为学生是受到了维新派与革命党的蛊惑，"学生之言拒俄，借端也，实欲步康、梁、唐、邓、章、邹后尘，倡为革命流血之谈，藉此称戈谋叛耳"，"今日演说，明日演说，阴以灭清排满，煽惑愚民"，"学生岂类匪人，昔惟有康、梁、唐、邓、章、邹诸酋为之煽诱，是以误入其彀"④。事实上，外国人对租界内的演说也并非完全放手，而是进行监视，在上海"城内有人开会演说，英界老巡捕房派探何阿春、徐申庆，新巡捕房派探石金荣前往详听"⑤。

开放性的、别开生面的演讲氛围，取得了意想不到的效果，有关于此，可以从时人相关场景的描述中，一窥真容。南开私立第一中学堂开办第三次通俗演说会，据悉"是晚听讲者颇形拥挤"，尽管该学堂登于《大公报》的会序中没有详述听讲的现场气氛，但从闭会已至深夜，足以感受其受欢迎程度："迨至作乐闭会时已钟鸣十一下矣。"⑥ 固安县南关关帝庙唱戏，把

① 《关道禁止演说》，《申报》1906 年 3 月 26 日。
② 《嘉兴演说会解散事》，《浙江潮》第 6 期，1903 年 8 月 12 日，第 2 ~ 3 页。
③ 《江督札警察局文》（为监督演说事），《申报》1906 年 3 月 5 日。
④ 《阅〈申报〉纪学生无状系之以论》，《申报》1904 年 1 月 4 日。
⑤ 《派探详听演说》，《申报》1905 年 12 月 25 日。
⑥ 《演说详志》，《大公报》1909 年 11 月 30 日。

愿担演说责任热心爱国的王武如请来，"借戏台作讲台，就演说起来了"。接连两天，感动得连庙里的和尚、种庄稼的乡下人，都认了捐。① 顺天府有个叫卢菊庄的孝廉，每到有集市的时候，就一定到讲报所苦口婆心地劝人捐纳国民捐。有一天他正对着合座几十个听众开讲的时候，突然有一个叫王福堂的鞋匠，手里提着二十吊钱，当众捐给卢孝廉。② 东北边域，亦为时势所趋，在奉天，省城劝业道黄观察"注重农事，于各项实业加意提倡"。"为提倡各项实业，在南关地藏寺设立农事演说会场。每届星期，派令农学专家宣讲有关农务者，以为改良预备。虽未能骤获实效，而听者云集，实已足资观感。"③ 据载："浙江武仲英君在赣演说，有八家不买美货，已志前报。十月二十五日，苏广杭汉洋货同业七八十家亦公议立誓美约不改，绝办美货，实行抵制。"④ 当然，更多情况下听讲的热情需要培养，如"省城农业演说场设立年余，入场旁听者颇形寥落。今春则风气大开，每逢开会演说，入场旁听者颇形踊跃。可见东省农业有发达之希望也"⑤。由于农事演说会的努力，"一时讲求农业，几于风行全省矣"⑥。而受启蒙的底层社会，学会利用演说争求自身利益，才最能说明演说启蒙的真正实效。1905年7月抵制美货运动期间，上海南北各报关行的装货工人，在三马路逢源里的祥裕公内集会，公议实行抵制美国禁约，还请人到会演说，指点应采取的具体办法。⑦ 连外企雇工意欲涨工钱，都试图利用演说的威力。上海人镜学社在1905年5月的一次演讲中，要求被美国雇用的工人应该一律涨价。⑧

　　清末口语启蒙不再仅仅是知识分子的自言自语和一厢情愿，其观念得以在广大的社会民众中普遍传播落实。如地处西南的四川"华阳县为成都首善之区，风气尚未大开。……平日绅衿除读八股、吸鸦片烟外，不知其

---

①　文仲修、李子绥：《演说的功效真大》，《京话日报》第410号，1905年10月9日。
②　《不愧国民》，《大公报》1905年11月1日。
③　《农事演说会添设实业阅报室》，《盛京时报》1908年6月30日。
④　《演说誓绝美货之效果》，《申报》1905年12月3日。
⑤　《农业演说场旁听之踊跃》，《盛京时报》1909年5月7日。
⑥　《农会及农事演说会》，王树枏等总纂《奉天通志》第113卷"实业志·实业一·农业"，1934年铅印本，第2页。
⑦　《报关行及装货工人定期集议》，《大公报》1905年8月3日。
⑧　《上海人镜学社启》，《大公报》1905年5月26日。

他。乃今年风气大变，有该处之学生在小学堂徐子修门下肄业者，仅学至半年之久，暑假回家即向该处同场诸人大开演说，该处顽民竟闻而乐之，渐渐开化。不旬日间，竟欲私立学堂矣"①。类似的事例不一一列举。影响之覆盖面是一个方面，时间之久远则属另一重要方面。据考证，清末演说兴起于 1897 年前后，而 1903 年之后各类演说的数量骤增，1908 年前后逐渐减少。② 可见，清末演说运动并非稍纵即逝，其影响是相当广远的。

---

① 《演说力大》，《大公报》1903 年 10 月 27 日。
② 苏全有、张超：《新清末演说补议》，《大连大学学报》2014 年第 1 期，第 17 页。

第四章

媒介选择与社会变迁

　　梁启超曾直言言语媒介最显在的价值特征:"大抵国民识字多者,当利用报纸;国民识字少者,当利用演说。"① 这一判断表达了同时代启蒙者的普遍心绪。事实上,清末言语文化之兴乃顺应"下层社会启蒙"之时代思潮的观念,业已成为学界的基本共识。堪称相关研究集大成之作的《清末的下层社会启蒙运动:1901—1911》②,便为此提供了极富说服力的论证和思考框架。学者李斯颐也提出,以清末 10 年变法改革为契机,一场遍及全国多数地区的阅报讲报活动勃然兴起。"这项活动的实质,是以官吏和士绅阶层为主体、以城乡普通群众为对象,通过免费阅读或讲解报章,传播朝廷新制政要、国内外大势、科学知识和社会改良措施,达到启迪民智、开通风气、提高国民素质的目的。其间,虽曾为配合一些具体活动,如筹募国民捐和宣讲地方自治,侧重点有所不同,但开启民智这一主旨,始终贯穿如一。"③ 显然,对"启蒙"的价值认同,相当一致。考虑到接受对象中尚涵盖阅报者,故"普通群众"的范畴界定虽稍显宽泛,却能够理解。

　　在文字载体主导传播领域悠长岁月之后,清末宣讲、演说等言语媒介异军突起,与"新媒体"近代报刊并驾齐驱,固然可以从时代思潮中追寻

---

① 梁启超:《文明普及之法》,《清议报全编》卷 6,文海出版社有限公司,1987 年影印本,第 5 页。

② 李孝悌:《清末的下层社会启蒙运动:1901—1911》,河北教育出版社,2001。

③ 李斯颐:《清末 10 年阅报讲报活动评析》,《新闻研究资料》1990 年第 2 期,第 104 页。

缘由，但这种传播"异象"是否另有深意？在智识阶层主观的、刻意的"启蒙"运思表象之下，是否蕴藏着难以轻易觉察的重要社会讯息？当我们打破固有的思维方式，将探究的目光由传播内容转向媒介本身，才猛然发觉，其间实别有洞天。清末言语传播之繁荣作为一种特殊的媒介文化现象，绝非偶然。即便单从口语易于接受的传播特性考虑，各派政治势力竞相援用，就足以说明下层社会已成为无法忽视，甚至需要降低身段笼络的存在，宣示着"民可使由，不可使知"时代的结束；更遑论作为各阶层普遍参与、历时经久的社会运动，言语传播之所以声势辽远壮阔，一定离不开诸多社会条件的成熟。民众观念的解放，公共参与意识、国族意识的形成，特别是由城市上层、平民以及底层共同构筑的市民群体的壮大等，为其提供了基本的社会支撑。而这一切都意味着社会结构、社会秩序、社会关系的重建，即从传统自然经济社会向近代工业文明社会的转变。因而，清末言语文化之兴不仅以其崭新的内容传达了社会思想文化领域的变迁音讯，还以其自身形式之衍化，透露了社会根本变革的信息。

第一节　规程之变：封建政治符号意义的消解

清廷的口语宣教体制特别发达，早在雍正年间，"清代的道德总目"①《圣谕广训》，便通过民间乡约、官府、学校定期宣讲，以及宗族宣传②等多渠道全民覆盖，广为推展。官方以政权手段强制推行圣谕宣讲，正是集权专制政治的集中体现。清末，随着传播生态的纷繁迁衍，新式讲演活动呈现全然不同的面貌。由于政府威权渐衰，故即便是官方宣讲机构也无法强令授受，若非刻意经营，很容易造成光顾乏人的窘况。东北辽阳新设的宣讲所，就因失信于民，未按时宣讲而听者寥寥。③ 也有开始听讲热烈之后萧条的，如同是东北的奉天，"小南关设立农业演说场计已数月，初次登台演

---

① 陈学恂主编，周德昌、王建军分卷主编《中国教育史研究》（明清分卷），华东师范大学出版社，2009，第 31 页。

② 常建华：《论〈圣谕广训〉与清代孝治》，《南开史学》1988 年第 1 期，第 152~156 页。

③ 《宣讲所失信》，《盛京时报》1908 年 10 月 14 日。

说人民入堂旁听者颇形拥挤，自中秋迄今每逢该场演说而入场听讲之人转形寥寥云"①。为了招揽听众，宣讲所于是各显其能。在内容改良、体裁创新上下功夫，是最基本的做法。吉林巡抚别出心裁，下令省城的各宣讲所"将密切吉省近日事实情势分段编辑，参以说部体裁，逐日次第讲演。务使听讲之人乐而忘疲，以动其公耻之心，并作其爱国之气"②。启文阅报社"自开办后，往阅者甚多"，盖因其所标榜的"与寻常演说不同"，"每日开讲先解字义次讲报文"，即在讲报前挑出比较特别、难懂的字加以讲解，然后"择其有益民智者讲解一二段，一切浮文泛论概置不取"③。以赏心悦目的手段调动听众的兴趣，在当时亦不足为奇。北京"进化阅报社近于每晚宣讲报章之时，特备电影一具，其所用画篇均由自造，悉绘以印度以及高丽等国灭亡情形。各讲员按图宣讲，藉以激起个人自强之机"。由此前往听讲的人"日以千百计"④。无独有偶，保定大慈阁宣讲所为协助讲解农务，曾于某晚演试有关农务的电影。由于往观者过多，拥挤不堪，以致挤坏桌椅多件，被迫停止。⑤天津东门外天齐庙宣讲所每周一、周三晚宣讲休息间歇，都配有督府乐队演奏。每周六晚上，则添演幻灯。这种非同寻常的宣讲手段，致"每晚往听者约千余人"⑥。与此同时，有关演讲方式技巧等话题开始进入广泛的社会论域。林伯渠《整顿伊通州学务条件十则》的第七条即提出："宣讲员须精神活泼、声音高朗，方足以动听闻而引人入胜。坐讲及俯首照念书报均非所宜。该所讲员坐〔座〕椅应令撤去，并须先行预备宣讲材料，不得临时俯读书报。"⑦《京话日报》创办人彭翼仲一再强调，讲报员"既要讲报，千万不可节外生枝，自己以为口才好，说了许多闲篇儿，一个不留神，还许要得罪人呢。果能照着报上念，念得一字一板，到了筋节儿上头，加上点儿精神，必然能够动人"⑧。该报亦屡屡刊文研讨讲

---

①　《农业演说乏人旁听》，《盛京时报》1908 年 10 月 16 日。
②　《批饬改良宣讲》，《大公报》1908 年 12 月 20 日。
③　《纪启文阅报社》，《大公报》1905 年 7 月 23 日。
④　《讲报苦心》，《大公报》1906 年 5 月 4 日。
⑤　《宣讲所演试电影》，《大公报》1907 年 6 月 27 日。
⑥　《纪宣讲所》，《大公报》1905 年 7 月 26 日。
⑦　吉林省档案馆：《清末林伯渠吉林视学史料》，《历史档案》2001 年第 4 期，第 68 页。
⑧　《劝立讲报处》，《京话日报》1905 年 6 月 2 日。

报之事，如《讲报也不是容易事》① 《奉劝诸位讲报的先生》② 等，诸如此类，不胜枚举。无论是因由威权失落的无奈，还是出于自觉，清末新式讲演竭力取悦受众的价值导向，无疑透露了对人自由意志、接受权力的尊重。

如果说民众接受的自主仅仅反映出专制威权之跌落，封建王廷颐指气使发号施令时代的终结，尚不能充分印证传统伦理秩序之沦陷的话，那么传受主体良好互动关系的形成，起码可以说明平等意识已悄然萌生。丰润县令马为缓设立的宣讲所，在用白话逐日向乡人讲说植棉方法时，设有长条木凳，"任农夫野老坐而观听"，遇有不明之事，准其随时诘问。③ 宣化县令亦称，他在半日学堂的演说中，允许"质疑问难"，甚至可"厉声"发问，但他自己"总以和容悦色答之"④。"顺天府孙大京兆"对"四乡五局"学董绅董宣讲，亦"准各抒所见，条陈一切故良章程，藉收集思广益之效"⑤。而从相较宏观的角度看，清末言语媒介由专司伦理教化向政务公开等现代职能的进化，实蕴藉了构建平等社会关系之机制的胚芽。民众不再是被随意拨弄的统治对象，却是需要争取的政治同盟。尽管清末许多讲演机构仍保留《圣谕广训》等传统道德文本，但配合各级政府政务宣传与解读的内容，却占据着更为显要的比重。举凡清廷重大政治举措，有如新政、立宪、自治等都离不开口语传播的策动。民政部即通电各省督抚，凡地方举办各种新政及关于筹款之事件，应先由自治局或官立宣讲所选派公正绅董将办理新政的理由事先声明，以免误会。⑥ 政府王大臣会议"以新疆地介极边，回汉杂处，人民程度太低，现当预备立宪，不可不及时开发"，因而应"广设宣讲所，派员演说"⑦。1908 年，苏省地方自治调查研究会开办的

① 《讲报也不是容易事》，《京话日报》1905 年 10 月 14 日。
② 高子江：《奉劝诸位讲报的先生》，《京话日报》1905 年 12 月 30 日。
③ 《丰润县马令为瑗详覆种棉情形暨送棉花奖单文并批》，甘厚慈辑《北洋公牍类纂续编》卷 23 "农务"，第 21 页，《近代中国史料丛刊三编》第 86 辑第 3 册，文海出版社有限公司，1999，第 1796 页。
④ 《宣化县呈送阅报研究所暨附设半日学堂章程折》，《直隶教育杂志》1904 年第 2 期，第 13 页。
⑤ 《开演说会》，《大公报》1907 年 2 月 27 日。
⑥ 《预防新政扰民之办法》，《申报》1909 年 10 月 2 日。
⑦ 《京师近事》，《申报》1909 年 4 月 24 日。

宣讲所，"宗旨专在解说各项部颁及本省官定章程，去人民之疑"①。宣统年间，配合民政部开展的全国性户口调查，宣讲所更是责无旁贷。民政部"申告各督抚转饬所属，将清查户口宗旨编成白话告示，于城乡市镇广为张贴。并饬宣讲所详细演说，俾得家喻户晓，免致再生扞格"②。为推广教育，学部学宪"札饬各属先将户口切实调查。每村百户筹设小学堂一区、宣讲所一处，并严定视学章程，勉力实行，以期教育普及"③。可见，有些宣讲机构就是为配合新政而设。事实上，不唯重大的政治举措，即是平常的政务管理，亦需仰仗口语传播释疑解惑。为使下层民众对于警察制度有所认识，1906 年民政部咨行学部转饬督学局，要求外城宣讲所"每晚务以一小时"演说警章，以正人心而维风化。④ 甚或"政府创立的宣讲所最初多半与警务有关，但很快就由劝学局、督学局等与学务有关的机构负责其事，并试图将之制度化"⑤。凡此种种，口语传播服务于政务宣传的事例数不胜数。所以有学者敏锐地注意到："政治的公开化带来的一些新兴政治行为也推动了近人好尚言语的倾向。"⑥ 且不论清末言语文化之兴是否因缘政治的公开化所引发，毕竟，政务的公开与"政治的公开化"尚存距离，不过，试图通过公开政务，向民众解说施政根由获取支持本身，与专制统治下民众政治知情权被彻底剥夺已有天壤之别。

新兴讲演较之圣谕宣讲的根本性变革，尤表现在对旧有仪规的摒弃。圣谕宣讲作为专制政权灌输意识形态的主要工具，在源源不断向臣民输送封建伦理观念的同时，也通过其高度仪式化的传播过程，以政治符号形式传达相应的思想内涵。圣谕宣讲不但要求每月朔望举行，而且制定了严格的程式仪规。对此，道光《遵义府志》记载颇详："每月朔、望日，于讲约所宣讲《圣谕十六条》，晓谕士民人等。恭设圣谕牌；设约正、直月以司讲约；设木铎老人，以宣警于道路。地方文武教职各官齐集，赞礼生赞'排

---

① 《敬告苏省地方自治调查研究会全体会员书》，《申报》1908 年 12 月 20 日。
② 《拟饬揭示调查户口宗旨》，《大公报》1909 年 9 月 14 日。
③ 《推广教育》，《大公报》1909 年 3 月 1 日。
④ 《饬演警章》，《大公报》1906 年 11 月 15 日。
⑤ 李孝悌：《清末的下层社会启蒙运动：1901—1911》，河北教育出版社，2001，第 87 页。
⑥ 王东杰：《口头表达与现代政治：清季民初社会变革中的"言语文化"》，《学术月刊》2009 年第 12 期，第 129 页。

班',各官依次就拜位立。赞'跪、叩、兴',各官行三跪九叩头礼。毕,分班坐地,率领军民人等听讲。毕,各官散。"① 另有文献显示,届时宣讲,地方官需"穿补服,率同乡里甲耆并讲生,各整衣冠,恭诣龙位前行三跪九叩首礼,起退席地,旁坐乡里甲耆亦挨次席地坐,讲生登台站立宣讲",讲毕"再如前行礼各退。至各该坊寺院向未供有龙牌者,即请圣谕,供奉朝拜后再讲"②。可见,宣讲前首先要供奉圣谕牌,文武教职各官根据职位身份依次就位行礼。礼毕,亦需按既定位次,"分班坐地"听讲,不能随意而为。整个宣讲过程作为一种政治符号,彰显着皇权至高无上的神圣威权与等级森严的社会关系。

清末新式讲演则非但摒弃了繁缛的仪式,而且剔除了僵化的听讲位序之隔。虽然《学部奏定各省劝学所章程》中"实行宣讲"条规,仍要求"凡遇宣讲圣谕之时,应肃立起敬,不得懈怠"③;但其实际操作已经相当随便,"宣讲时除朔望日应顶帽衣冠外,其余概准其照常便衣以资简便"④。1904年直隶《宣化县呈送阅报研究所暨附设半日学堂章程清折》规定,"尚白话。演说务使明白易晓,妇孺皆知";"穿便衣。同人到所,宜去衣冠,盖脱尽官场习气,平民不致生畏避心,不致有局促态,所谓动人以感情也";"讲应酬。……"⑤;等等,显然与前大相径庭。清末宣讲规制之变,宣讲仪程由繁缛僵化趋向简便灵活,不只标志着口语传播形态的革新;封建政治符号体系之衰颓,实际上象征着传统秩序与伦理的淡化与消解。

无论如何,政治符号之解构意义,多表现于润物细无声的观念影响,对旧有社会关系并不构成直接冲击力。清末,口语传播主体身份的"下移",尤其是职业化趋势,却是摧毁旧有社会关系的关键因素。在传统社会,为师者,即为士者,居士农工商四民之首,是统治阶级文化的代言人。

① 郑珍纂《遵义府志》卷25"典礼",道光二十一年(1841),第6~7页;台北:成文出版社,1968年影印本,第535~536页。
② (清)徐栋辑,楚兴国、李炜校勘《保甲书》卷2"成规上",道光戊申秋镌刻本,第44页。
③ 方裕谨:《清学部成立档案史料》,《历史档案》1989年第1期,第56页。
④ 沈云龙主编《近代中国史料丛刊续编》第28辑第272册,文海出版社有限公司,1976,第368页。
⑤ 《宣化县呈送阅报研究所暨附设半日学堂章程清折》,《直隶教育杂志》1905年第2期,第13页。

因而，作为主流价值观重要传输渠道的圣谕宣讲，对传播主体的身份和德望有严格要求。如雍正七年（1729），"奏准令直省各州县大乡大村人居稠密之处，俱设立讲约之所，于举贡生员内，拣选老成者一人以为约正，再选朴实谨守者三四人以为值月。每月朔望齐集乡之耆老、里长及读书人宣读"①；又"至于四处乡村，不能分身兼到者，则遵照定例，在于大乡大村，设立讲约所，选举诚实堪信、素无过犯之绅士，充任约正，值月分讲"②。显然，约正和值月须由人品高尚、行为端正的"生员""绅士"来担任。官府、官学，或者城镇人才济济，不乏素质修养俱佳的人选，而"在城镇以下的农村社会，如何选择称职的讲读官常常是一个无法克服的难题"③。因之乡约主事的选拔标准不得不有所降低，顺治十六年（1659）规定："其乡约正、副不应以土豪、仆隶、奸胥、蠹役充数，应会合乡人，公举六十以上、经告衣顶、行履无过、德业素著生员统摄。若无生员，即以素有德望、六七十岁以上平民统摄。"④虽"平民"纳入选择范围，但"德望"依然为不变的标准。

　　清末随着清廷统治式微，其意识形态宣教呈衰颓之势，讲员的选择已无法坚守原来的苛刻标准，却也不能随意任用，光绪三十二年（1906）制颁的《学部奏定各省劝学所章程》即明令："实行宣讲。各属地方一律设立宣讲所，遵照从前宣讲圣谕广训章程，延聘专员，随时宣讲。"⑤本设想遵照旧法，但由于社会需求剧增，讲员愈趋供不应求，其身份亦较之过去明显多元。除官绅兼任外，新式学堂的师生，成为首选。苏州自治局批准创设的四处宣讲所，便由法政毕业学员谢叶封、陈昌淦、汪廷沐、孙传骅为宣讲员。⑥又如："督学局前会扎派畿辅学堂教员宋秋潭为特别宣讲员，轮

---

① （清）素尔纳等纂修《钦定学政全书》卷74《讲约事例》，沈云龙主编《近代中国史料丛刊》第30辑第293册，文海出版社有限公司，1968，第1557~1558页。
② 郭成伟：《官箴书点评与官箴文化研究》，田文镜、李卫：《钦颁州县事宜》，中国法制出版社，2000，第111页。
③ 李孝悌：《清末的下层社会启蒙运动：1901—1911》，河北教育出版社，2001，第335页。
④ （清）素尔纳等纂修《钦定学政全书》卷74《讲约事例》，沈云龙主编《近代中国史料丛刊》第30辑第293册，文海出版社有限公司，1968，第1552页。
⑤ 《学部奏定各省劝学所章程》，《四川官报》1906年第20册，第67页。
⑥ 《自治局创设宣讲所》，《申报》1908年12月24日。

流到内外城各学区宣讲学堂奏定章程，以开风气。"① "宣讲员由劝学所总董延访，呈请地方官札派，以师范毕业生及与师范生有同等之学力，确系品行端方者为合格，如一时难得其人，各地方小学堂教员亦可分任宣讲之责，其不合以上资格者，概不派充。"② 即便如此，缺员情况仍十分严重，东北辽阳宣讲所就因缺乏讲员而不得不"悬牌停讲"："辽阳宣讲所前曾聘某某为讲员，因不堪其任业已辞退，现因遴选未得其人，暂由教育会诸君每日至所宣讲，近因该教育会办事诸君公事繁杂未暇分身，昨由该会悬牌停讲矣。"③ 鄂督在谕饬下属筹办宣讲所时，也意识到"惟讲员最为难得"④。于是针对讲员的职业培训应运而生。1907 年，北京督学局拟于总劝学所内设立一个宣讲练习处，"饬令分驻各所之师范生练习宣讲，并令各劝学员轮流来所充当评议员"⑤。到 1907 年底，督学局又因"讲员乏人"，"通饬各学区速为筹画组织宣讲练习所，令该区师范传习各生实地练习，以期收获成效"⑥。不久之后，"内城第三学区乐绶卿君现于本区组织宣讲练习所，令该区夜班师范生轮次练习，并邀左翼第六小学教员敦保初君为义务评议员，一切办法已有端倪，内容极称完善。决议自本星期起按期开办"⑦。安徽安庆府也于 1909 年遵章开办了宣讲传习所，第一批结业的讲员在年底被派往各地宣讲。⑧ 面对演讲人才之匮乏，民间机构亦纷纷探求因应之道。1906 年8 月，京师阅报社特地集会，决定择地设立一个研究会，"每届星期，齐集研究，藉以造就多数讲员，以免遇事不敷"⑨。北京的阅报社甚至在社内创立演说会，"以期培植演说人才"⑩。很明显，官方培训不止正规，而且培养对象相较定向，主要是师范学堂的学生，尚未脱离传统"士人"阶层；民间培训则似乎对培养对象没有特殊要求，这就为其身份来源提供了丰富的

① 《委派特别宣讲员》，《大公报》1907 年 12 月 12 日。
② 方裕谨：《清学部成立档案史料》，《历史档案》1989 年第 1 期，第 57 页。
③ 《宣讲所又停讲矣》，《盛京时报》1910 年 4 月 2 日。
④ 《鄂督谕饬筹办宣讲所》，《申报》1908 年 1 月 1 日。
⑤ 《练习宣讲》，《大公报》1907 年 5 月 15 日。
⑥ 《饬设宣讲练习所》，《大公报》1907 年 12 月 17 日。
⑦ 《组织宣讲练习所》，《大公报》1908 年 3 月 6 日。
⑧ 《宣讲传习所定期宣讲》，《申报》1909 年 10 月 3 日。
⑨ 《议设演说研究会》，《大公报》1906 年 8 月 8 日。
⑩ 《创设第一演说会》，《大公报》1906 年 9 月 19 日。

想象空间。事实如此，口语传播主体身份的多元与"下移"，在民间宣讲机构中体现得尤为鲜明。新型文化人自不必说，追随城市化进程不断生长的新兴职业群体、小生意人、艺人等，均登上宣讲与演说的前台。据悉，行医者卜广海开设讲报处，"逐日讲说"《京话日报》①；照相馆老板王子贞出资成立了尚友讲报处，专替《京话日报》做宣传②；"骡马市讲报处经理人程启元，本是一位买卖人，非常开通，白天作生意，夜晚去演说，风雨无阻，不辞劳苦"③。北京西四牌楼永顺轩之说书人张智兰原以演讲聊斋著称，"近被报纸激动热诚，故拟每日演讲报纸两小时，不取书资，并愿将每天末一回书资全行报效国民捐云"④。天然的职业素养，使得说书人从事言语传播尤为便利，而城市底层以"启蒙"者的姿态现身清末言语传播运动，则具有更深远的社会意蕴。著名的"醉郭"说报，就非常典型。郭瑞原本流动街头说书卖唱，后来被彭翼仲聘为《京话日报》的讲报员专讲该报。⑤甘石桥的泼街水夫张建全，自从尚友阅报处讲报，每天泼完了街就去听，"夜晚无事，现趸现卖，（可不要钱），到茶馆里去讲，感动了许多人"⑥。在清末言语传播大军中，甚至闪现出家人的身影。觉先和尚在北京宣武门内官厅之旁开办了宣明阅报社，每天下午一点到四点，特聘专员讲说书报，以开风气。⑦镇江志士陈某纠集同志创设的"演说辩论会社"，"专以操练口才、增长智识为宗旨。凡有志入会者，无论士庶人等，均可报名，以开风气"⑧。无疑"庶民"也在考虑范围。社会底层冲破"四民"等级的罗网，跻身为"师"者行列，其自我价值与社会责任意识的觉醒，尽在其中。

清末色彩斑斓的言语传播活动所绘就的爱国情景着实热烈动人，以至于"启蒙"这一宏大主题下诸多鲜活的事实，往往被学者们忽略。官方选派或者义务担当外，聘用讲员在清末已相当普遍。据载，定海宣讲所分有

---

① 《医生演说报章之创闻》，《大公报》1905年5月15日。
② 梁漱溟：《忆往谈旧录》，陕西师范大学出版社，2009，第59页。
③ 《商人敬烈士》，《京话日报》1905年12月30日。
④ 《教育·各省报界汇志·京师》，《东方杂志》第3年第5期，1906年6月，第103页。
⑤ 梁漱溟：《忆往谈旧录》，陕西师范大学出版社，2009，第67页。
⑥ 《水夫开化》，《京话日报》1905年7月17日。
⑦ 《圜桥听讲》，《大公报》1906年4月25日。
⑧ 《创立演说辩论会社》，《申报》1907年6月23日。

六处，每逢三六九日宣讲，但仅有一个宣讲员，周转不过来，所以又添聘一员。① 而营口官立宣讲所的困境，则更为恰切地反映了这一事实："本埠官立宣讲所原定暑假后七月期开讲，届期并未宣讲，迭登前报，兹经探悉该所尚未开讲之原因，系前所聘员及所中听差均已数月未发薪水。前讲员以枵腹未能从公，拟再聘则又无人肯就，以故至今讲堂冷落，阒其无人，盖实因无款之所致耳。"② 同样是东北的"辽阳宣讲所自张君去职，教育会极欲整顿遴选员宣讲，闻已聘定李某于日内实行宣讲云"③。铁岭小城"铁邑自治期成会会员近在劝学所组织自治研究所业已成就，部署一切。故乡间会员已有来者，唯宣讲员除聘定郑君竣宣外，尚拟添聘法政学员一人。兹拟聘法政毕业生某君，闻某君深不欲应此席，惟尚未定。然自治研究所已定于九月二十日开办云"④。由督学局联合演说研究会所设的北京外城宣讲所，"所有讲员系由研究会公举绪星禀等四君，由督学局筹给车马费，每君月赠十五元"⑤。又"宣讲所主讲人员现经学董林君墨□赴县禀请加添薪水，并请领冬季经费"⑥。而金陵自治局讲员辞职事件则提供了最为鲜活的案例，该局开办后"考选宣讲法律学生八人分赴四城宣讲法政。原定以每星期宣讲一次，每次一小时，薪资十二元。各讲员因事尚轻易，不碍别项生业，乐于从事。嗣经自治局改章，必须日日宣讲，每日上下午两次，薪水加至十六元。各讲员以既须日日宣讲两次，即无暇兼营他事，而薪水仅加四元，遂皆纷纷辞退"⑦。民间讲报处的讲员也往往需要延聘，如福建"福州黄某捐资创一说报社，延聘讲员于每星期至各地演说紧要时事，藉以开通民智"⑧；又"民妇蓝李氏日昨在督辕具禀，愿自备经费设立宣讲所，择骋讲员，按日讲演《圣谕广训》并各项新政，以启知识而辟风气"⑨。稍

---

① 《宣讲所添聘讲员》，《申报》1909 年 8 月 23 日。

② 《宣讲所尚未开讲之原因》，《盛京时报》1910 年 8 月 13 日。

③ 《宣讲所开讲》，《盛京时报》1910 年 3 月 24 日。

④ 《自治研究所将开办》，《盛京时报》1908 年 10 月 14 日。

⑤ 《讲员冲突》，《大公报》1906 年 12 月 1 日。

⑥ 《鼓动宣讲》，《大公报》1905 年 11 月 3 日。

⑦ 《宣讲员纷纷辞职》，《申报》1908 年 4 月 12 日。

⑧ 《教育·各省报界汇志·福建》，《东方杂志》第 3 年第 5 期，1906 年 6 月，第 103 页。

⑨ 《谕饬明白呈覆宣讲所办法》，《盛京时报》1910 年 6 月 7 日。

加留意就会发现，在清末有关讲职的文献中，"聘请""延聘"等表达现代劳动"雇佣"关系的字眼频繁出现，与"选派"等传统用语，形成鲜明对照。不唯如此，用公开招考方式选拔讲员，则使得这一原由士绅担任的教职更具有了职业化色彩。清末，招考演说员的告示频频现诸报端。北京外城巡警西分厅便在1906年7月公开招考演说员，报名者一百四十余人，到者六十余人，考试题目是"京师宜公立幼稚园说"和"禁止刨挖坟墓事"。参加者先要用白话写一篇限字四百的文章，交卷后即令登台演说。最终考取者仅四人。① 《京话日报》上亦多次刊登告白，延请讲报人，约有意者到报馆面谈，并提出"如肯当众试演尤妙"②。显见，从事演讲，在当时俨然成为一种社会职业，但凡有一技之长者皆可胜任，便打破了传统社会非"士人"不能担当的规范，不仅是对封建等级观念的瓦解，关键在于新的社会职业分工本身，实际意味着社会关系的重构。清末讲职人员行政与道德角色之弱化，职业身份之加强，一定程度上反映且推动了社会关系之变迁。

第二节　公共场域：新型社会关系的重构

社会变迁带来了传播的巨变，而传播的变革则反之推动社会变迁，在改变旧有社会结构的同时，也塑造新型的社会关系。为了实现向士农工商四民社会全方位的意识形态渗透，清廷建构了极端完备的圣谕宣讲体制。除已经内化为政务、学务的各级官府以及学校系统的宣教外，面向普通民众，尤其是作为自然经济社会主体的广大村民的乡约，成为圣谕宣讲的重心。清制："凡直省州县乡邨巨堡，及番寨土司地方，设立讲约处所，拣选老成者一人，以为约正，再择朴实谨守者三四人，以为值月。每月朔望，齐集耆老人等，宣读《圣谕广训》、钦定律条，务令明白讲解，家喻户晓。"③ 则说明乡约不但普遍施行于中原汉地，而且推广至"番寨土司地

---

① 《定期考试演说员》《西分厅考试演说员》《再纪考演说员》，《大公报》，1906年7月16日、7月19日、7月20日。

② 《延请讲报人》，《京话日报》1905年11月22日。

③ （清）托津等纂《钦定大清会典事例（嘉庆朝）》第318卷"礼部·风教·讲约一"，《近代中国史料丛刊三编》第67辑第8册，文海出版社有限公司，1991，第4047页。

方"。事实上，越是远离中心的边缘地带，越是朝廷极力控驭、尤须教化之区。因之，清廷不仅在收复台湾以及对西南少数民族进行改土归流后，及时于当地推行乡约，而且伴随着西北每一次军事行动后，都顺势力行乡约。① 曾静案后，雍正帝在下令各地普遍宣讲《大义觉迷录》的同时，刻意强化对西北的宣讲活动，"命四十名左右儒士前往西疆宣谕化导"②，专门组建实力最强的西北宣讲团，也体现着这种用意。相反，清末的新式讲演场所尽管也向大的村镇或偏远区域偶有延展，但多数分布在人口密集的城市。即如时人所言："宣讲所之设，大抵多在城市，绝不及于偏僻之乡镇。"③ 李斯颐先生的研究结果亦显示："阅讲报所的地域分布特征，大体以京师为中心，向周边地区散射，越靠近中心，密度越高。"④ 学者王东杰注意到，"清末民初言语文化的兴起，是这一时期（广义的）社会变革的产物。大略说来，可以区分为两方面的因素。首先，铁路、汽船、电话等交通工具及一些新兴社会职业所导致的新型社交环境的出现，一方面对言语表达能力提出了新的要求，另一方面也为中国近代言语文化兴起提供了条件"⑤。无论是新兴社会职业还是新设施，皆为城市化发展的产物。城市化带来了市民社会的生长壮大，并逐步取代乡村人群成为社会主体，也为口语传播提供了相应的受众群体。而言语文化之兴同样会促进社会的结构性变迁，新的社会环境的生成。或许是作为政治同盟，抑或是被启蒙的对象，由新型文化人、工商界以及平民与底层共同构成的市民社会跃升乡村人群之上，成为备受瞩目的社会群体，从一个侧面宣告了传统以农耕人口为主体的士农工商四民社会的解体。所以，教化重心从乡村向城市的位移，实暗藏重大社会结构变迁的玄机。

新旧宣讲的差异不仅表现在区域分布上，两者的基本属性也不尽相同，

---

① 段自成：《论清代的乡村儒学教化——以清代乡约为中心》，《孔子研究》2009 年第 2 期，第 86 页。
② 〔美〕史景迁：《雍正王朝之大义觉迷》，温洽溢、吴家恒译，台北：时报文化，2002，第 215 页。
③ 《论化导人心为今日地方绅士之责》，《申报》1910 年 4 月 17 日。
④ 李斯颐：《清末 10 年阅报讲报活动评析》，《新闻研究资料》1990 年第 2 期，第 107 页。
⑤ 王东杰：《口头表达与现代政治：清季民初社会变革中的"言语文化"》，《学术月刊》2009 年第 12 期，第 127 页。

进而决定其所形塑的社会关系亦迥然有别。毋庸置疑，封建乡约所维系的是传统宗法社会关系。广布于城镇与乡村的乡约所，在清以前甚至清前期，一直作为封建政府的延伸机构，承担着基层的行政及教化职能，盛清时期逐步剥离政务，专司教化。乡约主事的选拔标准，使得唯具有"士人"身份，且"德望"于乡里者，方能胜任，从而加固了以乡绅为精神纽带的宗族关系网络。与此同时，官员、士子各有接收管道。不同的宣教路径，森严的宣讲仪规与位序安排，无疑在受众间架设起等级的屏障。清末，宣讲规制发生巨变。《学部酌拟劝学所章程清单》中"实行宣讲"条明确规定，各属地方一律设立宣讲所，"宣讲时无论何人均准听讲，即衣冠蓝缕者，亦不宜拒绝，惟暂不准妇女听讲，以防弊端"①。从体制上摒除了身份等级的屏障。因之即是官方宣讲所也以广纳各色人等、不拒斥底层相标榜。民间演讲场所更是不论贫贱，自由出入，进而造就了清末宣讲机构作为公共活动空间的开放性特色。这一点，从其多设在茶馆、戏院、公园乃至热闹的街市通衢，即可见一斑。清末中国，茶馆随处可见，只要是"人烟稠密"之所，就会开设各种大小茶馆。据悉，四川省成都的茶铺"平均下来，一条街总有一家"②。茶馆在社会生活中的特殊意义，使得它成为清末五花八门的演讲场所中比较常见的所在。京师督学局最初开设的两个宣讲所，便分设在广德茶园和升平茶楼。③ 因应茶馆开设讲报，亦是比较常见的做法。天津学董林君邀集同人讲演书报以开民智，便选址本埠的十几处茶楼。④ 1905 年 7 月，北京"果子巷茶馆新添讲书讲报，每日自下午一钟至六钟止，于应收之茶费外不加分文"⑤。北京观音寺升平楼茶园的主人穆子光，每日在楼上宣讲报章，以开商人之智。⑥ "李星五、陈乐园二君在东直门外关厢地方，借用回民申家茶馆，照东四牌楼会友堂办法，开设第二讲报处。"⑦

---

① 方裕谨：《清学部成立档案史料》，《历史档案》1989 年第 1 期，第 57 页。
② 李劼人：《李劼人选集》第 1 卷，四川人民出版社，1980，第 337 页。
③ 《设宣讲所》，《大公报》1906 年 10 月 20 日；《记升平楼最近佳现象》，《顺天时报》1907 年 6 月 11 日。
④ 《大开民智》，《大公报》1905 年 12 月 16 日。
⑤ 《文明茶社》，《大公报》1906 年 8 月 17 日。
⑥ 《茶楼讲报》，《大公报》1906 年 7 月 12 日。
⑦ 《第二讲报处广告》，《京话日报》1905 年 5 月 30 日。

茶馆通常被认为是下层社会光顾的地方，恰如时人云："从前北京上等社会人，向来没有喝茶的举动，九城所有的茶馆，去喝茶的，都是下等社会中人。"然而，清末言语文化之兴所营造的社会氛围，却悄然改变着这种媒介生态。升平茶楼的变化就别有意蕴。该茶楼位于北京前门外观音寺街，是南城最主要的喝茶去处。1907 年，督学局改定西楼为宣讲所，经过一番修整，使它成为当时北京最文明的茶楼，渐渐开始吸引上层社会的注意。①即便类似的情形并不普遍，茶馆所聚拢仍以社会下层居多，那么戏院、公园，或者集市，则可以说是五方杂处，三教九流荟萃。熊月之便注意到，清末上海张园集会的发起人与参加人，"有学界，有商界，有政府官员，有民间人士，不分男女老少，不分士农工商，有时还有些外国人，从思想、主张看，不分革命、改良，不问激进、保守"②。

清末城市化的发展，推动了戏院、公园等公共文化空间的建设，为大型演说提供了丰足、稳定的活动平台，使其远非绚烂但缥缈的昙花一现，谱写了言语传播史上最为辉煌的乐章。都市戏院安插演说，一时引为时尚。北京"乐群阅报社约集子弟八角鼓，自初五日起，每日在朝阳门外半亩园演唱各种改良新曲，以尽义务。所收进款一律归入国民捐，并联合各报社每日轮流至该处演说，以资提倡"③。私家花园开辟演说，更成为清末上海社会一道特殊的景观。同样根据熊先生的研究成果，"作为晚清上海公共活动空间，张园最突出的一点，是它作为上海各界集会、演说的场所"。"1900 年以后，集会、演说成为张园一大特色"，也"成为上海人生活中习以为常的事，每遇大事，诸如边疆危机、学界风潮、地方自治、庆祝大典，不用说，张园准有集会"④。犹如时人云："其沪上之演说，于张氏味莼园者为最著名。"⑤ "张园集会演说的重要特点，是公开性、开放性与参与性。"⑥不止张园，愚园、西园等，也都不同程度地举行过集会演说。上海徐园甚

---

① 《升平楼最近现象》，《顺天时报》1907 年 5 月 21 日；《记升平楼最近佳现象》，《顺天时报》1907 年 6 月 11 日。
② 熊月之：《晚清上海私园开放与公共空间的拓展》，《学术月刊》1998 年第 8 期，第 77 页。
③ 《提倡国民捐》，《大公报》1906 年 7 月 26 日。
④ 熊月之：《晚清上海私园开放与公共空间的拓展》，《学术月刊》1998 年第 8 期，第 77 页。
⑤ 《记客述浦左演说肇祸颠末》，《申报》1903 年 8 月 31 日。
⑥ 熊月之：《晚清上海私园开放与公共空间的拓展》，《学术月刊》1998 年第 8 期，第 77 页。

至有专为演说与演戏而设的戏台，台前有联云："莫道戏为嬉，却是现身说法；请观歌以可，无非借口宣言。"① 花园集会虽非定期，但不同社团、组织轮番频繁登场，足以保证其发挥连续效应。而资料显示，仅张园一家，从 1897 年 12 月到 1913 年 4 月，举行的较大的集会就有 39 起。②

茶馆、戏院、公园作为公共场域的公开性、开放性与参与性，突破了传统因人群而受教的局限，使得同一区域不同阶层的居民能够会聚一处，接受共同的价值渗透，形成共同的归属感，进而实现市民社会的整合。尤为关键的是，口头传播不仅破解了文字和有形载体的阻隔，而且拉近了人与人之间的距离，面对面直接交流隐含着传播主体与受众交往关系的密切，意味着以公共场域为纽带的相较平等社会关系的建立成为可能。

第三节　公共意识：思想之进化

专制时代，统治阶级为了维护政权，采取"民可使由，不可使知"的愚民政策。在封建皇权的压制下，民众智慧不开，完全丧失自由意志，只知有王朝，不知有国族，尤不识"公共"为何物。清朝集权专制高度强化，庞大严密的宣教体系不断加剧着对民众思想的控驭和禁锢。清末新式讲演则不仅通过民主、自由、爱国等观念的传输，而且以其富有象征意义的媒介形式打破封建伦理的桎梏，引导人们走出专制的囚锁，实现思想的进化与转变。

尽管清末言语传播主体身份呈现"下移"趋势，但其所展现的媒介文化品位，却非但没有"下移"，反而极为"高调"。清末言语文化最明显的特征之一，就是它的公共议题设置。且不论宣讲与演说之勃兴本身，一直被学界视为社会"启蒙"运动的结果，"开民智"几乎成为各宣讲所、讲报处乃至演说组织的共同宗旨③；随意翻检无论官方还是民间宣讲机构的演说

---

① 闻野鹤等：《上海游览指南》，中华图书集成公司，1919，第 23 页。
② 熊月之：《晚清上海私园开放与公共空间的拓展》，《学术月刊》1998 年第 8 期，第 77 页。
③ 如 1903 年 8 月 4 日《大公报》的一则消息题目便为《立演说会以开民智》；东北小城铁岭民政使司赴商会的一次演说，也以开民智为旨归。参见《民政使开演说会》，《盛京时报》1908 年 9 月 23 日。类似的情况不胜枚举。

素材，其间世界局势、国族命运、中外历史等宏大主题俯拾即是。天津南马路宣讲所开讲之期，便演说"世界大势"，"人民、国民、公民之分解"，以及"国势之危险"等。① 上海英界北京路青年会组织的政治研究会，时常"敦请中外名儒，订期演讲"中外历史。② 商学会定期举行的演说，其主题从"热学及寒暖计之制法"到"立国必以战争"，从"中东商业之异同"到"合群以求自立"，从"挽救垂亡之南市"到"商战之险要"③，虽多与商业有关，但立意却相当高远。甚至连天津河东穷教员杜学义个人开办的讲报处，都以"鼓励我们国民的心，养我们国民的廉耻，激发四民的热心"为宗旨，离不开"国民自强"④ 此等超凡脱俗的视野。不屑说，国民捐、国民义务、爱国精神，几成为清末演说最时髦的话语。天津的一个巡警区长穆汉章，"因该处乡俗鄙陋，一时未能进化"，特创立宣讲所，"邀请各学堂教员并附近驻防营员幕友、各村绅董，以及通达时局者，逢星期会集，研究新政"，演说国民义务，并代收国民捐。⑤ 呼兰府知府黄维翰"于光绪三十四年（1908 年）创办宣讲所，派宣讲员赴农村对民众进行爱国主义、维护祖国尊严和领土完整的教育"⑥。著名的满族戏曲艺术家汪笑侬在大连演说"哭祖庙"，以"国破家亡死了干净"的有力唱词，感动了无数爱国人士。⑦ 北京督学局添派讲员入外城宣讲所演说，"以期感动力日益膨胀，俾个人皆具有爱国之精神"⑧。自由、民权、议院等对普通百姓来说显得过于深奥的议题，也进入言说的论域。1908 年 6 月 30 日，吉林自治会在商会召开全体大会，由国会宣讲员解释国会意义，演讲国家、人民之关系。在会议员"莫不鼓掌欢呼"，称"此诚吉省之第一盛会，而民权发达之起点"⑨。

---

① 《宣讲所开讲》，《大公报》1909 年 11 月 18 日。
② 《青年会组织政治研究会》，《申报》1906 年 11 月 28 日。
③ 《定期演说》，《警钟日报》1904 年 5 月 8 日；《里竹行弄商学会演说》，《警钟日报》1904 年 6 月 12 日；《南市商学会例会》，《申报》1908 年 4 月 19 日。
④ 河东育英学馆杜学义来稿：《奉告同业诸君》，《大公报》1905 年 7 月 13 日。
⑤ 《警员特色》，《大公报》1906 年 4 月 29 日。
⑥ 哈尔滨市地方志编纂委员会：《哈尔滨市志·人物附录》，黑龙江人民出版社，1999，第19 页。
⑦ 王魁喜等：《近代东北史》，黑龙江人民出版社，1984，第 362 页。
⑧ 《派员演说》，《大公报》1906 年 11 月 21 日。
⑨ 《请开国会之会议》，《盛京时报》1908 年 7 月 1 日。

1906 年 10 月，由北京各阅报社组成的公立演说研究会在三庆园举办大型演说会，前后上台二十余人，除了戒烟、爱国、教育、国民捐等较为平常的主题外，所讲还涉及"论自由""议院的基础""国家国民之关系""优胜劣败"①。纵使对清末启蒙思潮早有预知，但目睹其承载如此新鲜时尚，乃至高调的主题，仍不禁令人讶然。毋庸置疑，培养国家意识与国民观念，已成为官私讲演共同的担当和自觉。

国家情怀固然重要，而与民生密切相关的时事、时务，更是无法回避的话题，在清末口语传播的诸多公共议题中占据着尤为显要的位置。沧州牧在州城学署明伦堂设立宣讲所，派人将国民必读课本及报中有关时局各种编成白话，定期宣讲。② 无须做过多的罗列，类似的记载在清末文献中比比皆是。其实，仅凭当时大多讲演机构皆把近代报刊列为必不可少的读物，清末口语传播偏重时事的情境便可一目了然。直隶宣化县阅报研究所的章程之一，就是"重演说，藉阅报之名以行演说之事"，其演说的重点则为报刊，如言"拈出报中紧要节目以阐发之"③。据李斯颐搜寻，清末"觅得见诸记载的阅报讲报处所，凡 220 余家"。"各地所使用的报刊中有准确名称者 21 种，其中时政新闻类占 42.86%。"④ 报纸成为普遍读物，无疑增添了新式宣讲有别于传统的时代征象。近代报刊作为大众传播媒介的基本特征之一就是承载公共议题，建构公共的话语空间。对此，学者刘增合曾撰专文探讨。⑤ 社会关注由"王朝"政事，转而为公共话题，在昭示"庶民不议"等封建伦理黯然退场的同时，宣告了新兴价值体系已登场。

然而，智识阶层的观念最终得到落实，尚需民众的普遍支持和参与。清末言语传播的公共议程无论何等高妙，也只能单方面呈现传播主体的良好意愿。人的思想之进化，首先表现为自我意识的觉醒。接受自主并不等于接受自觉，清末新式讲演活动中民众接受自主之获得，一定程度上取决

① 《论党之效用》，《顺天时报》1906 年 10 月 12 日。
② 《教育·各省教育汇志·直隶》，《东方杂志》第 3 年第 1 期，1906 年 1 月，第 24 页。
③ 《宣化县呈送阅报研究所暨附设半日学堂章程清折》，《直隶教育杂志》1905 年第 2 期，第 12 页。
④ 李斯颐：《清末 10 年阅报讲报活动评析》，《新闻研究资料》1990 年第 2 期，第 103、109 页。
⑤ 刘增合：《媒介形态与晚清公共领域研究的拓展》，《近代史研究》2000 年第 2 期；《试论晚清时期公共舆论的扩张——立足于大众媒介的考察》，《江海学刊》，1999 年第 2 期。

于清廷统治的式微，而其接受自觉，却并非听由知识分子的一厢情愿，唯有通过言语传播的实际效果来验证。对清末言语传播受众之广泛，前文已有论述，至于其究竟达到何种活跃的程度，还需要做进一步探索。由于听去自由，人员流动性极大，特别是史料中关乎宣讲效果的记载，大多较为笼统。如描述北京行医者卜广海所办讲报社，"每日听者甚众"；天津学商公余社附设的宣讲所，"第一次宣讲期请顾霖周君演讲地方自治"，"听讲者络绎不绝"①；又有，1905 年底 "京师风气大开，讲报阅报各社皆已林立，每日听阅者击毂摩肩"②。虽能局部反映听讲活动之踊跃，却无法全面展现清末言语文化的传播效果，对其受众群体做整体的量化统计几乎是不可能的任务。而某些宣讲所的个案数据，却能够为我们管窥全景，提供可靠的线索。据《大公报》载，"十八日为劝工陈列所演说之期"，是晚，东宣讲所 "计听演者二百余人"③；天津杜学义的讲报处，"从前来听说报的人，有十数位，不过是左近的人，不待十日，渐渐的可就多了，每晚就有四五十位了"④。在 1910 年 12 月吉林省长寿县（今延寿县）的宣讲一览表中，"内列初一至二十九日，逐日某员讲某书某卷、某员讲何种话本、常听人数、暂听人数、宣讲员数等项。常听 29 人至 50 人不等，暂听 19 人至 40 人不等。宣讲员 2 人"。"全月讲书及讲演各 25 次，常听计 1100 人，暂听计 788 人。"⑤ 北京宣明阅报社，"闻日前入社听讲者共有四十六人"⑥。其中，天津东马路宣讲所听众人数冒高，尚属特例。总的看来，抛开暂听人数，各宣讲所的常听人数不外二三十至五十人。再佐以全国宣讲所及讲报处数目，受众总量便约略可见。加上各地不定期举办的大、小型演说会的容量，当是一个不菲的数字。革命志士刘静庵每星期天在日知会开的演说会，听众常常在千人以上⑦；集会和演说远不及张园、愚园的西园，每次活动也动辄

① 《学商公余社附设宣讲所》，《申报》1910 年 5 月 11 日。
② 《报界发达》，《大公报》1905 年 12 月 31 日。
③ 《工商演说述闻》，《大公报》1907 年 11 月 25 日。
④ 河东育英学馆杜学义来稿：《奉告同业诸君》，《大公报》1905 年 7 月 13 日。
⑤ 黑龙江省地方志编纂委员会：《黑龙江省志教育志》，黑龙江人民出版社，1996，第 702 页。
⑥ 《圜桥听讲》，《大公报》1906 年 4 月 25 日。
⑦ 熊秉坤：《辛亥首义工程营发难概述》，中国人民政治协商会议湖北省委员会编《辛亥首义回忆录》第 1 辑，湖北人民出版社，1957，第 19 页。

超千人。1911 年 3 月 12 日，南北商团公会1000 余人集会，沈缦云、宋教仁等演说爱国自强；1907 年 1 月 2 日，振新戒烟会1000 余人两次集会，演说鸦片之害；1905 年 9 月 13 日，公忠演说会2700 余人集会宣传抵制美货。①厦门天足会1906 年开周年纪念会，"官绅商学各界以及西国男女教士到者四千余人，会长陈超英氏宣读开会祝词，主席林景商氏及英国男女教士各有演说"②。平常的集会，即是内容比较专业的演讲，听众也常常不下数百人。1909 年锡金农会举办初次会议，"到者三百余人"③；东北奉省农事演说会的一次例会，到会"听讲者五百余人"④。此仅捡数例，便足以对清末演说传播更为庞大的规模有一初步的体味。

事实上，即便没有精准的数据，我们仍可以通过时人的相关描述，感知清末言语文化的强劲影响力。同在天津，"枣强县宅城村有王玉存者，刻赴天津户部银行交津钱二十串，愿纳国民捐。并称系农人子，家仅薄田二十余亩，只足糊口，本年闻城内设有阅报室，日日来城听讲，颇有动于国民捐之感情，遂归而谋诸家人，慨然以一亩六分有余之地变卖，得价愿尽义务"⑤；平常做小买卖的十三岁孩子大善，为醉郭讲报感动，起誓不帮父亲卖美国烟卷⑥；打磨厂纸行黄姓的生意人，在骡马市讲报处听了烈士陈天华投海的事后，"大哭不止，打听是二十九日的报，到本馆买了一张去，要跟伙计们去讲讲"⑦。北京第五高等小学教员常静仁等诸君联合创设的朝阳阅报社兼宣讲所，"开办以来，成效昭著，东南一隅风气开通，胥赖此举"⑧。难怪山东道监察御史杜彤对讲报所的作用大加肯定："查近年京外各处，多设有讲报所、说书处，名目不一，要皆以开通民智，启发愚蒙为宗旨，虽市井负贩不识字之徒，皆得随意环听，需费无多，而受益甚普。各

① 熊月之：《晚清上海私园开放与公共空间的拓展》，《学术月刊》1998 年第 8 期，第 74 页。
② 《天足会周年纪念会》，《申报》1906 年 11 月 8 日。
③ 《锡金农会之开幕》，《申报》1909 年 4 月 8 日。
④ 《农业演说会开会志盛》，《盛京时报》1908 年 5 月 15 日。
⑤ 《宣讲效果》，《大公报》1906 年 3 月 24 日。
⑥ 《有志气的小孩》，《京话日报》1905 年 8 月 25 日。
⑦ 《买卖人痛哭陈烈士》，《京话日报》1905 年 12 月 28 日。
⑧ 《组织联合会》，《大公报》1908 年 3 月 24 日。

省民智渐见开明，其得力处未尝不由于此。"① 尽管清末宣讲与演说仍属点
对面传播的精英文化，广大民众依然是被启蒙的对象；但"面对面"媒介
提供的良好互动环境，决定接受者参与性的增强。事实上，没有什么比传
播主体身份的"下移"，更能说明民众的参与热情了。从沦落街头的说书艺
人，到泼街水夫现身讲员行列，自觉承担启蒙的社会责任，已远远超越一
般意义上的"参与"，却意味着自我价值的认知，人的思想之质的转变。

　　20 世纪 80 年代末，德国哲学家尤尔根·哈贝马斯（Jürgen Habermas）
的"公共领域"理论一经传入中国，便受到学界的热烈追捧。由传统向近
代转型、从专制政体破壳待出的清末社会，为这一论述框架提供了极大的
用武之地。具有一定言论空间和批判意味，逐步取代宗祠、庙堂等传统人
际交往渠道的近代报刊与公共演说，被学者们反复玩味，与西方自由资产
阶级的咖啡馆、俱乐部、学术沙龙等公共空间相对接，成为审视和解读清
末社会近代化动因的重要面向。本文借用"公共场域""公共意识"与"市
民社会"等概念，以呈现、表达清末新兴的公众场所及社会活动，并不意
味着对同时期言语传播作为哈氏意义之公共领域的无条件认同。毕竟在清
末，无论是近代报刊，还是宣讲与演说，都因由浓烈的"启蒙"情怀而表
现出单向度的"灌输"特质，理想的"对话""商谈"甚或"公开辩论"
之交互关系远未形成；聚焦所谓的"批判"空间，也会发现"对抗"与
"制衡"并不代表清末言语传播的主流倾向，正面宣传、对传统依然貌合神
离，却是更为普遍的事实，诸如此类，这一切都使得那一时期的公众活动
空间与哈贝马斯真正意义上的公共领域相差甚远。但是，抛开任何政治范
式不论，清末广泛存在、如火如荼的言语传播"场域"，终究与传统的圣谕
宣讲不止在内容、形式上，而且在社会属性、功能上，都发生了根本性的
变革，在深刻反映时代更迭的同时，也以其解构与整合的双刃之剑，对清
末新旧社会结构与关系的交替发挥着无可替代的作用。

---

① 《御史杜彤奏陈宜将历次教案汇辑成书折》（1906 年 3 月 10 日），朱金甫：《清末教案》第
3 册，中华书局，1998，第 823 页。

附　录

论中国宜遍设白话演说所

近者各省设立官报，以开通风气，足以补学堂之所不备。而不知乡僻之民，识字者恒少，除都府繁盛之地，阅报者仍属寥寥，如以人数计之，又不过千中之一也。然则中国教育，竟无普及之一日乎？执笔人再四筹之，则非白话演说不为功，尤非遍设白话演说不为功。

以演说代教授，期其人人能听解。无论商贩、农夫、梓人、匠石、白叟、黄妇、女子，下逮舆台走卒之伦，皆莫不心领而神会，闻言而感发。

而天津学界中人，如严修氏，素热心于教育，近且邀集士绅，创设讲演所，以为开通风气起见。虽未悉其章程若何，亦足见白话演说之易于流行也。然既行于天津，而他省又独不可以行之乎？前者海内志士，倡为演说，以开民智，启民识者，原不乏人。然措词每涉于激烈，动挟平等自由之说，以劝告不明道德、不解法律、素无智识之人民，宜乎其背道而驰也！于是大吏严禁之，而顽固之地方官，常以此为借口，演说一事，遂为政界所诟病。

是在主持其事者，先设讲演研究所，以造就演说之人才；明订所讲学科，以为演说之资料。如所谓修身伦理、中外时政、现行法律以及各种实业，以白话演之。凡未经入学校者，听其演说，即无异入学校也；未曾阅报章者，听其演说，即无异阅报章也；是补学校之所未备，报章之所未及，其莫要于白话演说乎！

白话演说乎，可以为铸造国民之原料，开发人群之先锋矣。世界文明强国，其国民皆具有普通知识，而演说会之设，则比比皆然。我东邻之日本，在今日已跻身一等强国之地位。当维新之始，其国之伟人，若木户孝允、大久保利通，皆提倡演说以唤醒国民。我国而欲自强也，则须开人群之智识；欲开人群之智识，则须教育之普兴；欲教育之普兴，则以白话演说为基础也可。

（《顺天时报》1905 年 8 月 25 日）

演说的功效真大

文仲修　李子绶

唉呀，吐沫真没有白费的。从前几天看《京话日报》，见提倡国民捐的事，念了好几遍，真教人佩服，真教人喜欢。从前我们常说国债没了结，想不出个好法子来，替国家补这个亏空，今天可有人出了主意啦。就从这天起，天天在我们字母学堂里演说。演说了几天，就把伺候阅报处的侯玉给感动啦，高高兴兴认了一两银子捐。要按他家计说，连五钱也拿不出来。不过是今天省一个，明天省两个，慢慢的攒就是啦。我们一见演说真有功效，就想着找个人多的地方，再演说演说。正好南关关帝庙唱戏，去跟庙里管事的商量，其中也有一两位热心朋友，都愿意帮忙，把愿担演说责任不避嫌疑热心爱国的王武如请来，借戏台作讲台，就演说起来了。头一天没演说几句，庙里的和尚解囊也认了捐。第二天又有个种庄稼的乡下老儿认捐。这个乡下人家里，才种二十多亩地，真不算宽绰，因为听见国家的事，比自己家里还要紧，情愿当卖认捐，可见中国人并不是无热心，实在是无人提醒儿，百姓苦于不知。今天有诸位这么一提倡，要是把事办好了，也教外国人瞧瞧，别竟拿犹太、印度看待我们。诸位志士，作为领袖，我们也冲冲帮忙的，作一段白话登在报上，求同志的到处演说，教乡下人全都知道了，国民捐就不难办了。

再者听说京城有个姓赵的，要改国民捐的章程，他说已与军机处商量好啦，捐的多赏给宝星，捐的少也给奖牌。日后捐主不愿意要，可以转卖给别人。我们听见说，不懂出主意人是什么用意。我想国民捐是国民应尽的义务，无论捐多少，总是自己了自己的饥荒，别觉着是多大的人情。就是不愿作国民，一钱不捐，也不必管他。什么宝星啦，奖牌啦，总得给官场保举，行文各州县去勒派，事情没办，毛病全出来了。与其这么着，莫若减成开捐，倒也痛快。无论国债清不清，准保三教九流全闹个顶儿戴。那位要改国民捐的，究竟是怎么用意，我们也测不透。我们看杭辛斋先生《国民捐刍议》，思虑很周严，颇可以照着办。这回事要办出笑话来，可就无谓了。

（《京话日报》第 410 号，1905 年 10 月 9 日）

论开民智以演说为最要

今之欲谋自强者，莫不曰开民智。开民智，诚以民智不开，则迷信无由破而旧染不除，识见无由增而新识不启，沉沦于黑暗世界之中，颠倒于鬼神命理之说，醉生梦死，泯泯汶汶，安能振奋精神，结合团体，以御外侮而策富强哉？中国民智之闭塞已数千年于兹矣，维春秋战国之世，百家并兴，各开精理，凡阴阳儒墨名法道德，与夫纵横捭阖之流，皆持其说以鼓舞天下，名动诸侯，民智之发达，以斯时为极盛。自秦政焚书坑儒以愚黔首，而放言高论之风为之一敛，汉武表章六经罢斥百氏，而儒生之学术思想渐趋于一途。民智之闭塞，其原因实由于此。自是以后专制之政益密，愚民之术益工，尽骗天下之士入其彀中。务使若人之英年壮志俱劳精疲神，消磨渐灭于无用之俗学，其他皆不许预闻，无暇兼顾，于是四民之中，士则寻章摘句，老死□鱼；农则目不识丁，蠢如鹿豕；为工者，则习于手艺博糊口之微资；为商者，则垄断居奇逐锥刀之末利。如道今之所谓国家思想民族主义，则脑筋中未尝梦见，大都优游卒岁生老病死。一任在上者之鞭笞、□□、宰割、京胥而无有起而枝悟者。然使长此闭关自守，不与异域交通，则夜郎自大，无与抗衡，未尝不可黼黻并乎相安无事。无如十九世纪以来，欧风美雨日渐伎陵，因应□方动多失败，近则国势之危等于累卵，瓜分之祸迫于燃眉，而毫无智识之人犹逍遥于破屋之中，酣嬉于漏舟之侧，不知惊天动地之惨剧即在目前者。推其故，盖由民智之闭塞已久，故虽有克虏伯之巨炮，亦无由惊醒其睡梦而使之拭目而起，却步而顾也。

夫中国之民数，号称四万万，问其中识字者几何人？则不及百分之一。能读书者几何人？则不及千分之一。有学问思想者几何人？则不及万分之一。加以迷信之习深中于人心，不尽人事，但听天命。故论国势之弱，不咎政事之不修，国民之无才，而曰此气数也。遇水旱之灾，则不咎蓄泄之不时，饥荒之无策，而曰此天灾也。遭病疫之兴，则不讲污秽之不除，而曰此生死大数也。即同习一业，人成而我败，则不思彼之善于经营，不咎己之拙于应付，而曰彼命亨而吾命塞也。方寸之间，营营扰扰，日冀侥天之幸，求神之福，非乞灵于泥塑木雕，即从事于风水星命，诸如此类，不独下等社会中沉迷不悟，即上等社会向称读书明理者，亦不免有此。岂非中国向来牢不可破之怪现象哉？

于是有志之士，刊行报章，危言悚论，大声疾呼，以期唤醒睡狮，力图振作。然能阅报者实属寥寥，则溥及者，惟上等社会外，此不识字者仍不能得其益也。或有创为小说及戏剧等事为下等人说法，然小说既未易通行，而演戏又非随时随地随人所能行者，则又收效极迟，惟演说一事，能将新思想、新学问输入人群，于上中下三等社会皆可对病发药，无虞鑿枘，且又随时随地随人皆可举。但能聚集一堂，即可畅宣宏议，喜则使人色舞眉飞，悲则使人慷慨流涕，其感动之能力，较之书报、戏剧尤为神速也！

昔拿破仑兵败回都，聚国人而演说，人人皆同仇敌忾，兵势复振而成战胜之功。华盛顿苦英虐政，以演说歆动众人，遂叩自由钟而成独立之国。演说之有功于家国，其明效大验也！中国向无演说，有之自近始，然或蹈常袭故，不过如宣讲乡约之具文，或词旨激烈，不免有骇人听闻之议论，二者交失，而演说遂未推行。今戈君雠云，开公忠演说会于沪上，其宗旨在联络上下，消弭党名，成四万万合一不分之大团体，御外侮以救祖国，规正维新趋向，明平等自由之限制，发文明之真相，扫流弊而崇事实，然则是举也。所以自强者在此，自修者亦在此，其宗旨既正，其成效必宏。吾敢为之祝曰：中国之前途万岁！演说会之前途万岁！

（《申报》1905 年 4 月 21 日）

演说报通告各界

　　立国之计最要者莫如教育，教育亦多术矣，最普通者莫如社会教育，社会教育其途千万，最著功效者莫如演说与报纸，而本报则以演说为报纸，以报纸代演说，一举两得，事半功倍，计无善于此矣。本报社既附设演说会，并多派专员分赴全国各大铁路及工场、市集等处，随时随地，广为宣传。尤望各界同胞协力倡道，如地方议董事会、自治会，前清犹有宣讲《圣谕广训》之虚文，今民国肇新，共和底定，而宣讲殊无善本，宁非一大憾事！若以本报为言论之标准，则宗旨既极正大，文理又不艰深，雅俗咸宜，妇孺都晓。又如各小学校教授余暇，讲贯有资，倘添设一随意科，由管理教员躬为表率，持报演说，于谈话之中，寓裁成之意，并奖励高才练习仿行，熟能生巧，自然养成雄辩专家，而其入人之深，感人之速，较之寻常受课，尤为获益无量。至于军警团体，平时公务纷繁，补习学科，灌输智识，激发忠勇，振作精神，其利赖于演说报者，更有重大之关系。他若闺阁女子，乡僻编氓，识字无多，求学不及，对世界大势、国家现状，懵无见闻，书报虽多，未从领解，惟演说报可以济其穷而效其用。为此通告各界：解文义者，请购阅本报；能演说者，请演说本报；不解文义而不能演说者，请就本报社所设演说会、所派演说员听其演说本报。此社会教育之不二法门也，言之不文而行之甚远，卑之无甚高论，本报固就全国最大多数同胞着想，非为特别优秀之文人墨客解嘲也。惟希通鉴，谨此布闻。
上海演说报社启

（《大公报》1912 年 12 月 10 日）

掇帚千金第二集序

　　前日，《大公报》主人送我一本书，名叫《掇帚千金》。翻开来看，才知是《大公报》后页积年的白话，其中也有看过的，也有没看过的，分为：开智、辨邪、合群、劝戒缠足、寓言五类。第一本先把开智一门印出发卖，不上十数天，几千部全卖完了。现在大公主人恐怕看书的人，单看一类，易于厌烦，又把各类中拣好的印成第二本，要我做篇序文。我赏佩大公主人为人有气概，办事有血性，今要我做序，是不能推辞的。但是这书明白浅显，妇孺皆知，为将来普遍文明的张本，我要做一首文章，长篇大牍，未尝不可。但文字越高雅，看的人越少，因此也仿作一篇白话，说与诸君听听。

中国要求富强，有说要开学堂，有说要练兵，有说要兴农工商矿诸事，平心而论，这都是极要紧的事，但我有一句总话，若民智不开，任凭你办什么，都不会好的。何以见得？因为中国地方太大，民数又多，从前教育未得法，明白事情的人很少，办事虽是少数人，但要多数人帮助，才办得动。要开多数的民智，第一在看报纸，但报馆文章，虽是明畅，不通文字的，仍不能看。因此一层，报纸开化的力量，尚有阻碍处。该主人创办《大公报》时，早已见到此地，因时常把报尾附上白话一段，随时指点，借事发挥。我看这白话的功劳，比做文章还大呢，诸君要晓得日报附白话，是《大公报》的特色，从前是没有的。上年北京办过《京话报》，最是好看，惜只出到六期，就停印了。此外尚有《杭州白话报》、《安徽俗话报》、《潮州白话报》、《中国白话报》、《新白话报》、《成都启蒙通俗报》、《湖南通俗报》各种。又有白话编成的新书，如上海出的白话丛书，温州出的白话史，商务印书馆出的泰西历史、英轺日记各种，都是极易看懂的。我并非与诸君述白话书报的历史，因为诸君既然费钱买《敝帚千金》，必是爱看白话，不免略述一二，以便诸君多买数种，茶余饭后，闲暇无事，翻阅一遍，也是有益的事体。但是我看此书后，心中尚有一件事，急欲奉告。因为我中国教化不讲，识字者十人中只好得一人，此书纵然浅显，也要识得字，才念得过。若只一人能看，那九人岂不向隅！我曾听人说，外国有一种演说会，每日夜晚或礼拜日，趁各处放工众人闲空时候，拣那好报纸，与一切新闻，向众演说。所以外国虽是下等之人，于国家事情、普通道理，没有不晓得的。故尔人人有爱国之心，有利大家合力维持，有害大家齐心防守，民心坚固，不受他人一点欺负。中国演说的事，也时常有之，即如我家四川地方，此风尤盛。但所说者，如感应篇、阴骘文、帝君宝训、玉历钞传之类，虽是劝人为善，然虚诞的话太多，或反转添出许多迷惑狂谬的思想。至于那鼓儿词、说平书等事，北方也多，更是毫无意味。我今奉劝诸君，如喜看这种白话，有钱人家，可以请人按时演说。那启发人的心思，感动人的力量，比善书更快十倍，功德也大十倍。若居家无事之人，花前月下，可拣那趣味新鲜的，说与孩子们听，不比鼓儿词、说平书更好吗！

光绪甲辰四月初八日江安傅增湘叙

（《大公报》1904 年 5 月 25 日）

演说报编辑发行条例

一、本报为全国军团、小学堂及普通社会演说而设，极求浅显，毋取艰深，主用白话以便演说，即定名演说报。

二、本报因横睇海内危亡岌岌，而人民是否有共和程度尚属一大问题为急，则治标计是以专致力于演说，以补教育、行政之不及，俾全国成为演说世界，则吾国庶有豸乎。

三、本报每日出报一纸，篇幅不尚繁多，庶演说者无积压厌苦之弊，每纸取大洋一分。

四、演说宜区分地段及时间，由各团体遴员担任。天下兴亡，匹夫有责，口舌之力，人人所能自尽积乡而国效斯至宏。

五、演说以痛快明澈、诚恳哀切、能感动听者，使之怵心骇魄、翻然醒悟、蹶然兴起为主。

六、演说员以通知时事、宗旨纯正、语言清朗者为合格，演说时只能就报中应有之义引申，而发明之不得节外生枝，搀入偏僻诡激之辞，致滋流弊。

七、演说毕即将报纸张贴通衢，以便识字者随时观览。

八、拟请各省都督及地方行政官奖励所属每日持报演说，俾军民各识对于社会应尽之天职，以促进国民程度及地方自治之实行。

九、拟请各学校校长数员以课余于课堂操场等处，倡率程度较高之学生轮流演讲，养成辩才，俾于休暇时日，随地自由讲演，且小学生脑质洁净，心地纯良，演说尤易感人。（发起人前在晋省办白话演说报及□明小学校，行之极有成效。）

十、本报社拟随时派演说员分赴沿铁路处所巡行讲演，并调查各该处演说之成绩，及其办理情形，如京张、京奉、京汉，津浦、沪宁、沪杭诸线，均拟特订专员担任，其工厂、会场、街市、庙会等处，本报社亦必特别派人演说。

十一、本报社特设演说会，定期或临时邀请同志持报讲演，为各处之倡率章程别见。

十二、各省志士有于此举表同情者，请函告本报社，当即承认为本报社演说分会，邮寄报纸，其担任该处演说事宜。

十三、本报宗旨输布普通知识，指导舆论方针，供给演说资料，统一国语，谋教育之普及，提倡国货，奖生计之竞争，激发国耻，弭内部之冲突皆是。

十四、本报内容分演说、时闻、智囊、译件、短评诸栏，庄谐并陈、笔舌互用。法学浅说一栏，订请专家担任，撰述养成国民法政常识，防止踰闲荡检之自由；报腋栏采录各报纂要钩玄，期使读者既不多耗经济，又免枉费时间；剧谈一栏，于游艺之中寓改良之意，又间出关系时事之画报并加讲说，间附中外名人语录或短篇小说，期于耳目一新。

十五、本报仍兼登文言演说稿及纪事，以期雅俗共赏。

十六、演说非有真卓之学识、沉痛之文字不足以动人观听，大雅宏达。有愿以演说大稿或图画惠投者，只须宗旨不相背盭，当一律欢迎刊登。

十七、各省军团、小学堂及地方各团体如定报至十份以上者，均按折出售。

十八、列名赞成诸君对于本报均负提倡鼓吹或资助之义务，其有捐资倩人持报演说者，本报社尤极祷祈。

十九、凡制造或销售国货之工商各界送登告白者，当格外从廉，并于新闻栏内力为鼓吹，不另取资，以示提倡。

二十、如有未尽事宜，随时斟酌改良。

发起人：程淯

赞成人：赵熙　王人文　张通典　刘揆一　蔡元培　蒋作宾　魏宸祖
冯自由　吕志伊　胡汉民　孙文　唐绍仪　王芝祥　唐文冶　兰镇冰
温宗尧　周善培　王照　吴景濂　吴敬恒　费树蔚　恽毓鼎　朱淇　袁克
文　通慧　程德全　陶逊　江亢虎　尤桐

（《大公报》1912 年 12 月 11 日）

奉告同业诸君

河东育英学馆杜学义来稿

看报的好处本不小，究竟不如讲报的好处大。为甚么呢？看官别忙，听我分辨分辨。看报不过二、三人明白，讲报是大家都要明白。我本是一个穷教书的，家中不甚充裕，我竟舍的钱买报看，一看就是一年。到了年节，送报人催要报款，我实在不能办，甚至于将棉衣典了偿还报款，少吃节用还是看。哎！真是穷不怕。我忽然间要立一讲报处，宗旨就是鼓励我们国民的心，养我们国民的廉耻，激发国民的热心，是要国民自强的意思，可并不干预国家政事。我就在五月十七日晚间，买了一个玻璃灯，在敝馆门外演说。不过是《白话报》、《敝帚千金》等。从前来听说报的人，有十数位，不过是左近的人。不待十日，渐渐的可就多了。每晚就有四、五十位了。不但左近，远处住的也来了。我一个人恐怕气力不长，若说的功夫不大，又怕扫了诸君之兴，故此为了几天难，想了一个法子，就请了志同道合有热心、爱国、爱人的四、五位，每天晚上入座讲报，八点起十一点止。可就是没有板凳，大家只可站着听。我想大家既然站立，大概不是我们本小关的人，一定是远处人了。我想这个演说处，不用甚大经费，只用一个玻璃灯，一壶茶就完了。我奉求我们诸同业，当此天热时候，可以用一张小桌，讲说各种事情，开见闻、通风气才好。我还作过一段劝立阅报茶楼白话，也是因经费难筹的意思，狠为了些个难，才想起那个主意来，也不过稍尽我们国民的心罢了。至刻下听演说的，已加至百位，甚至于顶着雨都有来的，这是为甚么呢？只因为别处没有的缘故。我再叩求诸同道，作一位开通风气的主人、演说的会员吧，这里头狠有功德。

（《大公报》1905 年 7 月 13 日）

奉劝诸位讲报的先生

高子江

好了，北京城的风气，可真算是开了。各处立的阅报处、讲报所，东西南北城，到处都是，实在是前些年梦想不到的事，叫人佩服得五体投地。如今且不提那阅报处、讲报所，跟那贴报的热心大君子，单就着登台讲报先生们，劝上一劝。

既来在讲报的地方宣讲，不图三个，不图两个，所为的是什么呀？必是请那些位听讲的明白，把报上的意思，全都听在脑子里，越听心里越清楚，然后越讲人越来的多。听讲的人多了，自然是糊涂人就少了。故此宣讲的人，责任很不小，也担着教育的责任呢。不认识字的老哥们，可就全仗着诸位讲报了。

讲报是讲报，演说是演说，抬杠又单是抬杠（京城俗语管争论叫抬杠），三样事大不相同。诸位宣讲的时候，必须要认定了宗旨。我讲的虽是报，报上没说到的，也可以说说，但不可粗脖子红脸，遇着谁就骂谁，必定招怨，总要平心静气，想法子要人明白，那可就真算是爱群的君子了。

比方有人听着听着，跟讲报的争起来，就像进化阅报处那个喇嘛似的，一死儿的要抬杠，讲报的千万可别生气。你就说我们这里不是谈道所，请你上台讲讲，自然比我们讲的明白。让听报的人说，这位先生讲的真清楚，自然比跟我们抬杠强多了。

前天在一处讲报所听报，看见一位先生，上台宣讲，一开口就把听报的损了个苦情。得啦，听的人呼呼的全散了。请大家平心而论，是谁糊涂？是谁明白？那就不用细说了罢。

诸位未从讲报，应该先看看听报的都是何等人。比方给人看病说罢，我配的方儿虽好，总要看明是什么病源。您所说的理，固然是奥妙无穷，可惜听的主儿不懂，那也是白费舌。应当就着人家所知道的，细细批解，

　　再把那些个新理，想法往人家脑子里装，不妨加点皮科笑话儿，叫人醒了脾，自然就能引开心窍了。

　　我也不敢说我会讲报，不过略知道听讲的那番见解。今天借《京话日报》说一说，不知说的对不对。您要让我讲报哇，还不定讲的是不是呢。哈哈，得罪，得罪。

　　讲报所日见增多，诸位何妨结个团体，找一处地方，每逢星期，趁着各学堂休息的功夫，请大家聚在一处，练练演说的功课，并准外人听讲，练习出些讲员来，设立讲报处，也就不至再为难了。本馆很愿赞成，未知诸君以为何如？

　　翼仲附注

　　　　　　　　　　（《京话日报》第 492 号，1905 年 12 月 30 日）

劝立讲报处

宗室凤平

　　愚下是个穷宗室，从去年看了《京话日报》，我很觉着长了点儿见识。我就常跟族中人瞎议论。各省的教官，白吃国家的俸禄，一事无能。讲说《圣谕广训》，本是他们的责任，如今也成了具文，他们要能认真的讲讲，愚民听在心里头，何至去奉别的教？奉教也不要紧，明白了道理，又何至倚势欺人，常常的闹乱子呢！

　　今见东城开了两处讲报所，我就乐得手舞足蹈，从心眼儿里头快活。前者我本打算立个演说会，讲讲《圣谕广训》，并各种的好报章，连各门宗教的所以然，也把他说出一个真理来，不要叫人瞎胡闹。奉教自管奉教，譬如居家过日子，各家的家规不同，道理总是一样。第一别忘了自己的国，外人同教的国很多，没听说因为同教，便算是同国的人，这就叫做国界。无论哪国人，没有不守着国界的。我国四万万同胞，都能明白了这个意思，何妨信教？信了教又何至忘了国呢？我的想头，自己觉悟着不错，前两年没人提醒，胆量还放不开，又搭着不如意的事太多，一则没有同志的人；二则我还得自己谋生，功夫太短；三则开办的经费艰难。就这几样，可就把我给为难住了。这亦不是化缘的事。现在的人，还拿着这华商的报，当作洋报呢。要同他们商量，他便说我爱看洋报。那些人糊里糊涂，我的器量又小，一说就抬杠，您想够多们可叹。西城亦跟东城一般大，无论什么事，总是东城的人心齐。第一个阅报处，也不是我们西城本地人办的。说到讲报，更是没人敢出头，你说可耻不可耻。我倒有这个心，并且立意已久，至今还是干眼儿热。特把这一层意思，写信寄到报馆，请彭先生给我登在报上，万一西城有了同志的人，发动爱国爱群的心商议商议，咱们也办一两处。这件事情，无名无利，难道东城的卜先生，还不准我们办吗？

按：讲报不同演说，演说的口才，可不是随便就能会的，那也是专门的学问，所以我们才用笔代嘴，似乎比嘴说的还清楚些。既要讲报，千万不可节外生枝，自己以为口才好，说了许多闲篇儿，一个不留神，还许要得罪人呢。并不是我们自夸，果能照着报上念，念得一字一板，到了筋节儿上头，加上点儿精神，必然能够动人。文一点儿的字句，再给大家分说分说，念完一段，重新把前后的意思一叙，只要说的有精神，也就够人家听的了。讲报诸位，以为何如？

翼仲注

（《京话日报》，第 283 号，1905 年 6 月 2 日）

奉告我们同业诸君

从新蒙学馆来稿

前几天在《大公报》上，见有一位杜学义先生，当了小棉袄买报看，又立讲报处，真是一位热血先生！办的也颇有成效，无如我们为塾师的，实在没有多少功夫，白日教着多少的学生，晚间又上文昌宫听讲，每逢星期休息的日子，又得赴广育学会议事，细想起来，半刻的工夫也没有，又转而一想，这件事又不可不办。要是拿着听讲与宣讲比较起来，还是听讲不如宣讲的利益广。怎么呢？听讲原为长进自己的学问，宣讲可以长进大家的学问。然而这两条道为现时的士人都不可少的。怎么讲呢？假如你总听讲，必不能普通大家的知识，听来的有何用？你要总宣讲不听讲，必致消耗自己的学问，无日增长，故此我再四的思维、统筹出个两全的法子，也不误我的事，又不误大公的事。每逢到文昌宫听讲的日子，是星期双日，这星期单日，晚间是我闲着的日子，咱们可以就着这一天晚上举办讲报的事，未尝不可。可有一件，恐怕我一个人有鞭长莫及之势，将来落个有始无终，岂不是反为不美吗？必须请诸位热血先生们，帮着我办一办才好。如果有乐为者，也不用诸位先生出报资，因为我学疏才浅，不过是帮着我讲一讲也就足已了，再说我已竟将那应用的报，购备几种，如《大公报》、《直隶白话报》、《青龙报》、《京话日报》，还有去年的《启蒙画报》，也就足够用的了。倘蒙诸同志不弃，即请移玉敝馆一谈，或可先来一札，再容日后请皆可。特此奉告，静候佳音。

天津河东陆家水窖旁从新蒙学馆吴家齐白

（《大公报》1905 年 7 月 21 日）

《说演说》

演说一道，非常之难，所论的理，既须透彻，还要教人听着入味儿。既听着入味儿，那一篇的理才不白说。外国凡有聚会，必须演说，因为最容易感动人心。既感动人心，就可以结合团体，既结合团体，就可以爱护国家。看起来这个力量，实在是大的很呀。我们中国近来风气渐开，凡有聚会也都演说，但是讲究这家学问的很少，常有极通达的人，站在大众跟前说不出话来，或是十成的道理，及至出了口，只剩了五六成。肚子里有话，嘴里说不出来，在大众眼前，实在难过。不但中国人多有这个毛病，就是外国大人物，也有犯这个毛病的。德国从前著名的宰相毕士麻，谁不知道他是个大人物，哪知道他最不会演说，一到了演说台上，人见他相貌堂堂，觉着必然是声音洪亮口若悬河了，等到他一开口，哎！简直的像个妇人！还是越到紧要节目，声音偏越微小，浑身尽是毛病，两手也不知如何是好，并且连着咳嗽，每说一句，就咳嗽一声。像这样说法还成吗？天津东门外天齐庙改立宣讲所，请了几位高明的士绅，轮流着每天晚上对众人宣讲各种事故道理，听得人很多，也是一件开民智的好事。各位主讲的士绅，听说讲说的都不错，其中有三位姓李的，人都说是顶好了，故此称他们为宣讲所的三李。这三李却是谁呢？一位是李颂臣，一位是李世臣，一位是李子鹤。每到这三位一讲说，人人都侧耳静听，毫不喧乱，故此人都拿唱戏的名角谭鑫培、孙菊仙、汪桂芬三人比方他们三位，也极有趣。这三位既然如此的能讲说，我们要上个条陈。讲说时总要定个宗旨，本着所定的宗旨往下说，最要紧当提倡的，就是合群、爱国、信德、公心，这正是对症下药的方子。因为我们中国人，竟图自私自利，不知道合群，只顾一身一家；不知道爱国，欺诈虚假，没有信德，损人利己，没有公心。若是不把这几样去了，人心好不了，团体结不成，民气也不能强，国体也不能固，风俗也不能改良，万般的事，全以这几样为根本。故此对平常人说法，总要把这几样的意思，常常的讲说讲说。请诸君高明，我们所说的想必以为是吧。

（《大公报》1909 年 2 月 27 日）

参考文献

【文献资料】

1. 阿城县志编纂委员会办公室：《阿城县志》，黑龙江人民出版社，1988。

2. （清）阿桂等纂修《盛京通志》，辽海出版社，1997。

3. 安徽省地方志编纂委员会：《安徽省志·教育志》，方志出版社，1997。

4. 陈学恂主编《中国近代教育史教学参考资料》，人民教育出版社，1988。

5. 《大清光绪新法令》第 3 册，商务印书馆，1910。

6. 党东颉：《塔城地区志》，新疆人民出版社，1997。

7. 邓实辑：《光绪癸卯政艺丛书·内政通纪》，沈云龙主编《近代中国史料丛刊续编》第 28 辑第 272 册，文海出版社有限公司，1976。

8. （清）调元善社：《宣讲博闻录·调元善社序》，清光绪十四年（1888）刻本。

9. 丁日健：《重校〈圣谕广训直解〉恭纪》，《治台必告录》卷 5，台湾大通书局，1984。

10. 丁守和主编《辛亥革命时期期刊介绍》，人民出版社，1987。

11. 方汉奇：《中国新闻事业编年史》，福建人民出版社，1998。

12. 方豪编录《英敛之先生日记遗稿》，沈云龙主编《近代中国史料丛刊续编》第 3 辑第 22 册，文海出版社有限公司，1974。

13. 《抚吴公牍》卷 39《乡约等事行司饬学按月开报由》，清宣统元年（1909）南洋官书局石印本。

14. 甘厚慈辑《北洋公牍类纂续编》，沈云龙主编《近代中国史料丛刊三编》第 86 辑，文海出版社有限公司，1999。

15. 高平叔：《蔡元培年谱长编》，人民教育出版社，1998。

16. 故宫博物院明清档案部编《清末筹备立宪档案史料》，中华书局，1979。

17. 郭沫若：《沫若自传》，求真出版社，2010。

18. 哈尔滨市地方志编纂委员会：《哈尔滨市志》，黑龙江人民出版社，1999。

19. 黑龙江省地方志编纂委员会：《黑龙江省志·教育志》，黑龙江人民出版社，1996。

20. 吉林省档案馆：《清末林伯渠吉林视学史料》，《历史档案》，2001 年第 4 期。

21. 吉林省地方志编纂委员会：《吉林省志》，吉林人民出版社，1992。

22. 康有为撰《康有为全集》，姜义华、张荣华编校，中国人民大学出版社，2007。

23. 来裕恂：《萧山县志》，天津古籍出版社，1991。

24. （清）李伯元：《南亭笔记》卷 11，《民国笔记小说大观》第 4 辑，山西古籍出版社，1999。

25. 李华兴、吴嘉勋编《梁启超选集》，上海人民出版社，1984。

26. 李劼人：《李劼人选集》，四川人民出版社，1980。

27. 李培谦、华典修，阎士骧、郑起昌纂《阳曲县志》，道光二十三年（1843）葛英繁刻本。

28. 李平书等：《李平书七十自叙·藕初五十自述·王晓籁述录》，上海古籍出版社，1989。

29. （清）良周、刘启端等修《钦定大清会典事例》，商务印书馆，光绪戊申冬月初版，宣统己酉五月再版。

30. 梁焕鼐：《桂林梁先生遗著》，王有立主编"中华文史丛书"之 37，京话书局铅印本影印，台湾华文书局印行。

31. 梁启超：《饮冰室合集》，中华书局，1936。

32. 梁漱溟：《忆往谈旧录》，陕西师范大学出版社，2009。

33. 林铁钧、史松主编《清史编年》，中国人民大学出版社，2000。

34. 刘德全纂修《洵阳县志》，台北：成文出版社，1969 年据光绪三十年（1904）刻本影印。

35. 刘锦藻：《清朝续文献通考》，商务印书馆，1936。

36. 刘瑞兴主编《连续出版物管理史料选》，中国统计出版社，1994。

37. 刘师培：《刘师培论学论政》，复旦大学出版社，1990。

38. （宋）吕大钧、和叔甫：《吕氏乡约》，南陵徐乃昌影宋嘉定本重雕。

39. 《民国丛书续编》编辑委员会编《〈申报〉年鉴》，上海书店出版社，2012。

40. 《清会典》，中华书局，1991 年影印本。

41. 《清实录》，中华书局，1985 年影印本。

42. 上海商务印书馆编译所编纂《大清新法令》第 4 卷，韩君玲、王健、闫晓君点校，商务印书馆，2011。

43. 上海图书馆：《汪康年师友书札》，上海古籍出版社，1986。

44. 《上谕及奏折选录》，上海世纪出版股份有限公司、上海书店出版社，2006。

45. 申报年鉴社编《〈申报〉年鉴全编》，北京图书馆出版社，2010。

46. 《盛京皇宫和关外三陵档案》，辽宁民族出版社，2003。

47. 史和、姚福申、叶翠娣编《中国近代报刊名录》，福建人民出版社，1991。

48. 舒新城编《中国近代教育史资料》，人民教育出版社，1961。

49. 四川省地方志编纂委员会：《四川省志·教育志》，方志出版社，2000。

50. 宋恕：《宋恕集》，中华书局，1993。

51. （清）素尔纳纂修《近代中国史料丛刊》第 30 辑第 293 册《钦定学政全书》，文海出版社有限公司，1968。

52. 陶英惠：《蔡元培年谱》，台北中研院近代史研究所，1976。

53. 《天津商会档案汇编（1903—1911）》，天津人民出版社，1989。

54. 天津图书馆、天津社科院历史研究所编《袁世凯奏议》，廖一中、罗真容整理，天津古籍出版社，1987。

55. 田文镜、李卫：《钦颁州县事宜》，中国法制出版社，2000。

56. 王树枏等总纂《奉天通志》第 113 卷，1934 年铅印本。

57. 《武昌起义档案资料选编》，湖北人民出版社，1982。

58. 新闻报馆辑《新闻报馆三十年纪念册》，1922 年排印本。

59. 《新闻研究资料》共 61 辑，中国社会科学院新闻研究所，中国社科出版社，1979—1993。

60. （清）徐栋辑《保甲书》，楚兴国、李炜校勘，道光戊申秋镌刻本。

61. （清）严大经：《圣谕广训通俗》，清光绪二十三年（1897）刻本。

62. 扬州师范学院历史系编《辛亥革命江苏地区史料》，江苏人民出版社，1961。

63. 杨一凡点校：《皇明制书》，社会科学文献出版社，2013。

64. 泽普县志编纂委员会：《泽普县志》，新疆大学出版社，1992。

65. 张亚红、张卓群编《〈申报〉通信集》，福建教育出版社，2015。

66. （清）赵尔巽等撰《清史稿》，中华书局，1977。

67. 赵之恒、牛耕、巴图主编《大清十朝圣训》，北京燕山出版社，1998。

68. 浙江省教育志编纂委员会：《浙江省教育志》，浙江大学出版社，2004。

69. 郑珍纂《遵义府志》，道光二十一年（1841），台北：成文出版社，1968年影印本。

70. 方裕谨：《清学部成立档案史料》，《历史档案》，1989 年第 1 期。

71. 中国历史博物馆编《郑孝胥日记》，劳祖德整理，中华书局，1993。

72. 中国人民政治协商会议湖北省委员会编《辛亥首义回忆录》，湖北人民出版社，1957。

73. 中国史学会主编《戊戌变法》，上海人民出版社，1957。

74. 中国史学会主编《辛亥革命》，上海人民出版社，1957。

75. 中国史学会主编《洋务运动》，上海人民出版社，1961。

76. 朱金甫：《清末教案》，中华书局，1996—2001。

77. 朱维铮主编《马相伯集》，李天纲、陆永玲、廖梅编校，复旦大学出版社，1996。

78. 朱有瓛编《中国近代学制史料》，华东师范大学出版社，1986。

79. 朱有瓛、戚名琇、钱曼倩、霍益萍编《中国近代教育史资料汇编》，上海教育出版社，1993。

80. 庄建平主编《近代史资料文库》，上海书店出版社，2009。

81. 《壮族百科辞典》编纂委员会：《壮族百科辞典》，广西人民出版社，1993。

82. 《左宗棠文集·札件》，邓云生点校，岳麓书社，1986。

【报刊文献】

《安徽俗话报》

《北洋官报》

《大公报》

《东方杂志》

《广益丛报》

《湖南地方自治白话报》

《教育杂志》

《京话日报》

《警钟日报》

《开智录》

《清末官报汇编》

《清议报》

《申报》

《盛京时报》

《时报》

《顺天时报》

《四川官报》

《万国公报》

《浙江潮》

【近人学术专著】

1. 阿英：《晚清文学丛钞·小说戏曲研究卷》，中华书局，1960。

2. 白寿彝总主编《中国通史》（修订本），上海人民出版社，2004。

3. 常建华：《明代宗族研究》，上海人民出版社，2005。

4. 陈白尘、董健：《中国现代戏剧史稿》，中国戏剧出版社，1989。

5. 陈宝良：《中国的社与会》，浙江人民出版社，1996。

6. 陈昌凤：《中国新闻传播史：媒介社会学的视角》，北京大学出版社，2007。

7. 陈力丹：《世界新闻传播史》，上海交通大学出版社，2002。

8. 陈平原等编《晚明与晚清：历史传承与文化创新》，湖北教育出版社，2002。

9. 陈旭麓：《近代中国社会的新陈代谢》，中国人民大学出版社，2015。

10. 陈学恂主编，周德昌、王建军分卷主编《中国教育史研究》（明清分卷），华东师范大学出版社，2009。

11. 戴逸主编《简明清史》，人民出版社，2004。

12. 党为：《美国新清史三十年》，上海人民出版社，2012。

13. 丁淦林：《中国新闻事业史》，高等教育出版社，2002。

14. 董丛林：《晚清社会传闻研究》，人民出版社，2007。

15. 范文澜：《中国近代史》，人民出版社，1953。

16. 方汉奇：《〈大公报〉百年史》，中国人民大学出版社，2004。

17. 方汉奇：《方汉奇文集》（增订版），清华大学出版社，2018。

18. 方汉奇主编《中国新闻事业通史》，中国人民大学出版社，1992。

19. 〔美〕费正清：《中国：传统与变迁》，张沛译，世界知识出版社，2002。

20. 〔美〕费正清编《剑桥中国晚清史（1800—1911）》，中国社会科学院历史研究所编译室译，中国社会科学出版社，1985。

21. 高翔：《近代的初曙——18世纪中国观念变迁与社会发展》，社会科学文献出版社，2000。

22. 戈公振：《新闻学撮要》，商务印书馆，1929。

23. 戈公振：《中国报学史》，上海古籍出版社，2015。

24. 葛兆光：《中国思想史》，复旦大学出版社，2001。

25. 谷长岭：《中华文化通志·新闻志》，上海人民出版社，1998。

26. 郝庆元：《周学熙传》，天津人民出版社，1991。

27. 红风编《阅读书报杂志的经验》，上海博文出版社，1989。

28. 洪煜：《近代上海小报与市民文化研究（1897—1937）》，上海书店出版社，2007。

29. 侯杰：《〈大公报〉与近代中国社会》，南开大学出版社，2006。

30. 胡全章：《清末民初白话报刊研究》，中国社会科学出版社，2011。

31. 黄爱华：《中国早期话剧与日本新剧》，岳麓书社，2001。

32. 纪殿录：《说服艺术概论》，辽宁大学出版社，2012。

33. 蒋晓丽：《传媒文化与媒介研究》，四川大学出版社，2007。

34. 〔美〕柯文：《在传统与现代性之间——王韬与晚清改革》，江苏人民出版社，1995。

35. 赖光临：《新闻史》，允晨文化实业股份有限公司，1984。

36. 李彬：《中国新闻社会史：1815—2005》，清华大学出版社，2007。

37. 李金铨编《文人论证：知识分子与报刊》，广西师范大学出版社，2008。

38. 李孝悌：《清末的下层社会启蒙运动：1901—1911》，河北教育出版社，2001。

39. 李瞻主编《中国新闻史》，台湾学生书局，1979。

40. 李治亭主编《清史》，上海人民出版社，2002。

41. 林语堂：《中国新闻舆论史》，中国人民大学出版社，2008。

42. 刘家林：《中国新闻通史》，武汉大学出版社，1995。

43. 刘建明主编《宣传舆论学大辞典》，经济日报出版社，1992。

44. 刘秋阳：《近代中国都市劳力工人运动》，湖北人民出版社，2009。

45. 刘文峰、周传家：《百年梨园春秋》，中国经济出版社，2000。

46. 刘正伟：《督抚与士绅：江苏教育近代化研究》，河北教育出版社，2001。

47. 闾小波：《中国早期现代化中的传播媒介》，三联书店，1995。

48. 〔美〕罗威廉：《最后的中华帝国：大清》，中信出版社，2016。

49. 罗兹曼主编《中国现代化》，江苏人民出版社，1998。

50. 〔美〕罗兹·墨菲：《上海——现代中国的钥匙》，上海社会科学院历史研究所编译，上海人民出版社，1986。

51. 毛礼锐、沈灌群主编《中国教育通史》第3卷，山东教育出版社，2005。

52. 孟建：《言说的跬步》（自选集），江苏人民出版社，2014。

53. 〔法〕佩雷菲特：《停滞的帝国——两个世界的撞击》，王国卿等译，三联书店，1993。

54. 彭望苏：《北京报界先声——20世纪之初的彭翼仲与〈京话日报〉》，商务印书馆，2013。

55. 任桐：《徘徊于民本与民主之间：〈大公报〉政治改良言论述评》，三联书店，2004。

56. 桑兵：《清末新知识界的社团与活动》，三联书店，1995。

57. 商衍鎏：《清代科举考试述录》，三联书店，1958。

58. 商衍鎏：《清代科举考试述录及有关著作》，百花文艺出版社，2004。

59. 邵培仁：《传播社会学》，南京大学出版社，1994。

60. 史媛媛：《清代前中期新闻传播史》，福建人民出版社，2008。

61. 宋嗣廉、黄毓文：《中国古代演说史》，东北师范大学出版社，1991。

62. 王尔敏：《明清社会文化生态》，广西师范大学出版社，2009。

63. 王洪祥等编《中国新闻史》（古近代部分），中央民族学院出版社，1988。

64. 王魁喜等：《近代东北史》，黑龙江人民出版社，1984。

65. 王润泽：《中国新闻媒介史（1949年前）》，北京大学出版社，2011。

66. 王天根：《清末民初报刊与革命舆论的媒介建构》，合肥工业大学出版社，2010。

67. 隗瀛涛：《四川保路运动史》，四川人民出版，1981。

68. 吴廷俊：《中国新闻传播史稿》，华中理工大学出版社，1999。

69. 夏晓虹：《晚清社会与文化》，湖北教育出版社，2001。

70. 萧一山：《清代通史》，中华书局，1985。

71. 熊贤君：《湖北教育史》上卷，湖北教育出版社，1999。

72. 熊月之：《西学东渐与晚清社会》，上海人民出版社，1994。

73. 徐培汀：《新闻史学史》，复旦大学出版社，2001。

74. 徐培汀、裘正义：《中国新闻传播学说史》，重庆出版社，1994。

75. 杨早：《清末民初北京舆论环境与新文化的登场》，北京大学出版社，2008。

76. 〔日〕伊原敏郎：《明治演剧史》，岳麓书社，2001。

77. 俞雍衡：《通俗讲演》，浙江省立图书馆，1931。

78. 曾虚白主编《中国新闻史》，三民书局股份有限公司，1984。

79. 张昆：《传播观念的历史考察》，武汉大学出版社，1997。

80. 张昆：《简明世界新闻通史》，武汉大学出版社，1994。

81. 张昆：《中外新闻传播思想史导论》，复旦大学出版社，2006。

82. 张朋园：《立宪派与辛亥革命》，上海三联书店，2013。

83. 张玉法：《辛亥革命史论》，三民书局，1993。

84. 张仲礼主编《东南沿海城市与中国近代化》，上海人民出版社，1996。

85. 张仲礼主编《近代上海城市研究》，上海人民出版社，1990。

86. 浙江省教育志编纂委员会：《浙江省教育志》，浙江大学出版社，2004。

87. 钟叔河：《走向世界：近代中国知识分子考察西方的历史》，中华书局，2000。

88. 周峰：《民国时期杭州》（修订版），浙江人民出版社，1997。

89. 周雨：《大公报史》，江苏古籍出版社，1993。

90. 周振鹤撰集《圣谕广训：集解与研究》，顾美华点校，上海书店出版社，2006。

【学术论文】

1. 卞冬磊：《从报刊史到报刊阅读史：中国新闻史的另一种视角》，《国际新闻界》2015 年第 1 期。

2. 卞冬磊：《在中国发现公众：报刊与晚清阅读公众的形成》，《传播与管理研究》2013 年第 2 期。

3. 常恒畅、杨雨：《近代阅报社研究》，《湖南社会科学》2013 年第 2 期。

4. 常建华：《国家认同：清史研究的新视角》，《清史研究》2010 年第 4 期。

5. 常建华：《论〈圣谕广训〉与清代孝治》，《南开史学》1988 年第 1 期。

6. 常建华：《日常生活与社会文化史——“新文化史”关照下的中国社会文化史研究》，《史学理论研究》2012 年第 1 期。

7. 陈昌凤：《新闻史研究的社会学转向——再读〈发掘新闻：美国报业的社会史〉》，《新闻春秋》2016 年第 3 期。

8. 陈平原：《有声的中国——“演说”与近现代中国文章变革》，《文学评论》2007 年第 3 期。

9. 程丽红：《论传媒文化在清代文化结构中的地位和作用》，《吉林大学社会科学学报》2009 年第 2 期。

10. 程丽红：《社会思潮与媒介嬗变——清末社会改革运动中的大众传播媒介》，《吉林大学社会科学学报》2012 年第 5 期。

11. 程曼丽：《谈谈新闻史研究的世界观与方法论》，《新闻春秋》2019 年第
　　2 期。

12. 戴宝村：《圣谕教条与清代社会》，《台湾师范大学历史学报》1985 年第
　　13 期。

13. 董建辉：《"乡约"不等于"乡规民约"》，《厦门大学学报》（哲学社会
　　科学版）2006 年第 2 期。

14. 杜春燕：《声音·报刊·小说——论晚清新小说在下层社会的传播》，
　　《中国文学研究》（辑刊）2009 年第 2 期。

15. 段自成：《论清代的乡村儒学教化——以清代乡约为中心》，《孔子研
　　究》2009 年第 2 期。

16. 范继忠：《早期〈申报〉与近代大众阅报风习浅说》，《新闻与传播研
　　究》2004 年第 3 期。

17. 高俊：《清末阅报社团述论》，《社会科学》2012 年第 11 期。

18. 耿淑艳：《圣谕宣讲小说：一种被湮没的小说类型》，《学术研究》2007
　　年第 4 期。

19. 耿淑艳：《稀见岭南晚清圣谕宣讲小说〈宣讲博闻录〉》，《韩山师范学
　　院学报》2007 年第 5 期。

20. 耿淑艳：《一部被湮没的岭南晚清小说〈宣讲余言〉》，《广州大学学报》
　　（社会科学版）2007 年第 8 期。

21. 耿云志：《论清末立宪派的国会请愿运动》，《中国社会科学》1980 年第
　　5 期。

22. 黄旦：《媒介变革视野中的近代中国知识转型》，《中国社会科学》2019
　　年第 1 期。

23. 黄旦：《新闻传播学科化历程：媒介史角度》，《新闻与传播研究》2018
　　年第 10 期。

24. 黄现璠、甘文杰：《民族调查与研究 40 年的回顾与思考（上）》，《广西
　　民族研究》2007 年第 3 期。

25. 蒋建国：《办报与读报：晚清报刊大众化的探索与困惑》，《新闻大学》
　　2016 年第 2 期。

26. 蒋建国：《清末报刊的大众化与发行网络的延伸》，《新闻大学》2014 年第 4 期。

27. 蒋建国：《清末学堂学生的读报活动与观念变革》，《新闻与传播研究》2014 年第 7 期。

28. 蒋建国：《晚清阅报组织与公共读报活动的发展》，《社会科学战线》2016 年第 2 期。

29. 蒋建国：《维新之前宗教刊物的传播与读者阅读》，"传播变革与近代中国"学术研讨会论文集。

30. 李斯颐：《清季末叶的阅报讲报活动》，《文史知识》2002 年第 7 期。

31. 李斯颐：《清末 10 年阅报讲报活动评析》，《新闻研究资料》1990 年第 2 期。

32. 李孝悌：《从中国传统士庶文化的关系看二十世纪的新动向》，《中央研究院近代史研究所集刊》1990 年第 19 期。

33. 刘笃才：《中国古代民间规约引论》，《法学研究》2006 年第 1 期。

34. 刘秋阳：《清末民初的演说活动》，《档案》2007 年第 6 期。

35. 刘晓云：《清末北京社会教育述论》，《北京社会科学》2011 年第 5 期。

36. 刘增合：《媒介形态与晚清公共领域研究的拓展》，《近代史研究》2000 年第 2 期。

37. 刘增合：《试论晚清时期公共舆论的扩张——立足于大众媒介的考察》，《江海学刊》1999 年第 2 期。

38. 孟建、史春晖：《场域与传播：中国世界文化遗产的"话语网络"》，《当代传播》2019 年第 3 期。

39. 倪延年：《论"新闻史的脉络"和"新闻史多角度书写"》，《新闻春秋》2017 年第 1 期。

40. 倪延年：《新闻史研究的目标、功能和态度》，《中国社会科学报》2017 年 7 月 20 日。

41. 裴文玲：《清末新政社会教育述论》，硕士学位论文，山东师范大学，2000。

42. 亓丽：《试论晚清政治小说中的演说》，《名作欣赏》2012 年第 17 期。

43. 曲晓璠、马岚：《清末东三省地方自治运动述评》，《辽宁大学学报》

（哲学社会科学版）1994 年第 4 期。

44. 桑兵：《清末民初传播业的民间化与社会变迁》，《近代史研究》1991 年第 6 期。

45. 苏全有、张超：《清末宣讲所探析》，《河南理工大学学报》（社会科学版）2014 年第 2 期。

46. 苏全有、张超：《新清末演说补议》，《大连大学学报》2014 年第 1 期。

47. 唐海江：《"造健全之舆论"：清末民初士人对于"舆论"的表述与群体认知》，《新闻与传播研究》2016 年第 12 期。

48. 汪燕岗：《清代川刻宣讲小说集刍议——兼述新见三种小说集残卷》，《文学遗产》2011 年第 2 期。

49. 王东杰：《口头表达与现代政治：清季民初社会变革中的"言语文化"》，《学术月刊》2009 年第 12 期。

50. 王尔敏：《清廷〈圣谕广训〉之颁行及民间之宣讲拾遗》，《中央研究院近代史所研究集刊》1993 年第 22 期下册。

51. 王天根：《政治偶像建构与清末民初报刊表述的政治》，《新闻与传播研究》2008 年第 1 期。

52. 王晓梅：《反思与重构：对中国新闻史研究和书写的一种观察》，《新闻与传播研究》2017 年第 9 期。

53. 夏晓虹：《晚清白话文运动的官方资源》，《北京社会科学》2010 年第 2 期。

54. 谢长法：《乡约及其社会教化》，《史学集刊》1996 年第 3 期。

55. 熊月之：《晚清上海私园开放与公共空间的拓展》，《学术月刊》1998 年第 8 期。

56. 徐冬：《民国通俗讲演所述论》，硕士学位论文，河南师范大学，2012。

57. 杨晓：《晚清新政社会教育及其影响初探》，《学术研究》2000 年第 10 期。

58. 游子安：《从宣讲圣谕到说善书——近代劝善方式之传承》，《文化遗产》2008 年第 2 期。

59. 袁进：《中国近代演说与传教》，《浙江大学学报》（人文社会科学版）

2010 年第 2 期。

60. 张谦:《"戏中演说"成因考论》,《广西大学学报》(哲学社会科学版)
    2011 年第 3 期。

61. 张寿康:《先秦演讲史话》,《演讲与口才》1987 年第 2 期。

62. 张玉法:《新文化运动时期的新闻与言论,1915—1923》,《中央研究院
    近代史研究所集刊》1994 年第 23 期上册。

63. 张仲民:《从书籍史到阅读史——关于晚清书籍史/阅读史研究的若干思
    考》,《史林》2007 年第 5 期。

64. 郑存毅:《林森与阅报社》,《黑龙江史志》2009 年第 21 期。

图书在版编目（CIP）数据

清末宣讲与演说研究 / 程丽红著. —— 北京：社会
科学文献出版社，2021.1
ISBN 978 - 7 - 5201 - 7772 - 6

Ⅰ.①清… Ⅱ.①程… Ⅲ.①演讲 - 研究 - 中国 - 清
代 Ⅳ.①H019

中国版本图书馆 CIP 数据核字（2021）第 006608 号

清末宣讲与演说研究

著　　者 / 程丽红

出 版 人 / 王利民
责任编辑 / 刘同辉
文稿编辑 / 李小琪

出　　版 / 社会科学文献出版社 （010）59366556
　　　　　　地址：北京市北三环中路甲 29 号院华龙大厦　邮编：100029
　　　　　　网址：www. ssap. com. cn
发　　行 / 市场营销中心 （010）59367081　59367083
印　　装 / 三河市龙林印务有限公司

规　　格 / 开　本：787mm × 1092mm　1/16
　　　　　　印　张：13.25　字　数：203 千字
版　　次 / 2021 年 1 月第 1 版　2021 年 1 月第 1 次印刷
书　　号 / ISBN 978 - 7 - 5201 - 7772 - 6
定　　价 / 88.00 元